编　委　会

主　编：林俊锋　彭月嫦

副主编：孔庆静　黎英琪　苏晓珍

胡艳婷　朱蔚兰　石智丰

国际商务专业“理实一体化”系列教材

跨境电商实务

KUAJING DIANSHANG SHIWU

主　编 ◎ 林俊锋　彭月嫦

副主编 ◎ 孔庆静　黎英琪　苏晓珍

胡艳婷　朱蔚兰　石智丰

暨南大學出版社

JINAN UNIVERSITY PRESS

中国·广州

图书在版编目（CIP）数据

跨境电商实务/林俊锋，彭月嫦主编；孔庆静，黎英琪，苏晓珍副主编．—广州：暨南大学出版社，2016.7（2021.12 重印）
（国际商务专业“理实一体化”系列教材）
ISBN 978－7－5668－1820－1

Ⅰ.①跨…　Ⅱ.①林…②彭…③孔…④黎…⑤苏…　Ⅲ.①电子商务—商业经营—职业教育—教材　Ⅳ.①F713.36

中国版本图书馆 CIP 数据核字（2016）第 091295 号

跨境电商实务
KUAJING DIANSHANG SHIWU
主　编：林俊锋　彭月嫦　副主编：孔庆静　黎英琪　苏晓珍

出 版 人： 张晋升
责任编辑： 刘碧坚　黄少君
责任校对： 黄志波
责任印制： 周一丹　郑玉婷

出版发行： 暨南大学出版社（510630）
电　　话： 总编室（8620）85221601
营销部（8620）85225284　85228291　85228292　85226712
传　　真：（8620）85221583（办公室）　85223774（营销部）
网　　址： http://www.jnupress.com
排　　版： 广州市天河星辰文化发展部照排中心
印　　刷： 深圳市新联美术印刷有限公司
开　　本： 787mm×1092mm　1/16
印　　张： 15.25
字　　数： 324 千
版　　次： 2016 年 7 月第 1 版
印　　次： 2021 年 12 月第 5 次
定　　价： 49.00 元

前　言

互联网和电子商务在国际贸易中的迅猛发展，使传统的国际贸易方式受到了很大的冲击，催生了新的贸易方式——跨境电商。跨境电商行业方兴未艾，尤其是伴随着“一带一路”和“互联网+”的大趋势，跨境电商保持着高速度和高利润的“双高”发展态势。“一带一路”的实施，将惠及65个国家，实现多国家、多民族、多文化、多语言的大连接、大融合，加之互联网技术迅速发展，跨境电商将成为一条不可忽视的新的空中丝绸之路，它将与陆地上的“一带一路”相互呼应，相互补充，擦出火花。初步估算，“一带一路”沿线总人口约44亿，经济总量约21万亿美元，分别约占全球的63%和29%。不难预见，一波新的跨境电商浪潮正在酝酿，正在涌动。未来跨境电商将会有更加长足的发展，跨境电商发展空间巨大。

随着跨境电商行业的不断发展，企业对电商人才的要求也不断提高。跨境电商属于交叉性学科，既有国际贸易特点，又有电商特点。因此，跨境电商人才除应具备扎实的国际贸易理论与实务功底外，还应具备较强的跨境电商操作技能，而目前，这类复合型人才缺口较大，以至于业界越来越多的企业在人才需求方面发出了这样的声音：招不到合适的跨境电商人才。为此，我们采取国际级重点职业学校与跨境电商企业强强联手，合作编写教材的方式，以当前热门且可操作的阿里巴巴国际站作为学习者探索跨境电商的领域，结合当前跨境电商人才对国际贸易、跨境电商平台以及平台操作技能等方面知识的需求，编写了《跨境电商实务》“理实一体化”教材，供职业院校跨境电商专业方向人才培养和企业跨境电商岗位培训，以及有志于从事跨境电商行业的人员自学时使用。本教材分为四个模块，即跨境电商操作预备知识、阿里巴巴国际站运营、阿里巴巴国际站业务处理和阿里巴巴速卖通运营。本教材的特点如下：

（1）融国际贸易与电子商务为一体。本教材针对跨境电商人才对国际贸易与电子商务知识的需求，找出其交汇点，以跨境电商业务流程为主线，将国际贸易理论知识、国际贸易实务知识和电子商务知识及其综合技能结合起来，使其成为一个有机的、系统的知识整体。

（2）实现理论与实务相结合。本教材以高素质技能型人才培养“理论知识够用为度，重在实操”为编写原则，将跨境电商运营所需的最基本的知识从一个新的维度进行编排，为后续的运营编、业务编和速卖通编的编写做好知识储备，实现本书理论与实务的有效结合。

（3）寓教于乐，讲练结合。本教材主要以阿里巴巴国际站为跨境电商教学平台，以企业实际的跨境电商实操为例，按业务步骤逐步教会学生跨境电商平台的操作及技巧，同时，在编写的过程中，加入了知识链接、技能训练等内容，有很强的可操作性，有利于激发学生学习的积极性和学习兴趣，寓教于乐，提高教育教学的效果。

本书由广州九鸣教育科技有限公司的林俊锋总经理担任企方主编，广东省对外贸易职业技术学校的彭月嫦担任校方主编。彭月嫦编写第一模块“跨境电商操作预备知识”；黎英琪编写第二模块“阿里巴巴国际站运营”；孔庆静编写第三模块“阿里巴巴国际站业务处理”；胡艳婷、朱蔚兰、石智丰、苏晓珍编写第四模块“阿里巴巴速卖通运营”。全书由彭月嫦负责统稿和校审。在本书修订的过程中，针对当前变化较大的第四模块“阿里巴巴速卖通运营”，我们删除了过时的知识点和技能操作点，添加了新的操作方法和图片，以便读者掌握最新的操作知识和技能。本书在编写和修订的过程中，除依靠企业人员在实际业务中的大量积累外，编者还查阅了大量的纸质资料和网络资料，同时，广州九鸣教育科技有限公司的林俊锋总经理和南京冯一张电子商务有限公司的冯子仪总经理对本书的编写提出了许多宝贵的意见和建议，在此一并表示感谢！

由于本书修订的时间较为仓促，编者水平有限，错漏之处在所难免，欢迎使用者多提宝贵意见，以便再版时补充更正。

林俊锋　彭月嫦

2019 年 7 月 15 日

目　录

模块一　跨境电商操作预备知识

【知识目标】

全面了解跨境电商的含义、类型、特征及优势和常用的跨境电商平台，熟悉跨境电商领域中的业务岗位划分及各岗位应具备的岗位技能，充分认识跨境电商从业人员应具备的素质，为从事跨境电商工作打下基础。

【技能目标】

学会区分不同的跨境电商平台及其运用的领域。

项目一　跨境电商的概念、特征及发展趋势

随着电子信息技术的不断发展和经济全球化的深入，跨境电商已成为中国企业拓展海外市场、提升品牌国际形象和增强核心竞争力的重要渠道。跨境电商改变了外贸企业的传统经营方式，影响了中国对外贸易产业链布局，在我国已初步形成了新的业态模式。无论是成长性、市场潜力还是影响力，中国跨境电商服务均已处于全球领先位置。跨境电商在我国已呈现出迅猛发展之势，对于跨境电商从业人员来说，认识跨境电商的概念、类型、特征及其在外贸业务中的优势和发展态势是非常重要的。

一、跨境电商的概念、特征及优势

（一）跨境电商的概念

跨境电子商务（Cross-border E-commerce，简称“跨境电商”）是指分属不同关境的交易双方，通过跨境电商平台达成交易、进行支付和结算，并通过跨境物流将交易的商品送达买方、完成跨境交易的一种国际贸易活动，是把传统国际贸易加以网络化、电子化的新型国际贸易方式。

（二）跨境电商的特征

跨境电商是基于网络发展起来的，是一个由网址和密码组成的虚拟但客观存在的世界。网络空间独特的价值标准和行为模式深刻地影响着跨境电商，使其不同于传统的交易

方式而呈现出以下特征：

1. 全球性（Global Forum）

网络是一个没有边界的媒介体，具有全球性和非中心化的特征。依附于网络发生的跨境电商也因此具有了全球性和非中心化的特性。网络的全球性特征带来的积极影响是信息的最大程度的共享，任何人只要具备了一定的技术手段，在任何时候、任何地方都可以让信息进入网络，相互联系进行交易，网络的消极影响是用户必须面临因文化、政治、税收和法律的不同而产生的风险。

2. 无形性（Intangible）

网络的发展使数字化产品和服务的传输盛行。数字化传输是通过不同类型的媒介，例如数据、声音和图像在全球化网络环境中集中而进行的，这些媒介在网络中是以计算机数据代码的形式出现的，因而是无形的。电子商务是数字化传输活动的一种特殊形式，其同样具有无形性，以书籍为例，传统的纸质书籍，其排版、印刷、销售和购买被看作产品的生产、销售。然而在电子商务交易中，消费者只要购买网上的数据权便可以使用书中的知识和信息。

3. 匿名性（Anonymous）

由于跨境电商具有非中心化和全球性的特性，因此很难识别电子商务用户的身份和其所处的地理位置。在线交易的消费者往往不显示自己的真实身份和自己的地理位置，重要的是这丝毫不影响交易的进行，网络的匿名性也允许消费者这样做。

4. 即时性（Instantaneously）

对于网络而言，传输的速度和地理距离无关。传统交易模式中，信息交流方式如信函、电报、传真等，在信息的发送与接收间，存在着长短不同的时间差。而电子商务中的信息交流，无论实际时空距离远近，一方发送信息与另一方接收信息几乎是同时的，就如同在生活中面对面交谈。某些数字化产品（如音像制品、软件等）的交易，还可以即时结清，订货、付款、交货都可以在瞬间完成。

5. 无纸化（Paperless）

电子商务主要采取无纸化操作的方式，这是以电子商务形式进行交易的主要特征。在电子商务中，电子计算机通信记录取代了一系列的纸面交易文件。用户发送或接收电子信息。由于电子信息以比特的形式存在和传送，整个信息发送和接收过程实现了无纸化。

6. 快速演进（Rapidly Evolving）

互联网是一个新生事物，现阶段它尚处在幼年时期，网络设施和相应的软件协议的未来发展具有很大的不确定性。基于互联网的电子商务活动也处在瞬息万变的过程中，短短的几十年中，电子交易经历了从 EDI 到电子商务零售业兴起的过程，而数字化产品和服务更是花样百出，不断地改变着人类的生活。

跨境电商具有不同于传统贸易方式的诸多特点，而传统的税法制度却是在传统的贸易方式下产生的，必然会在电子商务贸易中漏洞百出。网络深刻地影响着人类社会，也给税收法律规范带来了前所未有的冲击与挑战。

（三）跨境电商的优势

跨境电商是在短期内提升外贸竞争新优势的最佳途径，通常，跨境电商发展快的国家，其国际贸易的增速也快于其他国家。跨境电商在国际贸易中彰显出来的优势主要体现在以下几个方面：

1. 跨境电商可以减少交易中间环节，降低销售成本，扩大贸易额

相较于传统对外贸易，跨境电商的优势非常明显，通过跨境电商，一件商品从一国工厂生产出来后，依靠互联网和国际物流，直接销售给海外的零售商或终端消费者，大大减少了中间环节，降低了成本和门槛，提高了回款速度和效率，加快了对外贸易节奏。跨境电商是未来电商经济的发展重点，通过对全社会信息流、资金流、物流及劳动就业的巨大影响，实现人力、技术、生产与资本等社会资源的有效整合和优化配置，充分挖掘国际市场需求，带动企业出口的同时帮助企业获取更多的价值增值。众多生产厂家通过跨境电商将产品销往世界各地，不仅可实现销量的提升，很多品牌还可逐渐获得海外消费者的认可。以通过跨境电商平台成交的少量商品进口为例，传统交易与跨境电商交易层级对比如图1－1所示。

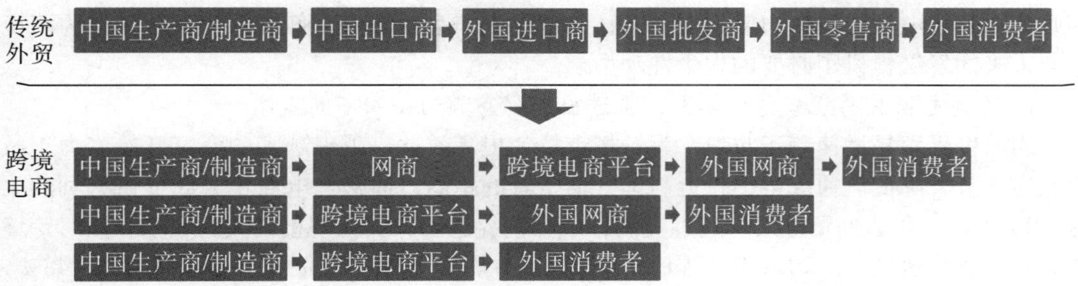

图1－1　跨境电商大幅减少渠道中间环节，提高进出口贸易效率

资料来源：中国产业信息网

2. 跨境电商可以提升产品附加值

跨境电商可把一国最优质的商品通过互联网平台直销全球，从而促进该国自主品牌的发展，提升该国产品的附加值。我国因制造能力在全球具有较强的竞争优势而享有“世界工厂”的美誉，但在发达国家产业升级和产业转移的过程中，我国大量企业变为替国际品牌企业代工生产的代工（OEM）制造商，虽然拥有成熟的加工制造能力，但在国际知名品牌光环的遮掩下无法拥有自己的品牌，也很少为消费者所知。而跨境电商使这些代工企业有机会走上前台，直接面对消费者，并做大做强自有品牌，为“中国制造”掘金全球注入新动力。因此，跨境电商不仅可发挥中小企业的优势，还可帮助它们重塑国际产业链，促进其外贸出口方式转变，增强其国际竞争力。在外贸“新常态”下，跨境电商将助推“中国制造”扬帆海外，促进“中国制造”向“中国创造”“中国想象”和“中国营销”转变。

3. 跨境电商可以充分发挥外贸的带动作用

对消费者来说，跨境电商不仅使他们能较容易地获取其他国家的相关信息，而且使他们能买到物美价廉的商品；对企业来说，跨境电商构建的开放、多维、立体的多边经贸合作模式，不仅拓宽了进入国际市场的路径，而且促进了多边资源的优化配置和企业间的互利共赢；对国家来说，世界各地对“中国制造”产品的刚性需求，使电子商务在国际贸易

中的地位和作用日益凸显，这对扩大中国对外贸易、改善对外贸易结构、促进各相关部门的发展、发挥对外贸易的带动效应将发挥巨大的促进作用。

二、跨境电商的现状与未来

自 1999 年阿里巴巴实现用互联网连接中国供应商与海外买家后，中国对外出口贸易就实现了互联网化。在此之后，经历了从信息服务到在线交易、全产业链服务的跨境电商产业转型。

（一）行业发展现状

当前我国跨境电商行业体现出三个特征：①跨境电商交易规模持续扩大，在我国进出口贸易中所占比重越来越高；②跨境电商以出口业务为主，出口跨境电商有望延续快速发展态势；③跨境电商以 B2B 业务为主，B2C 跨境模式逐渐兴起且有扩大的趋势。同时，国家政策对跨境电商的扶持力度大幅提高，体现出其作为发展催化剂的重要作用，这为跨境电商未来的发展提供了必要的内生性动力。

1. 跨境电商交易规模持续扩大，占进出口贸易额的比例不断提高

当前世界贸易增速趋于收敛，为开拓市场、提高效益，越来越多的商家开始着力于减少流通环节、降低流通成本、拉近与国外消费者的距离，而跨境电商正为此提供有利的渠道。2012 年，我国外贸进出口超过美国，成为世界进出口贸易规模最大的国家。同时跨境电商贸易也快速增长。2014 年我国跨境电商交易规模为 4.2 万亿元，增长率为 35.48%，占进出口贸易总额的 15.89%。跨境电商平台企业超过 5 000 家，境内通过各类平台开展跨境电商的企业超过 20 万家。据商务部测算，2016 年我国跨境电商交易规模将从 2008 年的 0.8 万亿元增长到 6.5 万亿元，占整个外贸规模的 19%，年均增速近 30%。具体情况见图 1－2。

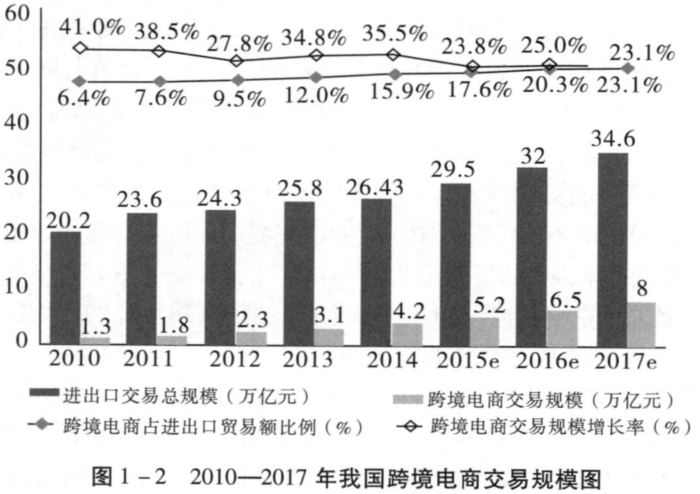

图 1－2　2010—2017 年我国跨境电商交易规模图

数据来源：国家统计局、艾瑞咨询、中国电子商务研究中心

2. 从进出口结构来看，出口跨境电商有望延续快速发展态势

我国跨境电商出口占比近90%。从2014年我国跨境电商的进出口结构看，2014年我国跨境电商中出口占比达到86.7%，进口占比为13.3%。预计未来几年跨境电商进口的份额占比将逐步提升，随着网购市场的逐步开放以及消费者网购习惯的形成，未来进口电商仍有很大的发展空间，占比也将逐步提升，尤其是以海淘为代表的境外购物方式正受到越来越多国内消费者的青睐，所以跨境电商进口份额占比将会保持相对平稳缓慢地提升。

跨境电商出口方面，出口电商零售部分近几年规模成长很快，2013年出口电商零售交易额已达240亿美元，同比增长60%，其中第三方跨境平台类凭借低门槛、广覆盖的特点，近年来迅速壮大，阿里巴巴速卖通已成为全球最大的跨境交易平台，而eBay、Amazon也在借助自身平台的优势将国内产品销售至海外。随着物流配套的持续升级尤其是海外仓模式的兴起，出口电商在品类与区域扩张上正在加快，而整个支付体系的进一步打通也将有助于跨境购物的便利化与安全化，从而促进跨境支付业务迎来实质性发展。具体情况见图1－3。

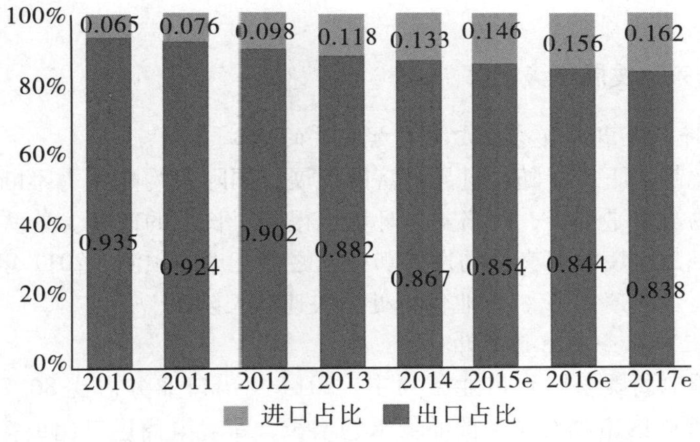

图1－3　2010—2017年我国跨境电商进出口结构图

数据来源：国家统计局、艾瑞咨询

3. 从业务模式来看，跨境电商以B2B业务为主，B2C跨境模式逐渐兴起

跨境电商按照运营模式可分为跨境B2B和跨境零售（B2C、C2C）两种。其中，跨境B2B在跨境电商中居于主导地位，以阿里巴巴与环球资源为代表的B2B模式主要是以发布信息与广告为主，凭借收取会员费和营销推广费盈利。这是因为跨境B2B单笔交易金额较大，大多数订单需要进行多次磋商才能达成协议，同时长期稳定订单较多，一般只在线上进行贸易信息的发布与搜索，最终交易在线下完成。

而零售跨境电商直面终端客户，目前在跨境电商中比重较低。从2014年我国跨境电商的交易模式看，跨境电商B2B交易占比达到92.4%，占绝对优势，预计2017年我国跨境电商中B2B交易占比仍为89%左右。截至2014年，我国中小企业B2B电子商务营收规模约为234.5亿元，同比增长32%。具体情况如图1－4所示。

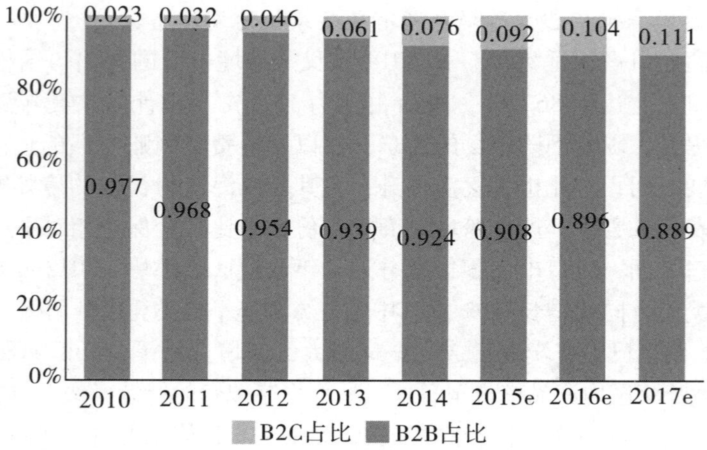

图 1－4　2010—2017 年我国跨境电商业务结构图

数据来源：国家统计局、艾瑞咨询

（二）行业未来的发展趋势

1. 跨境电商将在进出口贸易中占据更加重要的地位

在经济全球化趋势下，伴随着世界经济的发展，国际人均购买力不断增强。同时，网络普及率提升，物流水平进步，网络支付环境也得到了长足的改善。这些因素都将有力地促进跨境贸易特别是跨境电商交易的发展。根据之前艾瑞的预测，2017 年我国跨境电商规模将达 8 万亿、复合增速 26%，行业仍将处于快速增长阶段。

2. 跨境电商进口业务比重将提升

当前我国跨境电商贸易以出口业务为主，2014 年出口业务占比 86.7%，而进口比重仅为 13.3%。随着国内市场对海外商品需求的增长，跨境电商进口比重将逐步上升，跨境电商进出口业务结构将会有明显的改变。

3. 多批次、小批量的外贸订单需求将不断提升

一直以来，由于 B2B 业务单笔交易金额大、长期稳定订单多，我国外贸 B2B 业务在跨境电商中居于主导地位。但金融危机以来，国外企业受制于市场需求乏力和资金限制等，未来 B2B 业务的比重将下降。而与此同时，个人的购买力相对持续稳定，网络和物流的发展也为 B2C 业务创造了条件。因此，多批次、小批量的外贸订单需求将进一步提高，并成为促进跨境电商发展的重要基础动力。

项目二 跨境电商的类型

一、跨境电商的分类

跨境电商可以从产业终端用户类型、服务类型和平台运营方三个角度进行分类。

(一) 按产业终端用户类型划分

跨境电商按模式划分，可分为 B2B (Business to Business)、B2C (Business to Consumer)、C2B (Consumer to Business)、C2C (Consumer to Consumer)、B2G (Business to Government)、BMC (Business Medium Consumer)、ABC (Agents Business Consumer) 等经营模式。其中主流模式有 B2B、B2C、C2C。

1. B2B 模式

B2B 电子商务是电子商务的一种模式，是英文 Business-to-business 的缩写，即商业对商业，或者说是企业间的电子商务，即企业与企业之间通过互联网进行产品、服务及信息的交换。

关于跨境 B2B 有众多的定义，本书中所提到的跨境 B2B 是指分属不同关境的企业对企业，通过电商平台达成交易，进行支付结算，并通过跨境物流送达商品、完成交易的一种国际商业活动。

B2B 跨境电商平台的服务对象为企业或集团客户，在平台上提供企业的产品、服务等相关信息内容。目前，B2B 跨境电商市场的交易规模占跨境电商市场总交易规模的 90% 以上，在跨境电商市场中，企业级市场始终处于主导地位，引领着中国跨境电商业务的发展和走向。代表企业：敦煌网、中国制造网、阿里巴巴国际站、环球资源。

【知识链接】

跨境 B2B 模式可以分为以下四个具体类别：

(1) B2B Marketplace 模式，指多家企业对多家企业的 B2B 贸易市场模式，这种模式的主要网站及市场在中国。如大家所熟知的环球资源、阿里巴巴、中国制造网、ECPlaza 等电子商务网站。

(2) B2B Directory 模式，国外通行的如 EuroPages、Thomas 等，指 B2B 商业目录、行业目录、黄页模式，其主要区别是收录和推广的核心是企业网站。

(3) B2B Wholesale 模式，也叫作外贸在线小额批发与零售贸易，如敦煌网 DHgate、阿里巴巴速卖通 AliExpress、ECPlaza TradeMall 等在线交易平台。其实国外电商平台 eBay 也能归为此类。

（4）企业 B2B 模式，这是最重要的一种 B2B 模式，为国内企业所忽略，企业自身 B2B 网站平台有助于个性化的营销和展现自己，对于品牌建设尤为重要。其本质上是一对多模式，而非上述的多对多模式，特指一个企业通过其企业网站平台开展的电子商务模式。

2. B2C 模式

B2C 电子商务指的是企业针对个人开展的电子商务活动的总称，是指分属不同关境的企业直接面向消费个人开展在线销售产品和服务，通过电商平台达成交易、进行支付结算，并通过跨境物流送达商品、完成交易的一种国际商业活动。B2C 类跨境电商企业所面对的最终客户为个人消费者，针对最终客户以网上零售的方式，将产品售卖给个人消费者。B2C 跨境电商目前在跨境电商的市场中所占份额有限，但是在未来随着市场的不断扩大将迎来大规模增长。代表企业：速卖通、兰亭集势、敦煌网、DX、米兰网、大龙网。

3. C2C 模式

C2C 电子商务是个人与个人之间的电子商务，即 Customer（Consumer）to Customer（Consumer），主要通过第三方交易平台实现个人对个人的电子交易活动。

关于跨境 C2C 有众多的定义，本书所提到的跨境 C2C 是指分属不同关境的个人卖方对个人买方开展在线销售产品和服务，由个人卖方通过第三方电商平台发布产品和服务售卖产品信息、价格等内容，个人买方进行筛选，最终通过电商平台达成交易、进行支付结算，并通过跨境物流送达商品、完成交易的一种国际商业活动。

国内c2c				
淘宝网	易趣网	1拍网	雅宝网	嘉德在线
大中华拍卖网	易必得拍卖网	百度有啊	买卖网	我的网店
其乐购物	卖否网	购得乐	百家店	网行街
百业网				
国外c2c				
Morgan Auctions	CityAuction	LetsBuyIt	Priceline.com	FairMarket.com
Ubid	DoveBid	Yahoo Auction	Onsale	Amazon Auction
eBay	Shopper.com	Shopping.com	ioffer	博赛
cqout online	shops-online	在线商机	eceurope	shopping雅虎
Onsale	ubid online	etbuyit	gunbroker	

图 1－5　国内与国外 C2C 平台

资料来源：http：//www. dragon－guide. net/shengshi/c2c. htm

无论是哪一种类型的电子商务平台，随着我国对外贸易市场规模的不断上升，都将在跨境电商的攻城略地之战中追寻自己的一席之地。但从我国外贸稳增长、调结构、降低监管成本、提高通关效率的角度出发，跨境电商发展的主体应是 B2B，B2C 是补充，因此，今后要真正加强的是 B2B。

【知识链接】

电子商务的核心主体有三类：供应商、运营商（电子商务企业）、消费者。如果运营商没有参与，那么交易类型可以分为四类：B2B、B2C、C2C 和 C2B。无论哪种形式，运营商起到的作用都只是提供服务撮合交易，是平台型经营模式。如果运营商参与，其身份则转为供应商，交易类型可能是 B2C 和 C2B，是自营型经营模式。电商可分为平台型电商和自营型电商。平台型电商：简单地理解，就是在线上搭建一个商城，吸引商家入驻，电商企业以收取商家一定费用作为盈利模式，就好比电商企业是线下的大商城，商家就是一个个专柜。自营型电商：简单地理解，就是在线上搭建一个商场，电商企业以较低的进价购买商品，然后以较高的售价出售商品，以其差价作为盈利模式。自营型电商总体上可以分为两大类：第一种是自营型电商入驻平台型电商，就如我买网入驻天猫，这实际上是把自己变成了一个卖家的身份；第二种是自营型电商独立门户，消费者直接访问购买，而无须平台型电商的引流。

垂直电子商务（Vertical E-Business，Directindustry E-Business）与多元化电子商务是电子商务的两种模式。垂直电子商务是指在某一个行业或细分市场深化运营的电子商务模式。垂直电子商务网站旗下商品都是同一类型的产品，这类网站多为从事同种产品的 B2C 或者 B2B 业务，其业务都是针对同类产品的。

表 1－1　B2B 和 B2C 电商企业收入来源及产品品类表

电商类型	主要收入来源	产品品类
传统跨境 B2B 平台型电商	收取会员费和营销推广费	综合类
跨境 B2C 零售平台型电商	交易佣金、会员费、广告费等增值服务费	综合类
跨境 B2C 零售综合品类自营电商	产品销售收入	综合类
跨境 B2C 零售垂直类自营电商	产品销售收入	主要专注于某一类产品

（二）按服务类型划分

跨境电商按服务类型可分为两和：信息服务平台和在线交易平台。

1. 信息服务平台

信息服务平台主要是为境内外会员商户提供网络营销平台，传递供应商或采购商等商家的商品或服务信息，促成双方完成交易。代表企业：阿里巴巴国际站、环球资源网、中国制造网。

2. 在线交易平台

在线交易平台不仅提供企业、产品、服务等多方面信息展示，而且可以通过平台线上完成搜索、咨询、对比、下单、支付、物流、评价等全购物链环节。在线交易平台模式正逐渐成为跨境电商中的主流模式。代表企业：敦煌网、速卖通、DX、米兰网、大龙网。

（三）按平台运营方划分

跨境电商按平台运营方可分为两种：第三方开放平台和自营型平台。

1. 第三方开放平台

（1）第三方开放平台的概念。

第三方电子商务平台，也可以称为第三方电子商务企业，泛指独立于产品或服务的提供者和需求者，通过网络服务平台，按照特定的交易与服务规范，为买卖双方提供服务，服务内容可以包括但不限于“供求信息发布与搜索、交易的确立、支付、物流”。平台型电商通过线上搭建商城，并整合物流、支付、运营等服务资源，吸引商家入驻，为其提供跨境电商交易服务。代表企业：速卖通、敦煌网、环球资源、阿里巴巴国际站。

（2）第三方开放平台的特点。

第三方跨境电子商务开放平台具有独立性、依托网络和专业化等特点。①独立性。不是买家也不是卖家，而是作为交易的平台，像实体买卖中的交易市场。②依托网络。第三方电子商务平台是随着电子商务的发展而出现的，和电子商务一样必须依托网络才能发挥其作用。③专业化。作为服务平台，第三方电子商务平台需要更加专业的技术，包括订单管理、支付安全、物流管理等，能够为买卖双方提供安全便捷的服务。

2. 自营型平台

自营型电商通过在线上搭建平台，平台方整合供应商资源，通过较低的进价采购商品，然后以较高的售价出售商品，自营型平台主要以商品差价作为盈利模式。

自营型平台的优势在于：采购的渠道比较正规，货品的质量比较有保证，已在主要城市有了自营的配送渠道，送货比较快。产品都有自己的生命周期，自营渠道可以从生命周期比较年轻的商品上获得更高的溢价。对于一些明星单品，自营通过营销活动、降价等操作，可以获得一些自然流量。所以，对于一些周转快、单价高、毛利高、SKU 少的商品，京东、亚马逊都喜欢做自营，这样不但资金回笼快，能让顾客获得更好的购物体验，而且能与品牌方更好地合作，总之是利多。代表企业：兰亭集势、DX、米兰网、大龙网。

二、主流跨境电商 B2B、B2C 平台简介

要做好跨境电商，首先要对我国常用的跨境 B2B、B2C 和 C2C 电子商务平台有较全面的了解。以下是我国常见的跨境 B2B、B2C 和 C2C 电子商务平台简介。

（续上表）

序号	平台名称及域名	平台简介
5	慧聪网 www. hc360. com	慧聪网成立于1992年，是国内领先的B2B电子商务服务提供商。依托其核心互联网产品——买卖通以及雄厚的传统营销渠道——慧聪商情广告与中国资讯大全、研究院行业分析报告为客户提供线上、线下的全方位服务，这种优势互补、纵横立体的架构，已成为中国B2B行业的典范，对电子商务的发展具有革命性影响。 慧聪网主要提供：①买卖通。跨境电商行业中有“南阿里，北慧聪”，阿里巴巴有诚信通，慧聪网有买卖通之说。买卖通会员不仅可以通过自己的商务中心来查询符合自己需要的采购信息，自己订阅采购商机，还可以通过专门在线洽谈会、IM等即时通信工具来获得一手采购信息。企业可以通过买卖通建立起集合产品展示、企业推广、在线洽谈、身份认证等多种功能的网络商铺。②专属服务。2008年9月1日，中国领先的B2B电子商务网站——慧聪网宣布正式推出针对不同行业的客户差异化需求而为企业量身定做的网上做生意、结商友的诚信平台专属服务。③慧聪发发。这是慧聪网发布的一款网上贸易即时沟通软件，帮助用户轻松把握商机、在线洽谈生意、结交商界好友、组建个人的商友圈，慧聪发发还具备了手机绑定功能，全面配合电子商务的高速发展。④慧付宝。这是慧聪公司与支付机构及（或）银行合作的，为慧聪网客户提供的支持买卖双方在线完成交易的支付服务工具，主要提供货款代收代付服务。慧聪网的主要收入来源，首先是“买卖通会员”及其不同会员不同服务所获得的费用收入，其次是企业在工商业目录和黄页目录上刊登广告而支付的广告费用收入，最后是市场研究和分析部分的收入。
6	EC21 www. ec21. com	EC21是在全球有10个国家办事处的大型综合B2B外贸平台，总部在韩国首尔的世界贸易中心，其服务器在美国。EC21定位于致力发展全球买家，是海外的综合贸易平台。 进入市场以来，EC21以其优质的服务已拥有有效供求信息100万个，产品信息320万个，以及集全球各地250万买家的庞大买家数据库。在中国，EC21被一些会员称为阿里巴巴的“后花园”。据不完全统计，70%的阿里巴巴会员都是在做阿里巴巴的同时或者以后，选择了EC21的。

（二）主流 B2C 跨境电商平台简介

表 1－3　主流 B2C 跨境电商平台

序号	平台名称及域名	平台简介
1	亚马逊 www. amazon. com	亚马逊成立于 1995 年，目前已成为全球商品种类最多的网上零售商之一。亚马逊在中国开启了“全球开店”项目，希望引入更多丰富的选品，并为第三方卖家提供出口电商服务。亚马逊平台主要针对欧洲五国提供“欧洲统一配送物流”（EFN），可以帮助卖家实现欧洲五国的统一仓储和物流服务，并可配送欧盟其他国家产生的订单，方便卖家向亚马逊欧洲网站的顾客提供本地化客户服务以及快捷的送货服务，协助卖家实现欧洲国际业务最大化。在北美市场，亚马逊提供亚马逊物流（FBA）服务，能实现 2～3 天到货，最快一小时送达。 使用 FBA 配送的商品会在网页中显示由亚马逊物流配送“Fulfillment by Amazon”的标志，顾客便知道亚马逊会负责包装、递送、客服和退货等所有环节，亚马逊将为送货过程中发生的负面客户体验负责，卖家不需要担心因该投递过程所带来的差评。亚马逊的主要市场为北美、欧洲、南美、澳洲、亚洲；热门产品为 3C、电子产品、服饰、手机配件、户外用品、安防产品、家居用品、美妆（beauty）、时尚等等；禁售产品为仿牌、枪支弹药（国际违禁品）。主要站点是北美：美国、加拿大、墨西哥；欧洲：英国、法国、德国、意大利、西班牙；亚洲：日本、中国、印度；澳洲：澳大利亚（未对中国卖家开放）；南美：巴西（未对中国卖家开放）。企业成为亚马逊卖家的方式：自注册和全球开店，两种方式都是免费服务。 amazon
2	速卖通 www. aliexpress. com	速卖通是阿里巴巴旗下唯一面向全球市场打造的在线交易平台，像淘宝一样，把物品编辑成在线信息，通过速卖通平台，发布到海外，被广大卖家称为国际版“淘宝”。目前俄罗斯、阿根廷已实施相应政策。速卖通于 2010 年 4 月上线，经过 4 年多的迅猛发展，目前已经覆盖 220 多个国家和地区的海外买家，每天海外买家的流量已经超过 5 000 万，最高峰值达到 1 亿，已经成为全球最大的跨境交易平台。速卖通主要市场在北美、欧洲、亚洲、澳洲，其中以俄罗斯、巴西为重点市场；热门产品是首饰、数码产品、电脑硬件、手机及配件、服饰、化妆品、工艺品、假发、体育与旅游用品等等。无站点之分；收款方式为国际支付宝（费用）；收费方式：按商品的品类收取不等的注册账号费，以及收取每次交易额的 5% USD 以下的佣金。速卖通平台具有操作简便、后台纯中文、平台活动多、推广方式多样的优势。 AliExpress by Alibaba.com

（续上表）

序号	平台名称及域名	平台简介
3	Wish www. wish. com	Wish 平台起源于 2013 年，主要针对欧洲、北美市场，客户群体很广，是一个新兴的、趣味性、娱乐性采购平台。买家在 Wish 上是以移动终端形式购买的，Wish 平台 95% 的成交量通过手机完成，其看重品牌质量，刊登产品数量和额度没有限制，没有任何费用，注册账号开店铺是免费的，是唯一可以在移动终端购买的平台。Wish 平台优势：①移动终端；②瀑布流式的推送；③无限制上传产品；④入门门槛低；⑤客户群体广；⑥更注重买家体验；⑦操作简便，有中文后台。Wish 的主要市场是北美、欧洲；热门产品是各种时装、鞋帽、首饰、手表、3C 周边配件、电子产品、玩具、家具用品；禁售产品为情趣用品、暴露内衣、仿牌；收款方式有易联（常用收款方式，收取 1. 2% 的手续费）、P 卡、PayPal；无站点之分。收费方式为收取每次交易额的 15% USD 佣金。
4	eBay www. ebay. com	eBay 平台起源于 1995 年，主要针对发达国家的广大客户群体。eBay 账户可以在全球的各个站点使用，但是店铺只能在一个站点。站内营销没有广告推广，但有打折和促销。通过拍卖模式加快出单速度，卖家可以设定一个拍卖的时间，在时间结束后就以拍卖的最高价成交，也可以打包拍卖。在 eBay 上注册开店都是免费的，但刊登产品信息要收费，刊登费和成交费是平台的收费来源，收款方式为 PayPal，PayPal 收款会收取佣金、店租。收款周期新账户一般在 21 天左右。 在 eBay 平台上传的产品不需要审核，但需要注意不要刊登专利授权产品和商标侵权产品。在全球 40 个国家有本地站点，覆盖全球 160 个国家（其中 70% 是经济发达地区）的 2. 76 亿在线客户，是平台中站点最完善的。收费便宜，平均每月投资 300 ~ 1 000 元人民币。eBay 中国商业卖家的平均出口目的地市场多达 63 个，支付方式为 PayPal，专注于跨境零售出口业务。eBay 的主要市场为北美、欧洲、亚洲、南美、澳洲；热门产品为 3C、电子产品、手机配件、电子烟、汽车配件、LED 照明等等。

【技能训练】

认真阅读图 1 -6，将图片中的跨境电商企业按以下类别进行分类：

（1）哪些企业可以自营进出口？

（2）哪些企业属于开放平台企业或自营平台企业？

（3）哪些企业是2B企业？哪些企业是2C企业？

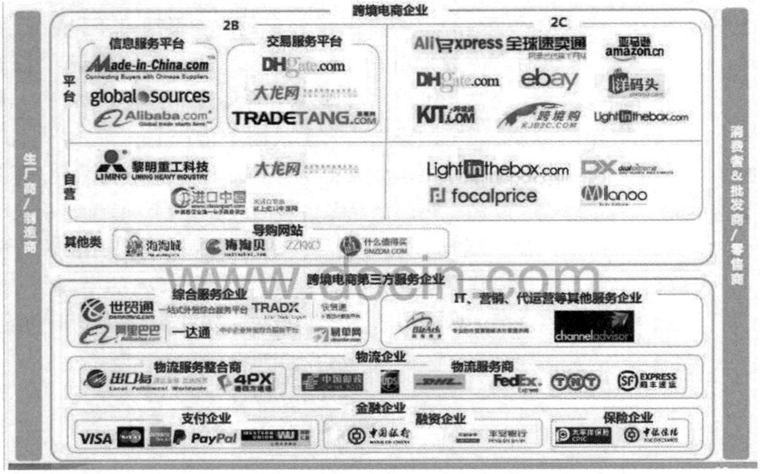

图1-6　跨境电商产业链及各环节分析图

资料来源：中国产业信息网

项目三　跨境电商平台的盈利模式

跨境电商平台除按每次交易额的5%～15% USD不等收取佣金外，通常还通过收取会员费、商家佣金、广告费、增值服务费等来增加企业的经营收入，具体包括以下八方面：

一、会员费

企业通过第三方电子商务平台参与电子商务交易，必须注册为B2B网站的会员，每年要交纳一定的会员费，才能享受网站提供的各种服务，目前会员费已成为我国B2B网站最主要的收入来源。

二、广告费

网络广告是门户网站的主要盈利来源，根据其在首页的位置及广告类型来收费。中国化工网有弹出广告、漂浮广告、BANNER广告、文字广告等多种表现形式可供用户选择。

三、竞价排名

企业为了促进产品的销售，都希望在B2B网站的信息搜索中将自己的排名靠前，而网站在确保信息准确的基础上，根据会员交费的不同对排名顺序作相应的调整。

四、增值服务

B2B网站通常除了为企业提供贸易供求信息以外，还会提供一些独特的增值服务，包括企业认证、独立域名、提供行业数据分析报告、搜索引擎优化等。像现货认证就是针对电子这个行业提供的一项特殊的增值服务，因为通常电子采购商比较重视库存这一块。

五、线下服务

主要包括展会、期刊、研讨会等。通过展会，供应商和采购商面对面地交流，一般的中小企业比较青睐这种方式。期刊主要提供行业资讯等信息，期刊里也可以植入广告。

六、商务合作

包括广告联盟、政府、行业协会、传统媒体的合作等。广告联盟通常是网络广告联盟，亚马逊通过这种方式已经取得了不错的成效，但在我国，联盟营销还处于萌芽阶段，大部分网站对于联盟营销还比较陌生。国内做得比较成熟的几家广告联盟有百度联盟、谷歌联盟等。

七、按效果付费

所谓“按效果付费”服务，是指ECVV（ECVV网站是国际贸易领域知名的B2B网站）首创B2B市场收费新模式，推出按效果付费，也是在全球范围内第一家按效果付费的B2B电子商务网站。这是供应商用户自愿依据公司为其推广带来的效果，支付服务费的一种增值服务。按效果付费系统糅合了Google竞价排名和传统B2B两种模式的精华。目前Google竞价排名是根据用户出价的高低来决定网站排名的，但按照实际点击付费。而传统B2B服务为固定年费，根据不同服务等级价格不同。供应商使用“按效果付费”服务，决定付费的前提在于供应商通过网站收到的有效询盘，供应商在收到买家的大量询盘后，可以根据询盘的内容来自主判断是否为有效询盘，平台只对在供应商自主筛选后的有效询盘收费。

八、销售盈利

销售盈利是企业在网上经营销售业务实现的利润。

项目四 跨境电商的支付流程及存在的风险

近年来，我国跨境电商增长势头迅猛，根据中国电子商务研究中心监测数据，2012 年中国海外代购市场交易规模达 483 亿元，2013 年中国海外代购交易规模达 767 亿元，同比增长 58.8%，2014 年中国海外代购交易规模超过 1 000 亿元。跨境支付成为跨境电商的重要环节。

一、了解跨境支付的含义

跨境支付（Cross-border Payment）是指通过一定的结算工具和支付系统对于因贸易或投资发生的资金，实现两个或两个以上国家或地区之间的转移行为。

第三方跨境支付平台是指具有一定信誉和实力，且独立于商户和银行为境内外的消费者提供有限服务的支付机构。2012—2013 年，中国网民在境内电商网站使用方面，最常使用第三方支付平台的占 75.5%；在转汇款渠道方面，中国网民使用过第三方支付平台的比例为 82.2%。可见，跨境支付主要采用第三方支付平台进行。

二、跨境支付的分类

跨境支付场景主要分布在跨境网络消费、跨境转账汇款和境外线下消费三方面。其中，跨境转账汇款途径主要包括第三方支付平台、商业银行和专业汇款公司三种。

境外线下消费途径主要有信用卡刷卡、借记卡刷卡、外币现金和人民币现金；跨境网络消费途径较多，有第三方支付平台、网银线上支付、信用卡在线支付、电子汇款、移动手机支付和固定电话支付。

三、跨境第三方支付流程

跨境电商的结算方式有跨境支付购汇方式和跨境收入结汇方式两种。以图 1－7 跨境第三方支付流程图为例，讲解跨境支付购汇方式。境内消费者登录境外网站确定要购买的商品或服务，并下订单（①登录境外网购平台、选购商品）。境外电商将消费者的订单即商品信息发送给第三方支付（②商品信息）。紧接着，第三方支付获取境内消费者认证信息（③获取认证信息），境内消费者输入认证信息并选择支付方式（④输入认证信息；选择人民币支付方式；确认支付）。第三方支付将支付信息发给托管银行（⑤支付信息），并接收托管银行的购汇付款信息（⑥购汇付款信息）。最后，境外电商收到第三方支付的购汇付款信息（⑦购汇付款信息）之后，向境内消费者发送产品和有关服务（⑧发送货物）。

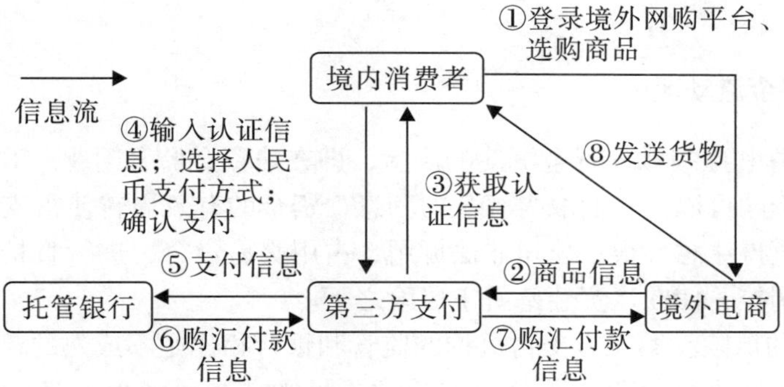

图 1-7 跨境第三方支付流程图

四、第三方跨境支付存在的风险

在跨境支付过程中存在系统风险以及市场监管不够完善、跨境资金流动和国内利率调控等风险。

（一）系统风险

（1）操作的短板。第三方支付服务是通过网络提供相关服务的，包括至少七个环节，在境内买家、第三方支付、境外商户、相关银行之间发生关系；交易系统的某个环节出错，都可能导致安全风险传导到第三方支付平台上。例如在银行的支付系统中，交易资金从买方到第三方支付平台，再由第三方支付平台到收款方，资金在三者之间流动可能会出现一定的错误，尽管这些错误出现的概率为人们所接受。

（2）信息的泄露。买卖双方的数据被第三方支付平台所存取，如个人信息、交易记录、认证信息等，其数量之巨大实在令人担心。我国目前尚欠缺相关的法律条文和技术规范来对第三方支付企业在数据的收集、存储和使用方面立一根标杆。

（二）市场监管不够完善

（1）相关管理政策的缺陷。一方面，2014 年 2 月 18 日中国人民银行制定的《关于上海市支付机构开展跨境人民币支付业务的实施意见》中对于跨境支付业务的支付机构的进入门槛较低，只要是上海市注册成立的支付机构以及外地支付机构在自贸区设立的分公司，凡取得互联网支付业务许可的，均可从事该业务。实行事后备案制和负面清单，符合条件机构无须申请即可开展。另一方面，第三方支付机构在跨境外汇收支管理中有义务执行部分外汇政策和监管职责，并加强监督。但它们属于第三方支付服务组织，用于支付清算，非金融机构，尽管与外汇指定银行相似。在这一市场主体上，我国的外汇管理和政策有必要进行调整。

（2）网上跨境交易的真实性难以控制。首先，在进出口贸易的经常项目下，跨境交易趋于电子化，很多交易品越来越虚拟化。其次，银行对于第三方支付平台在买卖双方代理的购、结汇业务的具体情况难以对其真实性进行审核；这就导致部分非法资金在我国境内流动。

（三）跨境资金流动风险

（1）国际结算和虚拟账户资金沉淀的风险，即在途资金监管问题。对于第三方支付公司，结算周期的不同可以使它们取得存款的利息，资金的有效周转使得支付系统的效率显著提升。有一点值得注意，很多公司非法挪用、占用交易资金，进行直接的支配，无视有关部门的监管和调控，使在途资金暴露于风险之下。

（2）洗黑钱的风险。第三方支付机构的监管和银行相比是不成熟的，难以对境内外买卖双方交易的真实性进行保障；买卖双方通常不见面，沟通较少，双方信用难以得到保障，制造虚假交易来洗黑钱等犯罪活动无法根除。

（四）国内利率调控风险

跨境支付技术的发展不断降低买卖双方对于基础货币的需求，他们都在跨境支付中看到了电子货币的方便，这就进一步导致银行对于结算资金需求的下降。同时看到这一点的还有跨境贸易的企业，尤其是在金融市场的融资等方面。企业甚至可以用票据代替一定量的货币完成商品交易，资金流转的加速使得企业利润提高。

五、我国跨境电商支付的发展现状

电子商务的发展，带动了第三方支付的快速增长，2015 年国家外汇管理局正式发布了《国家外汇管理局关于开展支付机构跨境外汇支付业务试点的通知》和《支付机构跨境外汇支付业务试点指导意见》，开始在全国范围内开展部分支付机构跨境外汇支付业务试点，允许支付机构为跨境电商交易双方提供外汇资金收付及结售汇服务，拥有支付牌照且范围包括互联网支付的企业都可以申请，获得许可的企业可经营第三方支付业务。

（一）我国的第三方跨境支付机构

在国家对跨境电商发展的有力支持下，我国跨境支付产生了两种机构：

（1）境内第三方支付企业。为了支持跨境业务，国家外管局在 2013 年 9 月底至 2015 年底，共批准 23 家机构取得跨境支付业务牌照，主要包括银联、支付宝、拉卡拉、通联、快钱、财付通等第三方支付机构。按照规定，拥有牌照的第三方支付机构即被允许通过银行为小额电子商务交易双方提供跨境互联网支付所涉及的外汇资金集中收付及相关结售汇服务。第三方支付机构在操作跨境人民币支付时，无须进行货币汇兑操作。消费者可以直接使用单币种的人民币卡通过试点支付机构在境外网站进行消费。在第三方支付企业不断挖掘新的业务增长点时，跨境支付无疑为其开辟了一片蓝海。

表 1-4 截至 2015 年取得国家外管局跨境支付业务牌照的跨境支付企业名单一览表

序号	企业名称	业务范围	地区
1	汇付天下	货物贸易、留学教育、航空机票、酒店住宿	上海
2	通联	货物贸易、留学教育、航空机票、酒店住宿	上海
3	银联电子支付	货物贸易、留学教育、航空机票、酒店住宿	上海
4	东方电子支付	货物贸易	上海
5	快钱	货物贸易、留学教育、航空机票、酒店住宿	上海
6	盛付通	货物贸易、留学教育、航空机票、酒店住宿	上海
7	环迅支付	货物贸易、留学教育、航空机票、酒店住宿	上海
8	富友支付	货物贸易、留学教育、航空机票、酒店住宿	上海
9	财付通	货物贸易、留学教育、航空机票、酒店住宿	深圳
10	易极付	货物贸易、服务贸易、软件服务、旅游服务	重庆
11	钱宝科技	货物贸易	深圳
12	支付宝	货物贸易、留学教育、航空机票、酒店住宿	杭州
13	贝付科技	货物贸易、留学教育	杭州
14	通融通（易宝支付）	货物贸易、留学教育、航空机票、酒店住宿、国际运输、旅游服务、国际展览	北京
15	钱袋宝	货物贸易、留学教育、航空机票、酒店住宿	北京
16	银盈通	货物贸易、航空机票、酒店住宿	北京
17	爱农驿站	货物贸易、留学教育、航空机票、酒店住宿、国际运输、旅游服务、国际会议、国际展览、软件服务	北京
18	首信易支付	货物贸易、留学教育、航空机票、酒店住宿、软件服务	北京
19	北京银联商务	货物贸易、留学教育、酒店住宿	北京
20	银联在线	货物贸易、留学教育、航空机票、酒店住宿	北京
21	拉卡拉	货物贸易、留学教育、航空机票、酒店住宿、软件服务、国际展览	北京
22	贷和信	货物贸易、留学教育、航空机票、酒店住宿	北京
23	联动优势	货物贸易、留学教育、航空机票、酒店住宿、国际运输、旅游服务、通信服务、国际展览、软件服务	北京

（2）提供全球在线收付款的境外支付企业，如 PayPal、GlobalCollect 等。在我国目前的跨境第三方支付市场总规模中，PayPal 一家就占了 70%，与国际信用卡组织合作的国内银行约占 20%，境内第三方支付机构仅占约 10%。

（二）我国跨境电商常用的支付货币

在跨境支付中，通常使用流通性强、汇率稳定的货币。支付宝凭借国内第三方支付的良好基础，逐步进军跨境电商支付市场。截至 2014 年 3 月，支付宝服务已覆盖包括服装品牌 Forever 21、化妆品 DHC、电商平台乐天等 32 个国家和地区的上千家网站的购物付款，支持英镑、美元、瑞士法郎、欧元、韩元等 15 种海外货币结算。

近年来，人民币在国际货币流通领域的地位不断提高。来自环球同业银行金融电讯协会（SWIFT）的数据显示，人民币在传统贸易融资工具——信用证和托收中作为计价及结算货币的比例，在 2013 年 10 月已经达到 8.66%，超过欧元成为仅次于美元的第二大贸易融资货币。在此背景下，跨境支付的“开闸”自然水到渠成。

六、主流跨境电商支付平台

网络支付是电子商务的一个重要环节，尤其是在跨境电子商务中，选择那些安全可靠、服务到位的支付平台尤为重要。

（一）PayPal

PayPal 是目前全球最大的在线支付提供商，成立于 1998 年 12 月，总部在美国加利福尼亚州圣荷西市，全球有超过一亿个注册账户。任何人只要有一个电子邮件地址，就可以方便而安全地使用 PayPal 在线发送和接收付款，不必使用传统的邮寄支票或者汇款方式。PayPal 支持 190 多个国家和地区的交易，支持 20 多种币种，既快速、安全又方便，是跨国交易的理想解决方案。

优点：PayPal 可以保证信息的安全，可以在线收、付款，而不用将银行卡或银行账户的详细信息透露给他人。

缺点：PayPal 属于国外公司，一些产品理念偏向于国外买家，而且对一些国内海淘群体（现在越来越多的国人加入这一队伍）的服务不是很好，经常出现国外商家不支持中国买家用 PayPal 付款的情况。

（二）GlobalCollect（荷兰）

GlobalCollect 是世界顶级的支付服务供应商，为国际客户无卡业务类型（如互联网、邮件和电话订单）提供本地电子支付解决方案。其拥有可升级的在线支付平台，在 200 多个国家提供 170 种货币的本地支付方式组合，在世界范围内拓展用户的电子商务活动。GlobalCollect 是电子支付行业的先行者，拥有十多年的丰富经验，它独立于银行，拥有全球最大的收单行、银行和替代性支付供应商网络。

优点：结合本地支付方式，给买家带来更多的方便，同时也能侧面地增加商家的客户群体，更好地对目标市场进行推广。更广的支持面使 GlobalCollect 的支付成功率高于其他对手。

缺点：只做大客户，因此申请 GlobalCollect 的门槛很高，需要提供百万美元的财务报表，各种审核过程极其烦琐，每月需有数千美元的最低消费。

【知识链接】

主流跨境电商支付方式简介

在日常的跨境电商中，卖家经常会遇到客户需要付小额费用的情况。由于每种支付方式优势各异，便捷性和时效性都不同，因此，如何选择小额支付方式尤为重要。现就几种常见的跨境电商支付方式列表介绍如下：

表 1－5　常见跨境电商支付方式对照表

支付方式	适用范围	费用	优点	缺点
电汇（T/T Telegraphic Transfer）	电汇是传统的 B2B 付款模式，是大额跨境电商中运用最多的支付方式。	电汇银行手续费一般分三部分：一是付款人付款行产生的手续费；二是中转行的手续费；三是收款人收款行的手续费。	收款迅速；先付款后发货，保证商家利益不受损失。	先付款后发货，外商容易产生不信任感；客户群体小，限制商家的交易量；数额比较大的，手续费高。
西联汇款	西联汇款是西联国际汇款公司的简称，是世界上领先的特快汇款公司，可以在全球大多数国家的西联代理所在地汇出和提款。西联在欧洲和美国客户中接受度比较高，一般是 10 000 美元以下小额汇款比较方便。	西联手续费由买家承担。需要买卖双方到当地银行实地操作；西联在卖家未领取钱款时，买家可以将支付的资金撤回去。	手续费由买家承担；对于卖家来说比较划算，可先提钱再发货，安全性好；到账速度快。	由于对买家来说风险极高，买家不易接受；买家和卖家需要去西联线下柜台操作；手续费较高。
速汇金（MoneyGram）	速汇金是类似于西联的国际汇款方式，业务模式跟西联一样，在目前全球同类业务当中排名第二。由于汇款不走银行通道，走的是速汇金的汇款通道，所以在国内有很多合作银行，比较常见的代理行有工商银行、中信银行、交通银行。单笔速汇金最高汇款金额不得超过 10 000 美元（不含），每天每个汇款人的速汇金累计汇出最高限额为 20 000 美元（不含）。	需交纳一定的钞变汇手续费。	速汇金汇款结算，收款人收款快捷；在一定的汇款金额内，汇款的费用相对较低，无中间行费，无电报费；手续简单，汇款人无须选择复杂的汇款路径，收款人也无须预先开立银行账户。	汇款人及收款人均必须为个人；必须为境外汇款；买家通过银行速汇金进行境外汇款的，必须符合国家外汇管理局对于个人外汇汇款的相关规定；客户如持现钞账户汇款，还需交纳一定的钞变汇手续费，国内目前有工商银行、交通银行、中信银行三家代理了速汇金收付款服务。

（续上表）

支付方式	适用范围	费用	优点	缺点
支付宝（国际版）	国际版支付宝（ESCROW SERVICE）是阿里巴巴国际站和支付宝联合为国际买卖双方全新建立的在线支付解决方案。目前国际市场接受度不高，主要还是应用于阿里巴巴推出的速卖通平台，操作原理跟国内的支付宝类似。	目前，使用支付宝钱包，每人每年可向外汇出5万美元，每次汇款金额小于10万元按照0.6‰收费，最低70元，最高120元。若是每次汇款金额超过了10万元，则按照0.8‰收费，最低140元，最高260元。	国际支付宝是一种第三方支付担保服务，而不是一种支付工具。它的风控体系可以保护客户在交易中免受信用卡盗卡的欺骗，而且只有国际支付宝收到了客户的货款时，才会通知客户发货，这样可以避免客户在交易中使用其他支付方式导致的交易欺诈。	目前支持的支付方式较少，仅支持信用卡和T/T银行汇款。
PayPal	PayPal是目前全球最大的在线支付提供商，全球有超过一亿个注册账户，是跨国交易中最有效的付款方式。任何人只要有一个电子邮件地址，就可以方便又安全地使用PayPal在线发送和接收付款。支持190多个国家和地区的交易，支持20多个币种，既快速、安全而又方便，在跨境电商零售行业中，几十到几百美元的小额交易都适用。	没有任何年费、月租费等。手续费有三种，分别为：交易手续费、提现手续费和货币兑换手续费。具体是：①收款时2.9%～3.9%+0.3美元手续费；②提现时收取固定额35美元手续费，即无论是150美元还是100万美元，都是收取35美元的手续费。因此客户们可以积攒一定数额后一并提取。提现下限是150美元起。	国际付款通道满足了部分地区客户的付款习惯；账户与账户之间产生交易的方式，既可以买也可以卖，双方都拥有；美国eBay旗下，国际知名度较高，尤其受美国用户信赖。	用户消费者（买家）利益大于用户卖家（商户）的利益，双方权利不平衡；电汇费用，每笔交易除手续费外还需要支付交易处理费；账户容易被冻结，商家利益易受损失。

（续上表）

支付方式	适用范围	费用	优点	缺点
信用卡收款	跨境电商网站可通过与Visa、MasterCard等国际信用卡组织合作，或直接与海外银行合作，开通接收海外银行信用卡支付的端口。从事跨境电商零售的平台和独立B2C。目前国际上五大信用卡品牌Visa、MasterCard、America Express、JCB、Diners Club，其中前两个为大家广泛使用。	一般要收取一定的服务费。如支付宝使用由支付宝公司提供的国际卡支付服务，根据国际卡跨境支付相关机构规定：支付宝需要代收一定比例的服务费支付给相关国际支付机构，以便国际支付服务机构能够维持正常的业务运作，为用户提供持续、稳定的跨境支付服务。	①便捷。不必事先到相应机构去办理。②实时。一切操作都在线完成，在最短的时间内知道支付成功与否。③市场大。全球拥有信用卡的人将近15个/亿张。④安全。有第三方支付平台与银行风险控制系统和信用卡组织的信用卡数据库双重保障。⑤付款方便，易吸引消费者消费。	接入方式麻烦；需预存保证金；收费高昂；付款额度偏小；黑卡蔓延，存在拒付风险。
香港离岸公司银行账户	传统外贸及跨境电商都适用。通常是卖家通过在香港开设离岸银行账户，接收海外买家的汇款，再从香港账户汇往内地账户。	针对客户办理的业务收取开户费、提现手续费、汇入和汇出费、代理开户费等。	接收电汇无额度限制，不必像内地银行一样受5万美元的年汇额度限制。不同货币直接可随意自由兑换。	香港银行账户的钱需要转到内地账户，较为麻烦。部分客户选择地下钱庄的方式，有资金风险和法律风险。

项目五　跨境电商的物流方式简介

跨境电商的迅猛发展，给国际物流业带来了机遇和挑战。跨境电商运作的国际物流出口模式包括国际快递、中国邮政小包、中国海外仓（边境仓）、专线速递和中欧铁路多式联运等国际化服务。其中国际快递主要包括EMS、DHL、FedEx、UPS、TNT等；国际平邮主要有中国邮政小包、中国香港小包、新加坡小包；国际专线有佳成等。国际物流进口方式包括直邮和转运两种。现将跨境电商国际物流进出口方式简介如下：

一、跨境电商出口国际物流方式

（一）常见的跨境电商出口国际物流方式

1. 邮政小包

中国邮政航空小包（China Post Air Mail）又称中国邮政小包、邮政小包、航空小包，是指包裹重量在2千克以内，外包装长宽高之和小于90厘米，且最长边小于60厘米，通过邮政空邮服务寄往国外的小邮包。它包含挂号、平邮两种服务，可寄达全球各个邮政网点。挂号服务费率稍高，可提供网上跟踪查询服务。中国邮政航空小包出关不会产生关税或清关费用，但在目的地国家进口时有可能产生进口关税，具体根据每个国家海关税法的规定而各有不同（相对于其他商业快递来说，航空小包能最大限度地避免关税）。

据不完全统计，中国跨境电商出口业务70%的包裹都通过邮政系统投递，其中中国邮政占据50%左右的份额，中国香港邮政、新加坡邮政等也是中国跨境电商卖家常用的物流方式。

优势：邮政网络基本覆盖全球，比其他任何物流渠道都要广。而且，由于邮政一般为国营，有国家税收补贴，因此价格非常便宜。

劣势：一般以私人包裹方式出境，不便于海关统计，也无法享受正常的出口退税。同时，速度较慢，丢包率高。

2. 国际快递

国际快递是指在两个或两个以上国家（或地区）之间所进行的快递、物流业务。国家与国家（或地区）传递信函、商业文件及物品的递送业务，即是通过国家（或地区）之间的边境口岸和海关对快件进行检验放行的运送方式。国际快件到达目的地国家之后，需要在目的地国家进行再次转运，才能将快件送达最终目的地。

国际快递主要是指UPS、FedEx、DHL、TNT这四大巨头，其中UPS和FedEx总部位于美国，DHL总部位于德国，TNT总部位于荷兰。国际快递对信息的提供、收集与管理有很高的要求，以全球自建网络以及国际化信息系统为支撑。

优势：速度快、服务好、丢包率低，尤其是发往欧美发达国家非常方便。比如，使用UPS从中国寄包裹到美国，最快可在48小时内到达，TNT发送欧洲一般3个工作日可到达。

劣势：价格昂贵，且价格资费变化较大。一般跨境电商卖家只有在客户强烈要求时效性的情况下才会使用，且会向客户收取运费。

3. 专线物流

专线物流，又称货运专线，指物流公司用自己的货车、专车或者航空资源，运送货物至其专线目的地。一般在目的地有自己的分公司或者合作网点，以便货车来回都有货装。跨境专线物流一般是通过航空包舱方式将货物运输到国外，再通过合作公司进行目的地国家国内的派送，是比较受欢迎的一种物流方式。

目前，业内使用最普遍的物流专线包括美国专线、欧洲专线、澳洲专线、俄罗斯专线等，也有不少物流公司推出了中东专线、南美专线。EMS 的“国际 E 邮宝”、中环运的“俄邮宝”和“澳邮宝”、俄速通的 Ruston 中俄专线都属于跨境专线物流推出的特定产品。

优势：集中大批量货物发往目的地，通过规模效应降低成本，因此，其价格比商业快递低，速度快于邮政小包，丢包率也比较低。

劣势：相比邮政小包，运费成本还是高了不少，而且在国内的揽收范围相对有限，覆盖地区有待扩大。

4. 海外仓

“海外仓”是 2016 年政府工作报告中的新词。所谓海外仓储服务是指由网络外贸交易平台、物流服务商独立或共同为卖家在销售目标地提供的货品仓储、分拣、包装、派送的一站式控制与管理服务。卖家将货物批量发送至国外仓库，实现该国本地销售，本地配送。当买家有需求时，第一时间作出快速响应，及时进行货物的分拣、包装以及递送。整个流程包括头程运输、仓储管理和本地配送三个部分。

头程运输：即中国商家通过海运、空运、陆运或者联运将商品运送至海外仓库。

仓储管理：中国商家通过物流信息系统，远程操作海外仓储货物，实时管理库存。

本地配送：海外仓储中心根据订单信息，通过当地邮政或快递将商品配送给客户。

优势：仓储置于海外不仅有利于海外市场价格的调配，同时还能降低物流成本。拥有自己的海外仓库，能从买家所在国发货，从而缩短订单周期，完善客户体验，提升重复购买率。结合国外仓库当地的物流特点，可以确保货物安全、准确、及时地到达终端买家手中。相当于销售发生在本土，可提供灵活可靠的退换货方案，提高了海外客户的购买信心。发货速度加快，可降低跨境物流缺陷交易率。此外，海外仓还可以帮助卖家拓展销售品类，突破“大而重”的发展瓶颈。

劣势：这种海外仓储的模式虽然解决了小包时代成本高昂、配送周期漫长的问题，但是，值得各位跨境电商卖家注意的是，并非任何产品都适合使用海外仓。最好是库存周转快的热销单品使用此类模式，否则极容易压货。同时，这种方式对卖家在供应链管理、库存管控、动销管理等方面提出了更高的要求。

目前，由于优点众多，海外仓成了业内较为推崇的物流方式。比如，今年 eBay 将海外仓作为宣传和推广的重点，联合万邑通推出 Winit 美国仓、英国仓、德国仓。出口易、递四方等物流服务商也大力建设海外仓储系统，不断上线新产品。

5. 国内快递的跨国业务

随着跨境电商火热程度的上升，国内快递也开始加快国际业务的布局，比如 EMS、顺丰均在跨境物流方面下了功夫。

由于依托着邮政渠道，EMS 的国际业务相对成熟，可以直达全球 60 多个国家。顺丰也已开通了到美国、澳大利亚、韩国、日本、新加坡、马来西亚、泰国、越南等国家的快递服务，并启动了中国大陆到俄罗斯的跨境 B2C 服务。

优势：速度较快，费用低于四大国际快递巨头，EMS 在中国境内的出关能力强。

劣势：由于并非专注跨境业务，相对缺乏经验，对市场的把控能力有待提高，覆盖的海外市场也比较有限。

几种主要的跨境电商物流方式对照如表 1－6 所示。

表 1-6 主要跨境电商物流方式对照表

名称/简称	公司	优点/缺点	重量/体积限制	计费标准	运送时间（天）	清关速度	派送速度	丢件率
邮政航空小包/小包	中国邮政	优点：派送覆盖范围达全球 200 多个国家，清关速度快。缺点：派件速度较慢，邮件丢失率较高。	<2 千克，长+宽+高<90 厘米，单边长<60 厘米。	运费根据包裹重量按克计费，1 克起重。每个单件包裹限重在 2 千克以内。单一包裹不超过 2 千克。	15~25	快	慢	高
邮政航空大包/大包	中国邮政	优点：派送覆盖范围达全球 200 多个国家，较适合对时效性要求不高而重量稍重的货物；运费价格比 EMS 稍低，且和 EMS 一样不计算体积重量，没有偏远附加费。缺点：派送速度较慢，邮件丢失率比较高。	最大尺寸限度分为两种：①最长的一边<150 厘米，长度与长度以外的最大横周合计<300 厘米。②最长一边<105 厘米，长度与长度以外的最大横周合计<200 厘米。横周面积的计算公式：2 高 + 2 宽+长。	1 千克起算，单一包裹限重 10~30 千克。	15~25	快	慢	较高
全国邮政特快专递/EMS	中国邮政	优点：隶属万国邮联下的业务项，各国均由具备国家背景的公司来运营。具有清关便利、收货范围较广、快递中价格较低、速度相对小包快很多等优点。缺点：小件（2 千克以下）与超大件（10 千克以上），运费都高。速度慢于 DHL、FedEx、UPS、TNT 四大快递。	无	0.5 千克起算，每 0.5 千克为一个计费单位，首重+续重方式计费。单件一般不能超过 30 千克，一票一件。无附加费用。	2~15	较快	较快	低

（续上表）

名称/简称	公司	优点/缺点	重量/体积限制	计费标准	运送时间（天）	清关速度	派送速度	丢件率
中外运敦豪国际航空快递/DHL	德国邮政	优点：包裹跟踪信息详细；允许一票多件，需要计算抛重，派送速度快。优势航线在欧洲、中东、非洲地区，在亚太地区的服务差异不大。缺点：包裹清关能力较慢；快递中价格较高。	无	0.5 千克起算，每 0.5 千克为一个计费单位，21 千克以上可以有大货价。	4~5	较慢	快	低
联邦快递/FedEx	美国联邦快递	优点：包裹跟踪信息详细；允许一票多件，需要计算抛重，派送速度快。优势航线在美洲地区，在亚太地区的服务差异不大。缺点：包裹清关能力较慢；快递中价格较高。	无	同上	4~5	较慢	快	低
联合包裹服务/UPS	美国联合包裹公司	优点：包裹跟踪信息详细；允许一票多件，需要计算抛重，派送速度快。优势航线是美洲地区，在亚太地区的服务差异不大。缺点：包裹清关能力较慢；快递中价格较高。	无	同上	4~5	较慢	快	低
TNT快递/TNT	荷兰TNT	优点：包裹跟踪信息详细；允许一票多件，需要计算抛重，派送速度快。优势航线在欧洲、中东、非洲地区，在亚太地区的服务差异不大。缺点：包裹清关能力较慢；快递中价格较高。	无	同上	4~5	较慢	快	低

资料来源：亿邦动力网，http：//www.ebrun.com/20140812/107127.shtml

（二）选择跨境电商物流方式时应考虑的问题

跨境电商物流方式的选择，要结合电商货物的具体情况、各种物流方式的特点、客户的要求以及物流服务的国家等进行考虑，选择时应考虑的问题如下：

1. 尽量选择货物物流费用较低的跨境电商物流方式

在速度要求不高的情况下，可以选择中国邮政航空小包。航空小包可以发 2 千克以下的货，特点是便宜、方便，价格统一，能到达商业快递和邮政快递到达不了的很多国家和地区，几乎通邮全球，运输范围广。

2. 结合货物的具体情况，选择运达时效较快的物流方式

在跨境电商业务中，通常采用的 FedEx、UPS、DHL、TNT 四大国际快递的运达速度都比较快，对于一些急件、鲜活物品等，可考虑采用。

3. 根据交易的具体情况，选择通关速度快的物流方式

在常用的几种跨境电商物流方式中，通关的速度由低到高的顺序分别为：①FedEx；②UPS、DHL；③EMS；④中国邮政小包、香港邮政小包。可见，有政府元素的物流方式，其通关速度较快，在业务中，可结合实际进行选择。

4. 结合物流方式，选择邮件丢件率低的物流方式

FedEx、UPS、DHL、TNT、EMS 这几种国际物流方式的邮件丢失率都比较低，在业务中可多采用。

5. 结合不同国家的物流软环境，选择合适的物流方式

不同国家的物流环境，特别是物流软环境的不同，导致的物流运输方式差异化也很大。针对在不同国家和地区选择不同物流方式的建议如表 1－7 所示。

表 1－7　针对在不同国家和地区选择不同物流方式的建议事项

国家/地区	物流方式选择建议	主要原因及应注意事项
西欧、北欧、南欧	DHL、TNT	德国和荷兰的国际快递，清关能力强
荷兰、比利时	TNT	荷兰的国际快递，清关能力强
东欧（罗马尼亚、保加利亚、摩尔多瓦、匈牙利等国家）	DHL	德国的国际快递，清关能力强
东欧（希腊、俄罗斯、土耳其等国家）	EMS	万国邮联、政府背景、实效快、清关能力强
亚洲（韩国、日本、泰国等国家）	FedEx、DHL	丢失率低、时效性强
北美洲（美国、加拿大等国家）	FedEx、UPS、DHL	丢失率低、时效性强

（续上表）

国家/地区	物流方式选择建议	主要原因及应注意事项
南美洲（墨西哥、阿根廷、巴西等国家）	墨西哥适合 FedEx；阿根廷、巴西适合中国邮政 EMS，要注意巴西需要提供税号；中南美 FedEx 有价格优势，但要小心清关风险	丢失率低、时效性强
大洋洲	DHL、UPS 速度快，但价格高；TNT、FedEx 价格低，但相对网点少。要特别注意澳大利亚的产品包装要贴上“MADE IN CHINA”	要考虑价格、速度、网点及特殊规定
中东地区	ARAMEX、EMS	中东本土快递及具有政府背景的中国国际快递
非洲	非洲的商业快递非常贵，偏远地区多，建议选择 EMS	具有政府背景的中国国际快递

二、跨境电商国际物流进口模式

我国的跨境电商国际物流进口模式主要包括直邮模式和转运模式两种。直邮模式是指国外卖家在国外使用当地的邮政或快递，将国内买家购买的商品直接快递到中国。转运模式主要有三种情况：①通过香港转邮政到内地再派送至内地买家；②国外卖家将货物采用保税仓 B2B2C 的形式，邮寄或快递到国内的保税仓库，然后再使用快递单件派送；③国外卖家将货物采用保税仓 B2C 的形式，直接将货物从国外邮寄到保税仓库，然后再使用快递单件派送。

项目六　跨境电商出口业务流程

当具备了一定的跨境电商基本知识后，我们就可以进入跨境电商业务的具体操作阶段。跨境电商主要分为 B2B 和 B2C 两种形式，在此，我们重点介绍 B2C 跨境电商运营模式的出口业务流程。跨境电商主要通过线上进行，整个业务流程主要分为前期准备、平台运营、物流发货和资金结算四大环节。其中的每一个环节都具有重要的意义，都不可忽视。

一、前期准备

跨境电商出口业务操作的前期准备，主要包括平台选择、货源选择和物流选择三个方面。

（一）平台选择

跨境电商平台是指分属不同关境的交易主体，凭以达成交易和支付结算的跨境电子商务虚拟空间。它是卖家经营跨境电商业务的基础，也是买家实现跨境电商商品购买欲望的虚拟场所。选择在适合的跨境电商平台上经营跨境电商，是跨境电商卖家的主要工作之一。在实际业务中，选择跨境电商平台应注意以下两点：

1. 正确选择跨境电商平台

目前，我国跨境电商经营者选择的跨境电子商务平台主要是速卖通、Amazon、敦煌网等。这些主流的跨境电子商务平台各有特点，对于跨境电子商务从业者来说，选择符合自己特点的跨境平台是首先要做的事情。

2. 选择一个平台集中资源投入

跨境贸易新人往往有这样一个简单的想法，认为只要在主流的跨境电子商务平台都上架开店，机会就最大，收益也会最大。其实这个观点是错误的，特别对于跨境新人，因为经验、资源、精力有限，专注永远比广撒网更有效率。选择一个合适的跨境平台，投入自己的资源，好好经营一家店铺，这才是跨境新人正确的第一步。

（二）货源选择

在跨境电商中，货源选择也简称为“选品”。对跨境电商卖家来说，选品是第一道门槛，再成熟的卖家都同样面临着品类的选择和开发爆款的需求。选品可以通过厂家自营产品、热搜词和大数据分析等来确定。每个产品都具有产品的生命周期即潜伏期、成长期、暴增期和衰退期。潜伏期作为推广适销期是优质进入期，成长期作为高毛利阶段是最佳进入期，当产品处于高销量的阶段时则要谨慎进入了。跨境电商选品可以从国际贸易和电子商务两个方向考虑。首先是从国际贸易角度，满足国内和国际的需求，以及目标市场所在国的法律法规要求并进行供应链和市场调查；其次，是物品与产品描述必须相符，同时在物流方面，选择海外仓还是直营也应做好前期调查。卖家选品的时候还要关注侵权方面的问题。以速卖通为例，上传产品后台的品牌库要实时注意经常排查自己的店铺是否存在与新晋品牌对碰的情况。如果存在侵权的品牌，要删除而不仅仅是下架。选品的平台操作将在后续的编写内容中叙述。

优质的选品是卖家获得更多订单、赚取更多利润的基础，进货渠道则是卖家是否有供货能力的重要条件。卖家在考虑进货渠道时，需要从质量、议价空间、是否便捷等方面进行综合考虑。跨境电商常见的进货渠道主要有以下六方面：

1. 从厂家进货

从厂家进货的优势是货源充足，可以拿到更低的进货价，适合有一定的贸易基础、希望长远发展并且对产品需求量大的卖家。个人卖家初期因为需求量小，所以很难达到和工厂合作的程度，而且一次进货金额通常会比较高，增加了经营风险。

2. 批发市场进货

从批发市场进货是比较传统的渠道，优势是货源稳定，可以看到商品的质量，适合零基础和想试水外贸的卖家。不过，前提是要有充足的资金，而且不怕压货。缺点是价格相对厂家和线上商城较高，因为这些批发商往往是商品流通渠道的中间环节，而且卖家要与批发商建立好关系，尤其是在调换货的问题上要与批发商说清楚，以免日后起纠纷。

3. B2B 网站

阿里巴巴上聚集了各类厂家，例如阿里巴巴 1688、阿里巴巴伙拼、阿里巴巴代理加盟及天猫供销平台。这种进货方式的优点是足不出户就可以完成进货，操作灵活，不受时间、地域、产地等方面的限制，适合兼职的卖家。

阿里巴巴 1688：优势是商品多且品类丰富，产品利润相比天猫供销平台利润高很多；缺点是产品图片数据包需要下载，甚至有的供应商没有图片数据包。

阿里巴巴伙拼：产品质量比较优质，而且有很多想不到的蓝海产品，相当于淘宝的聚划算。

阿里巴巴代理加盟：代理加盟一般都有 50 ~ 60 家，甚至上百家的分销商，在商品价格方面不是很好控制，因此业内人士一般不建议卖家使用。

天猫供销平台：货源没有阿里巴巴的商品多，但都是品牌公司在做的分销商，产品比阿里巴巴有保障，而且包括产品图片、数据包，便于不会美工的小卖家来操作。

4. 从淘宝进货

淘宝上有很多有实力的大卖家，其中就有提供批发或代销的。卖家可以多了解客户对产品的评价，如果质量和货源都比较稳定的话也是不错的选择。

5. 做网店代理或代销

目前很多电子商务的网站上不仅做批发，还提供代理、代销服务。网代比较适合新手，不需要太多成本。但是这类产品在质量上难以把控，卖家一定要多对比。

6. 空手套白狼

空手套白狼是指电子产品、化妆品等很多产品的图片和产品说明都是网上现成的，因此，可以先登商品，有人下单后再去进货。缺点是手机、电脑类产品每天的行情价都不一样，卖家需时刻注意。

一般来说，零售的订单可以在国内其他网店进货；批发的订单，则去国内有批发性质的网站或批发市场进货。对新手卖家来说，无论选择何种进货渠道，首次进货都应尽量选择多品类，同件商品进一件就可以了，产品销量好再进行后续的进货；坚持不囤货，避免预算无效使用。

（三）物流选择

如前所述，目前跨境电商的主要物流方式有邮政小包、国际快递、专线物流、海外仓和国内快递的跨国业务五种。跨境电商卖家在物流的选择方面，首先应该根据所售产品的特点（尺寸、安全性、通关便利性等）来选择合适的物流方式。比如大件产品（如家具）

就不适合走邮政包裹渠道，而更适合海外仓模式。各种跨境物流方式的特点、优势、劣势以及选择时应注意的问题在项目五已详述，在此不再赘述。

二、平台运营

平台运营包括上传产品、引流推广和获取订单三个方面。

（一）上传产品

顾名思义，上传产品即在跨境电商运营的过程中，卖家将编辑好的拟售图片信息上传到平台上的行为。上传产品旨在让境外用户方便快捷地了解商品属性，以促成交易，因此，需要从文字和图片角度对产品进行描述。为保证产品上传的质量，各跨境电商平台提供了既专业又便捷的产品发布平台，上传产品时仅需要根据要求填写产品名称、产品简述、产品属性、产品信息、销售信息、服务承诺、其他必要信息，然后按照要求设置运费模板等内容即可。需要重点留意的是，产品图片是吸引客户眼球的主要元素，一定要使用清晰专业的产品图片，为产品形象加分。产品上传的具体操作将在后续的编写内容中详述。

（二）引流推广

流量有站内、站外之分，B2B、B2C 平台的站内引流主要有排名搜索和广告两种方式。站外引流有比价购物引擎、付费搜索、社交平台、重新定向和广告联盟网站营销等方式，具体如 sns 营销、edm 营销、You Tube 视频广告、搜索引擎营销、seo 优化等，可见跨境电商卖家可以采用多元化的站外推广方式。

卖家做站外引流时要注意以下四个方面的问题：第一，进行站外引流的人员需要对要推广的产品有精细化的了解；第二，站内搜索的转化率是比站外引流高出很多的，所以站外引流后的转化率提高问题也是需要重点关注的；第三，SKU 的关键词是否精准；第四，售后的即时反馈，将买家反映最多的问题进行统一回复，或者是通过海外社交媒体进行视频的直接讲解。

站内或站外的引流，其成本各异。站外引流目前的成本较高，但在单一引流方式营销效果越来越差的今天，站外引流依然是企业无法舍去的选择。对于中小卖家来说，在资金和人员配备还不够雄厚的情况下，这方面的动作还是可以稍微放缓的。如果中小卖家无法使用站外引流，可以考虑后台的“联盟营销”。引流推广的具体操作将在后续的编写内容中详述。

（三）获取订单

质量和服务是跨境电商公司赖以生存的最根本的两条底线。要获取订单，首先要审视公司的选品、服务、供应体系等整个流程是否让自己满意，并通过换位思考，以确定客户可能满意的程度。其次，通过广告、论坛、社交等途径增加服务的深度和广度。再次，通过营销推广提高店铺的曝光量、浏览量、访客数，让客户在店铺停留的时间延长一些，从而提高转化率，实现订单量增加的目标。在跨境电商业务中，设法提高产品的质量与服务是获取订单量的前提。

在开设店铺后，以下方法和技巧能使新手卖家尽快出单：

1. 找老业务员合作

老业务员涉足行业的时间较长，对行情和产品的规律比较熟悉，且在长期的经营中，逐步形成了自己的经营习惯和实战经验。新手与老业务员合作，可以学习老业务员的实战经验，能较快上手，获取订单。这里有一个真实的案例，笔者的学生毕业后到一家跨境电商公司工作，入职后拿到询盘就找了一位老业务员提出合作的意向，同时提出如果拿下订单，业绩是自己的，提成的60%则归老业务员，老业务员很愉快地答应与其合作，这名学生现已学成，自己开了一家跨境电商公司。

2. 分析客户后再发邮件

在发开发信前，除了要熟悉行情、业务流程，熟悉自己经营的产品及其价格，并熟悉自己店铺开展的各项推广活动外，还要学会分析客户。客户需要什么样的产品和服务，自己是否能满足客户的要求等都要进行深入分析。要让客户觉得你是一个业务老手，对业务非常熟悉，值得信赖，他们才愿意下单。

3. 手头必须有足够的一手资料

作为新人，就如何开展新的工作，要有一套自己的思路，这是工作的最基本准备，如产品资料、物流资料、技术参数等，可制作各种表格，及时记录、更新，以备工作之需。

4. 不能守株待兔，要主动出击

作为新人，不能坐等订单自来，也不要瞻前顾后，患得患失。有些新人生怕得罪顾客，很多事情不敢做，很多话不敢说，这会使顾客很容易察觉你对业务不熟悉，对自己没信心，客户反而会提出一些不平等的条件，因此，卖家新手要主动通过各种渠道去搜索客户，发开发信，在平等互利的基础上获取订单。

三、物流发货

物流发货包括物流发货、清关通关和确认收货三个环节的内容。

（一）物流发货

在项目五，我们就跨境电商物流的方式及选择时应注意的问题做了比较详细的说明和分析，物流发货的流程如图1－8所示。

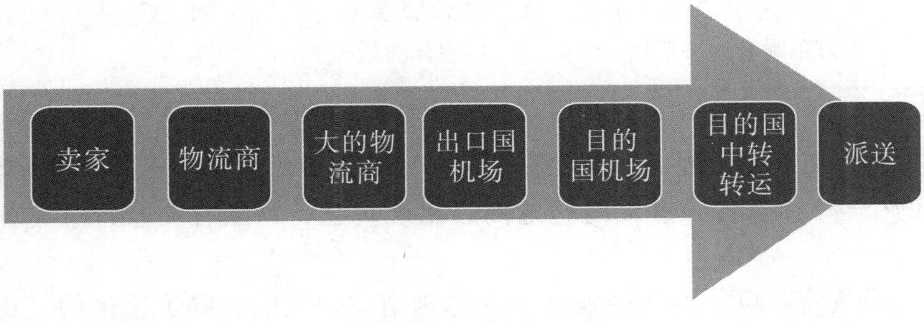

图1－8 跨境电商物流真实流程

（二）清关通关

清关（Customs Clearance）即结关，是指进出口或转运货物出入一国关境时，依照各项法律法规和规定应当履行的手续。只有在履行各项义务，办理海关申报、查验、征税、放行等手续后，海关才能放行，货主或申报人才能提货，货物才能顺利通关。同样，载运进出口货物的各种运输工具进出境或转运，也需向海关申报，办理海关手续，得到海关的许可。跨境电商进出口清关通关的模式如表 1－8 所示。

表 1－8　跨境电商进出口清关通关模式对照表

清关通关模式	具体做法	优点	缺点	使用建议
快件清关	确认订单后，国外供应商通过国际快递将商品直接从境外邮寄至消费者手中。无海关单据。	灵活，有业务时才发货，不需要提前备货。	与其他邮快件混在一起，物流通关效率较低，量大时成本会迅速上升。	业务量较少，偶尔有零星订单的阶段。
集货清关	商家将多个已售出商品统一打包，通过国际物流运至国内的保税仓库，电商企业为每件商品办理海关通关手续，经海关查验放行后，由电商企业委托国内快递派送至消费者手中。每个订单附有海关单据。	灵活，不需要提前备货，相对邮快件清关而言，物流通关效率较高，整体物流成本有所降低。	需在海外完成打包操作，海外操作成本高，且从海外发货，物流时间稍长。	业务量迅速增长的阶段，每周都有多笔订单。
备货清关	商家将境外商品批量备货至海关监管下的保税仓库，消费者下单后，电商企业根据订单为每件商品办理海关通关手续，在保税仓库完成贴面单和打包，经海关查验放行后，由电商企业委托国内快递派送至消费者手中。每个订单附有海关单据。	提前批量备货至保税仓库，国际物流成本最低，有订单后，可立即从保税仓库发货，通关效率最高，可及时响应售后服务要求，用户体验最佳。	使用保税仓库有仓储成本，备货会占用资金。	业务规模较大，业务量稳定的阶段。

2014 年 8 月 1 日，海关总署正式实施了《关于跨境贸易电子商务进出境货物、物品有关监管事宜的公告》，公告中有关跨境电商进出境货物、物品有关监管事宜的规定主要如下：

（1）第二条规定：电子商务企业和个人办理清关手续时，除了原来的《进出口货物报关单》外，还将分别提交《中华人民共和国海关跨境贸易电子商务进出境货物申报清单》和《中华人民共和国海关跨境贸易电子商务进出境物品申报清单》。其中，企业采取“清单核放、汇总申报”方式办理电子商务进出境货物报关手续，而个人则仅采取“清单核放”方式办理电子商务进出境物品报关手续。

（2）第三条规定：存放电子商务进出境货物、物品的海关监管场所的经营人，应向海关办理开展电子商务业务的备案手续，并接受海关监管。未办理备案手续的，不得开展电子商务业务。

（3）第四条规定：电子商务企业或个人、支付企业、海关监管场所经营人、物流企业等，应按照规定通过电子商务通关服务平台适时向电子商务通关管理平台传送交易、支付、仓储和物流等数据。第八条还规定：电子商务企业或个人、支付企业、物流企业应在电子商务进出境货物、物品申报前，分别向海关提交订单、支付、物流等信息。也就是说，今后所有跨境电商和海淘业务的整个过程，包括交易、支付、仓储、物流等，其业务流程和数据都必须进入海关总署的“电子商务通关服务平台”以及“电子商务通关管理平台”，以便海关总署能及时获取、掌握、监控和管理有关跨境电商业务。

（4）第五条规定：从事跨境电商业务的电子商务企业，除了正常的工商企业注册外，还需要到海关总署进行单独的涉及跨境电商业务的注册登记，以便取得进行跨境电商业务的资格。也就是说，不光从事跨境电商业务的企业需要注册登记，就连在海关监管场所进行电商货物存放业务（主要是仓库、中转货柜等）的经营者，也需要单独开展电子商务业务的备案手续，目的是跟其他传统进出口贸易业务分开。

（5）第十一条规定：电子商务企业在以“货物清单”方式办理申报手续时，应按照一般进出口货物有关规定办理征免税手续，并提交相关许可证件。同时，个人在以“物品清单”方式办理申报手续时，应按照进出境个人邮递物品有关规定办理征免税手续，属于进出境管制的物品，需提交相关部门的批准文件。

（三）确认收货

在跨境电商交易中，当买家收到货物，并在网页上确认已经收到货物即为确认收货。以“阿里巴巴平台”为例，确认收货的详细步骤如下：

（1）登录“阿里助手”（http：//china. alibaba. com/member/myalibaba. htm）。

（2）点击“交易管理”—“我要采购”—“已买到的货品”。

（3）找到希望确认收货的支付宝交易，点击“确认”。

（4）打开确认收货页面，填写相关内容提交即可。

四、资金结算

资金结算包括平台放款、结汇和出口退税三个环节的内容。

（一）平台放款

放款是指跨境电商平台将商户已交易完成订单的款项转移到卖家虚拟账户里。以下列举速卖通和敦煌网两个平台的放款规则。

1. 速卖通平台放款规则

2015 年 5 月 15 日，速卖通平台新放款规则正式生效。为了有效缓解卖家的资金压力，保障买家交易安全，速卖通对放款政策进行了新调整：新的放款规则以卖家的综合经营情况评估确定订单放款时间，不再以订单完成和物流妥投作为放款条件，只要卖家的综合经营情况符合条件，订单就会在发货后进行放款。具体新规则如图 1－9 、表 1－9、表1－10 所示。

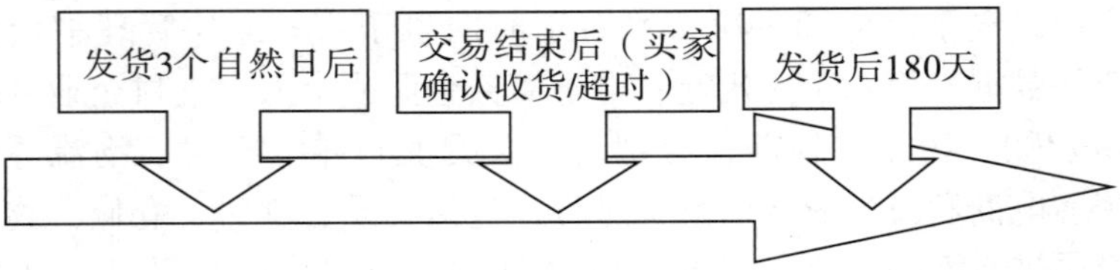

图 1－9　速卖通平台放款时间

表 1－9　速卖通平台放款规则

账号状态	放款规则		
	放款时间	放款比例	备注
账号正常	发货 3 个自然日后	70% ~97%	比例根据账号表现有所不同，3% ~30% 被冻结作为保证金，具体释放时间见表 1－10
	交易结束后	100%	交易结束后（买家确认收货/超时）
账号关闭	发货后 180 天	100%	无

表 1－10　速卖通平台保证金释放时间表

条件		释放时间	备注
物流	交易结束时间距发货时间		
商业快递 + 物流妥投	无要求	交易结束当天	物流妥投：以系统核实到物流妥投为准
商业快递 + 物流未妥投 非商业快递	≤30 天	发货后第 30 天	
	30 ~60 天	交易结束当天	
	≥60 天	发货后第 60 天	

2. 敦煌网放款规则

（1）有货运跟踪号。

目前敦煌网支持 EMS、DHL、FedEx、UPS、TNT、USPS、HK Post、China Post 等可在线跟踪的货运方式。针对有货运跟踪号的放款方式，订单放款规则如下：

①买家主动确认签收。买家确认签收的订单，敦煌网会核实订单的货运信息，如果订单查询妥投，且妥投信息与订单信息一致，将订单款项放款至卖家虚拟账户，订单完成。

②买家未主动确认签收，卖家请款。买家未主动确认签收的订单，卖家请款后，敦煌

网会先根据卖家上传的运单号核实妥投情况并进行相应处理，具体见表 1－11。

表 1－11　敦煌网运单号核实妥投情况及相应处理

类别	货运情况	订单完成时限
第一类	妥投且时间、邮编及签收人都一致	发送催点信给买家，买家在 5 天内没有发起任何投诉、协议或者纠纷，也没有邮件回复，将该订单款项放款至卖家虚拟账户，订单完成
第二类	部分未妥投，或全部未妥投，或无查询信息	卖家填写最后一个货运单号 120 天后完成订单

③买家未主动确认签收，卖家在订单确认收款后的 90 天内也未请款。卖家完全发货后，若买家一直未确认签收，并且卖家在订单确认收款后 90 天内也未请款，平台将在完全发货 120 天后将该订单款项放款至卖家虚拟账户，订单完成。

（2）无货运跟踪号。

无货运跟踪号的订单［目前敦煌网支持的货运方式包含 China Post Air（Non-Tracking）、China Post SAL（Non-Tracking）、HK post（Non-Tracking）、Singapore post（Non-Tracking）、Post Link（Non-Tracking），详情请查看敦煌网支持哪些物流］，卖家发货后，不需要请款，无论买家是否确认签收，系统都会自动在卖家填写最后一个货运单号的 120 天后，将该订单款项放款至卖家虚拟账户，订单完成。

（二）结汇

关于跨境电商结汇的问题，已在本模块项目四“跨境电商的支付流程及存在的风险”中有比较详细的阐述，在此不再赘述。

（三）出口退税

出口货物退（免，Export Rebates）税，简称出口退税，其基本含义是对出口货物退还其在国内生产和流通环节实际缴纳的增值税、消费税。出口货物退税制度，是一个国家税收的重要组成部分。出口退税主要是通过退还出口货物的国内已纳税款来平衡国内产品的税收负担，使本国产品以不含税成本进入国际市场，与国外产品在同等条件下进行竞争，从而增强竞争力，扩大出口的创汇。

随着互联网、企业内部网等电子购物交易方式的不断拓展，跨境电子商务出口网上交易已经成了一种新型的对外贸易方式。《财政部　国家税务总局关于跨境电子商务零售出口税收政策的通知》（财税〔2013〕96 号）规定，自 2014 年 1 月 1 日起，对符合条件的跨境电子商务零售出口（以下简称电子商务出口）企业执行增值税、消费税退（免）税和免税政策（以下简称退免税）。从某种意义上讲，跨境电子商务网上“私人订制”的出口货物，真正让卖主实现了退免税。

1. 跨境电商出口企业的含义

根据财税〔2013〕96 号文件规定，享受电子商务出口货物退免税的企业，是指自建跨境电子商务销售平台的电子商务出口企业和利用第三方跨境电子商务平台开展电子商务出口的企业。如果是为电子商务出口企业提供交易服务的跨境电子商务第三方平台，不适用规定的退免税政策，可按现行有关规定执行。

2. 跨境电商出口退免税

（1）跨境电商出口享受退免税的条件。

跨境电商出口企业出口货物必须同时符合以下四个条件，才能享受增值税、消费税退免税政策（财政部、国家税务总局明确不予出口退免税或免税的货物除外）：①电子商务出口企业属于增值税一般纳税人并已向主管税务机关办理出口退（免）税资格认定；②出口货物取得海关出口货物报关单（出口退税专用），且与海关出口货物报关单电子信息一致；③出口货物在退（免）税申报期截止之日内收汇；④电子商务出口企业属于外贸企业的，购进出口货物取得相应的增值税专用发票、消费税专用缴款书（分割单）或海关进口增值税、消费税专用缴款书，且上述凭证有关内容与出口货物报关单（出口退税专用）有关内容相匹配。即外贸企业应当取得上述合法凭证，并且与报关出口货物的金额、数量、计量单位、出口企业名称等内容相一致。

（2）跨境电商出口享受免税的条件。

如果跨境电商出口货物不符合上述退（免）税条件，但同时符合下列三种条件，可享受增值税、消费税免税政策：①电子商务出口企业已办理税务登记。②出口货物取得海关签发的出口货物报关单。③购进出口货物取得合法有效的进货凭证。如出口企业只有税务登记证，但未取得增值税一般纳税人资格或未办理出口退（免）税资格认定，以及出口货物报关单并非出口退税专用联次，购进货物出口时未取得合法凭证等，应当享受免税政策。

上述规定主要适用于大规模纳税人，如果出口企业为小规模纳税人，均实行增值税和消费税免税政策。

3. 跨境电商出口退免税申报操作

根据财税〔2013〕96 号文件第三条规定，跨境电商出口货物适用退（免）税、免税政策的，由跨境电商出口企业按现行规定办理退（免）税、免税申报。

（1）退（免）税申报要求。

根据税法规定，出口企业出口并按会计规定作销售的货物，须在作销售的次月进行增值税纳税申报。企业应在货物报关出口之日（以出口货物报关单《出口退税专用》上的出口日期为准）次月起至次年 4 月 30 日前的各增值税纳税申报期内，收齐单证（凭证）且信息齐全，向主管税务机关进行正式申报增值税退（免）税及消费税退税。逾期的，企业不得申报退（免）税。主要分为以下两个步骤。

第一步，出口退（免）税预申报。出口企业在当月出口并作销售收入后，将收齐单证（凭证）及收汇的货物于次月增值税纳税申报期内，向主管税务机关进行预申报，如果在主管税务机关审核中发现申报退（免）税的单证（凭证）没有对应电子信息或不符的，应当进行调整后再次进行预申报。

第二步，出口退（免）税正式申报。企业在主管税务机关确认申报单证（凭证）的内容与对应的管理部门电子信息无误后，应提供规定的申报退（免）税凭证、资料及正式申报电子数据，向主管税务机关进行正式申报。

（2）免税申报要求。

根据《国家税务总局关于出口货物劳务增值税和消费税有关问题的公告》（国家税务总局公告2013年第65号）规定，自2014年1月1日起，出口企业出口适用增值税、消费税免税政策的货物，在向主管税务机关办理免税申报时，采用备案制，不再实行申报制，出口货物报关单、合法有效的进货凭证等资料，按出口日期装订成册留存企业备查。

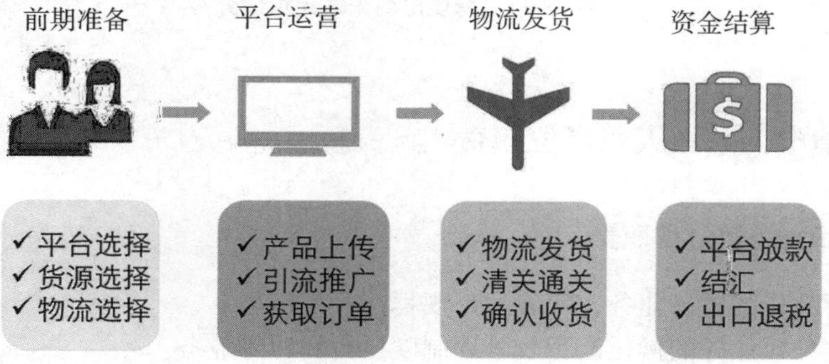

图1－10 跨境电商出口基本流程图

项目七 跨境电商岗位划分及从业人员应具备的素质

近年来，跨境电商企业如雨后春笋般涌现，国内几大享誉盛名的电商企业成功上市更是起到推动的作用。在外界看来，跨境电商正朝着成熟且必然成功的大方向发展，但身处其中的多数企业却明显感到吃力，因为目前缺乏专业人才推动企业电商业务的进一步发展。据分析，目前行业内对复合型人才有“千金易得，一将难求”的难言之苦。对此，有些企业开始不惜重金对同行或者国内电商“挖墙脚”，同行间的人才争夺已趋向白热化。对某类人才需求的猛增，直接反映出行业领域的市场走势。因此，跨境电商的岗位划分就成了众多欲进入跨境电商行业的人想知道的答案。

一、跨境电商岗位划分

根据跨境电商的操作流程，跨境电商人才主要分为跨境电商业务员、跟单员和推广/运营人员以及其他人员四个岗位。

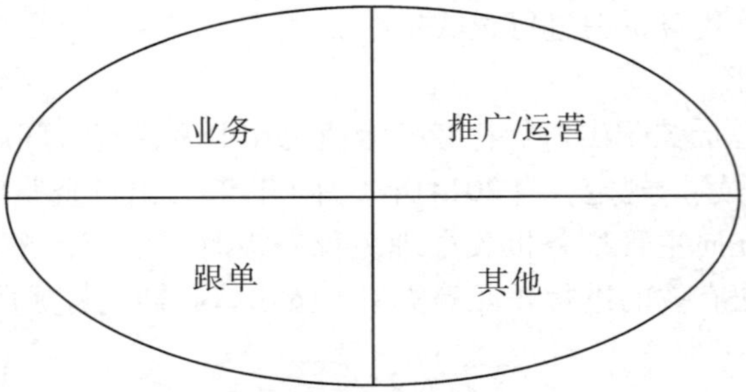

图 1－11　跨境电商人才岗位划分

二、跨境电商从业人员岗位职责

（一）外贸业务员岗位职责

（1）执行公司的贸易业务，实施贸易规程，开拓市场。
（2）按照公司业务的操作流程及管理制度执行和跟踪业务。
（3）完成公司业务的工作目标及工作计划。
（4）负责与客户的联系、沟通、接待、报价、处理询盘等。
（5）通过各网络平台开拓国外市场，挖掘潜在客户。
（6）协助公司参与国内外展会。
（7）相关业务工作的汇报。

（二）跟单员岗位职责

（1）负责联系客户、编制报价、参与商务谈判、签订合同。
（2）负责生产跟踪、发货、现场监装。
（3）负责单证审核、报关、结算、售后服务等工作。
（4）客户的拓展与维护。
（5）业务相关资料的整理和归档。
（6）相关业务工作的汇报。

（三）推广/运营人员岗位职责

（1）熟悉平台，了解平台趋势。
（2）熟悉排名交易规则和优化，发布更新产品。
（3）全面负责公司平台的运营管理。
（4）利用站内外各种网络平台，推广公司产品。
（5）对推广效果进行跟踪、评估，及时改善营销方案。
（6）运营数据的统计分析与汇报。

（2）挑选产品。

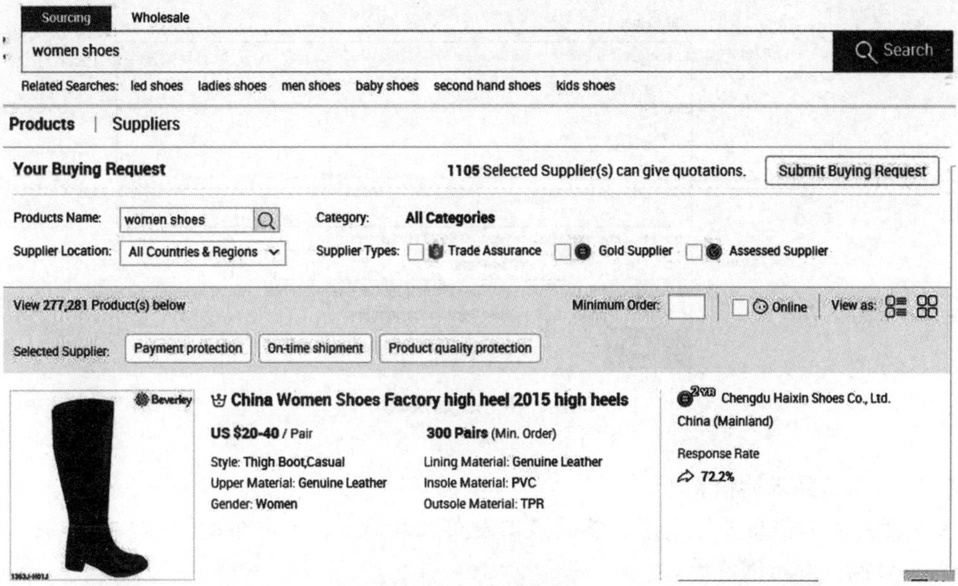

图 2－7 挑选产品

（3）查看公司信息。

图 2－8 查看公司信息

(4) 发起反馈。

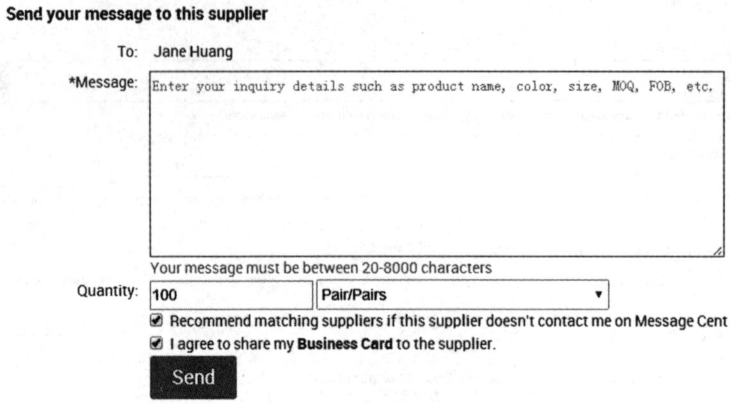

图 2－9　发起反馈

(5) 发布商品求购信息。

发布商品求购信息要先登录，然后点击发布采购请求，再发布询价单，即登录“我的阿里”—采购—发布询价单。

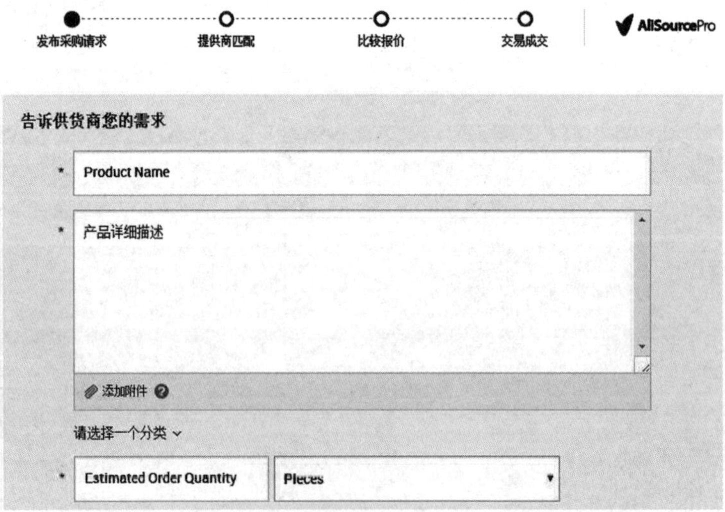

图 2－10　发布商品求购信息

(6) 网上谈生意。

买家只需登录阿里旺旺就可与卖家就相关商品进行网上洽谈，实现网上谈生意。

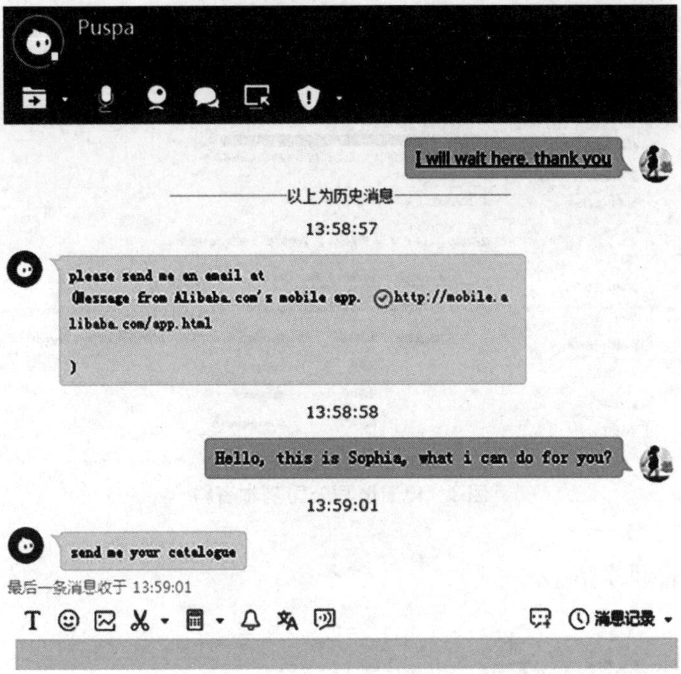

图 2－11　网上洽谈

（二）卖家业务流程

（1）会员注册（已注册）。

（2）在已安装阿里旺旺的界面上登录阿里旺旺。

图 2－12　登录阿里旺旺

（3）填写公司基本资料。

图 2－13　填写公司基本资料

（4）发布产品供求信息。

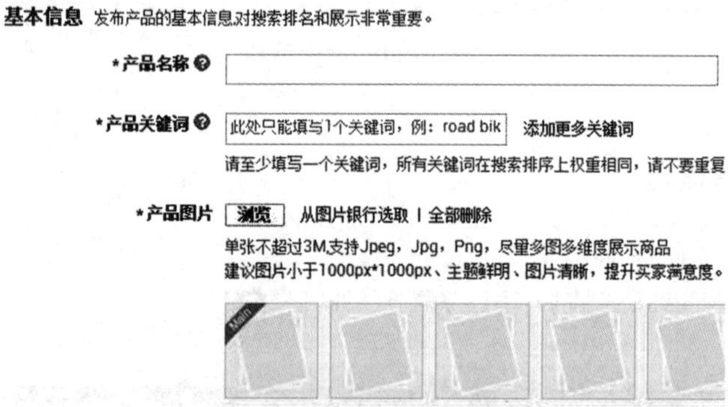

图 2－14　发布产品供求信息

（5）寻找买家。

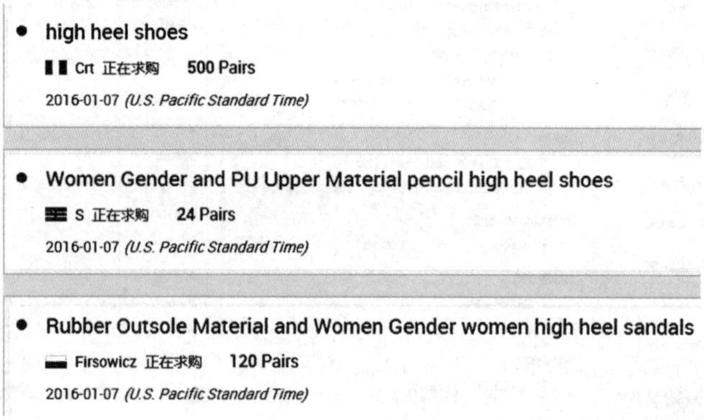

图 2－15　寻找买家

（6）回复询价单。

图 2－16　回复询价单

项目二　产品信息发布

阿里巴巴平台发布的信息专业与否，决定着跨境电商企业产品和公司是否能够吸引买家，从而进一步获得买家发送询盘的机会。大众的同类产品中，能第一时间吸引买家注意的产品意味着比同行可获得更多的商机。所以，在阿里巴巴平台发布产品信息的时候，跨境电商企业需要发布能够引起买家关注和兴趣的产品。

一、关键词的收集方法

（一）什么是关键词

关键词源于英文“keywords”，即产品的中心词，是指单个媒体在制作使用索引时所用到的词汇。关键词搜索是网络搜索索引的主要方法之一，是希望被访问者了解的产品、服务和公司等的具体名称用语。关键词的设置一般为 3～5 个。

（二）关键词分类

关键词可分为核心词、目标词和长尾词。核心词通常指最简单的词语，同时也是搜索量最高的词语。目标词通常指产品系列最核心的词语如“women shoes”，数量相对较多。目标词的特征：搜索量大，竞争激烈，采购目标相对明确。长尾词通常是指在目标词的基础上加入客户对产品的要求的修饰词，即包含核心词的短语，如“black leather women shoes”，数量不多。长尾词的特征：搜索量小，竞争不激烈，采购目标精准。

图 2－17　关键词分类

【练习】

请说出“1. Pink Lady cashmere sweater；2. Charm moving E6 Bluetooth headset”中的核心词、目标词和长尾词。

（三）常用关键词收集方法

1. 关键词搜索的几种方法

在操作阿里巴巴的时候，关键词是一个很重要的方面，产品关键词要一直整理更新，搜索关键词主要有以下几种方法：

（1）系统推荐词。在编辑产品关键词时，系统会自动推荐一些热门词和蓝海词。

（2）热门搜索词。在“数据管家—热门搜索词”中可以找到行业中的热门词，这些数据对设置橱窗产品的关键词很有帮助。

（3）行业热搜词。通过搜索不同的行业名称来搜索海外的热门搜索词，包括买家热搜词、上升最快的词、各个国家热搜词。

（4）各个网站推荐词。在各个网站搜索一个产品时，系统会自动出现一些推荐词。

此外，还可以通过访客详情、Google Adword、外贸直通车中的关键词推荐等方法来搜索关键词。

2. 数据管家—热门搜索词搜索操作

操作步骤：打开“热门搜索词”，输入所销售的产品名称，如“shoes”，再根据供应商竞争度、橱窗数、搜索热度以及关键词与产品的匹配度进行筛选，选出优质关键词。

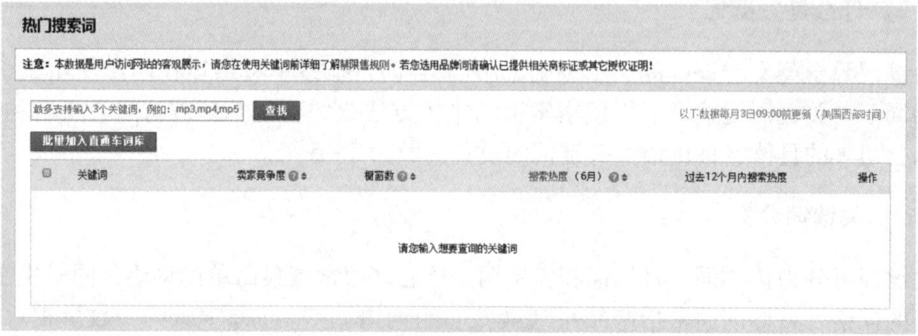

图 2－18　热门搜索词（1）

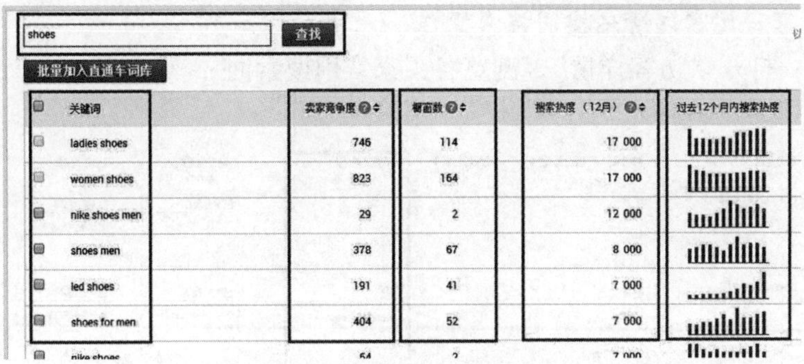

图 2－19　热门搜索词（2）

【小提示】

热搜词里的关键词包罗万象，高热度、低热度、精准词或长尾词都包揽其中，所得数据需仔细分析、分类。

3. 数据管家—行业热搜词搜索操作

操作步骤：打开“行业视角”的热搜词，选定行业及产品类别即可搜出热门国家的热搜词。

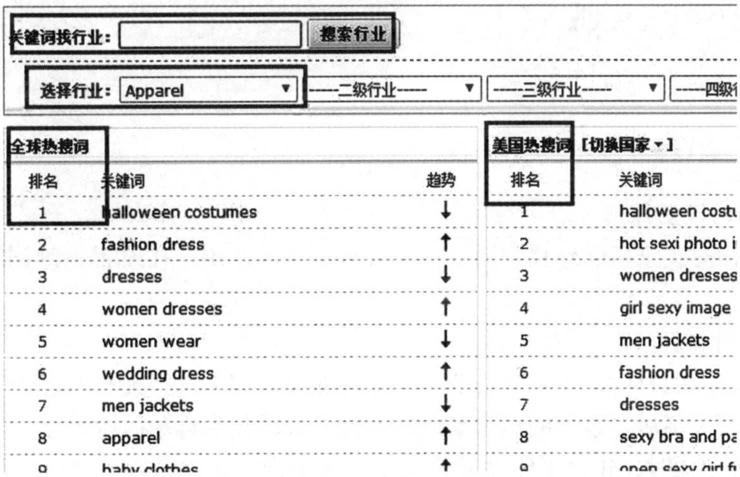

图 2－20　行业视角

【小提示】

通过“行业视角”所得关键词一般为周期性的某特定国家/地区有较高热度的词，对产品判读比较精准，部分可适当用作橱窗关键词或上新产品关键词。

4. 数据管家—访客详情热搜词搜索操作

操作步骤：打开“访客详情”，浏览各买家常用搜索词。

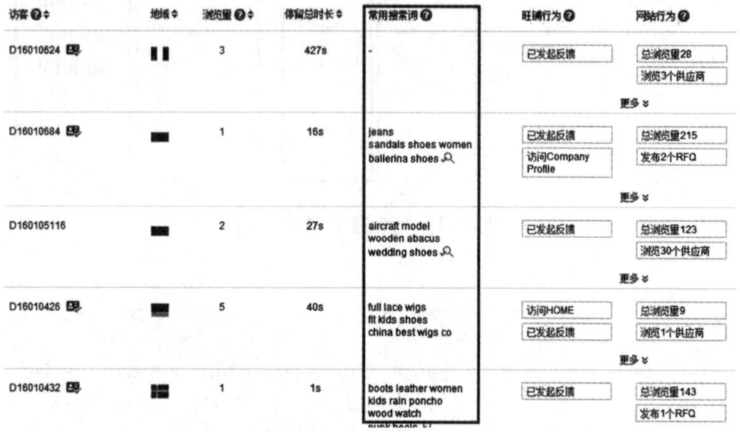

图 2－21　访客详情

【小提示】

常用搜索词可以补充访问过该网站的客户的最新搜索用词，可适当加以利用作为关键词。通过观察一段时间内的访客及反馈情况，可分析最终客户没作出反馈的某些成因，并加以改进。

（四）关键词设置原则

1. 关键词的设置原则

设置关键词对买家精确地找到网售产品有着重要的作用。在设置关键词时，应遵循以下五个原则：

（1）要有针对性。

在设置关键词的时候，要针对行业、产品性能等方面去选择能提升曝光率且比较具体的关键词，以便提高潜在客户的点击率，进而提升其转化为订单的有效率。如“汽车润滑剂”，在设置关键词时，建议不要设置“化工”这个词，而应设置与“汽车润滑剂”有关的词。

（2）站在客户角度考虑。

卖方对自己的行业一般有比较深刻的认识，对自己的产品有比较专业的把握，因此潜移默化中就会想当然地以为一些比较专业的词汇就是客户和商家要搜索的关键词，但事实并非如此，因此在设置关键词时，不妨对客户进行调查，收集他们搜索时常使用的关键词。网上的关键词没有冷热之分，只要有客户去搜索，就是好的关键词。

（3）不要以公司名作为关键词。

为了尽可能地吸引最多的潜在客户，瞄准的目标也不要太小，要在保证词汇不宽泛的同时尽量提高关键词的涵盖度。不要为了保证自己的排名去设置一个较长的词汇，更不要用自己的公司名称作为关键词，因为没有人会去搜索公司名，除非这个公司“声名显赫”。

（4）要和自己的产品相关。

有些卖家为了提高自己的流量而尝试一些热门的话题关键词，比如“金砖四国”等，希望可以引来更多的网友，殊不知这种“作弊”手法引来的却是匆匆过客，进来的多是对产品不感兴趣的网友，看一眼便离开了，这种有流量却没有销售量的浏览不具有任何意义。

（5）固守本性，扩大特色。

设置关键词的时候要注意自己的产品优势及与同行业产品不同的特点。比如店铺的等级（×钻、×皇冠）、特价促销（包邮、打折、清仓等）、品牌（windygirl 等）、质量保证（韩国原装、如假包换等）、图片信息（实物拍摄、真人秀等）、销售情况（最多好评、最具人气等）、名人效应（×××在××剧中穿着、佩戴等）等。

2. 设置关键词常见的误区

（1）三个关键词必须填满。

关键词是否填满并不影响搜索结果，主关键词必填，另两个关键词是供产品有多种叫法时使用的，如果没有则无须填满。

（2）关键词比产品名称重要。

产品名称是第一匹配要素，关键词是对产品名称的校正，两者都需要认真填写。

（3）罗列关键词对搜索结果有利。

罗列会让机器辨别不出主次关键词，不利于排名。

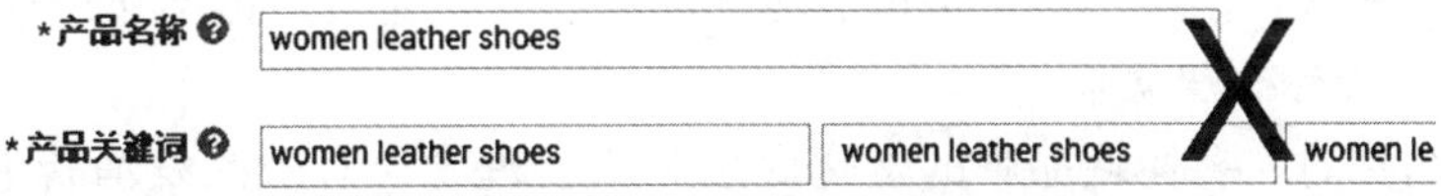

图 2－22　罗列关键词

（4）用不同的或相近的关键词持续发布产品信息对排序有利。

铺词行为会导致网站上出现大量的重复产品，严重影响买家体验，且产品基数越大，管理维护成本也越大，会导致网站上出现大批量零效果产品，产品数量越多，零效果产品的占比越大，排名受负面影响的程度也会越高。

（5）三个关键词设置相同对排序有利。

三个关键词相同与设置单一关键词情况下的搜索结果并无异样，且关键词对产品排名没有影响。

【小贴士】

设置关键词应注意的几个问题：

（1）建议选择买家常用的热门关键词，让买家快速搜索到相应产品。

(2) 关键词避免过长或含公司内部产品型号，买家较少用很长的词搜索，若产品型号非行业内通用，买家搜索热度可能不高。

(3) 每个产品可设置三个关键词，同等重要且不分先后，不建议设置三个完全一样的关键词，例如手机的“产品关键词”为“mobile phone”，“更多关键词”可设为“cell phone”“mobile”。

(4) 关键词不分大小写。

二、产品名称设计

众所周知，产品名称的品牌效益对消费者的选购是有直接影响的。好的产品名称通过视觉的刺激，能使消费者产生对产品、企业认知的需求。产品名称应符合大众心理，能激发消费者的购买动机，使企业形象的树立有一个立足点；能让企业的品牌形象保留于广大民众的印象中，从而对其产生有影响力的品牌信任感与亲切感。通过各种途径刺激记忆，好的产品名称能使消费者长期保持对企业、产品的认可与品牌需求。

(一) 产品名称的设计技巧

1. 简单易记，朗朗上口

设计产品名称时，一般要求简单易记、朗朗上口，这样才有利于在消费者中间广为传播，如有的产品名称把“丰”字写成繁体的“豐”，多数消费者根本就不认得，传播自然困难。现在很多品牌的产品命名侧重于创造文化氛围，但脱离了品牌的个性表现和广告的诉求点，且过于平淡，因此不利于传播。另外，取名可“通俗”但不能过于“庸俗”。

2. 抓住消费者的心理需求

设计产品名称时，要体现品牌的文化底蕴和消费理念，有效激发消费者的购买欲望。像剑南春集团推出的“团团圆圆”酒，就构思精巧、境深意远，具有品牌亲和力，迎合了广大消费者对“圆满”“喜庆”的情感需求，营造出一个由聚会、婚庆、寿喜、生日等带来的白酒消费市场。

3. 彰显品牌文化

很多品牌的历史文化源远流长，具有坚实的文化价值基础，因而产品名称如何点缀陪衬颇有讲究，好的命名能更深刻地诠释品牌的价值内涵，反之则会削弱品牌在市场的形象。以“五粮液”为例，它在白酒品牌中独树一帜，尊贵显赫，大有“王”者风范，假设该酒开发了一个新品，取名为五粮液“十年香”酒，显然，“十”字并不能与有百年历史的五粮液品牌相得益彰。

4. 适应消费市场环境

一个市场定位准确的产品，会面临一个高度细分的目标市场，因此应深入了解消费市场的地理环境、风俗人情和消费习惯。产品命名与市场环境任一因素相抵触，都会导致失败。

【堂上小组训练】

赵晓文最近与人合资开办了一家生产礼品盒的公司，公司经申请已具有外贸进出口权，现欲通过阿里巴巴国际站推销公司的产品。为使公司的产品在网上畅销，拟给产品起个响亮的产品名称，您认为该起什么名好呢？

（二）产品名称设计应注意的问题

产品名称是买家搜索的第一匹配要素，名称的设置决定了买家能否精准地搜索定位到该产品。换句话说，在同等产品信息质量的前提下，产品名称书写是否专业，决定了产品排名是否靠前。产品名称设计具体注意事项如下：

1. 产品名称和搜索词的相关性

以“black high heels”为例：

如果买家用“black high heels”搜索产品时，以下三种标题描述方式，从文本相关性上讲，都是一样的。

New arrival sexy woman black leather high heels 2016 .

2016 lady fashion black genuine leather high heel shoes .

High-end black high heels.

上述标题有一个共同点，即各产品名称内均包含关键词“black high heel(s)”，使得买家在使用该特定关键词时三个相关产品均有被曝光的可能性，在设置产品名称过程中需注意配合关键词设计。

2. 使用“with”或者“for”突出产品属性及用途

“2015 exhibitor canton fair **with** CE-ROHS and GS blood circulation machine”，这个名称中核心词“circulation machine”放在了最后，这是不妥当的，因为在有“with”或者“for”时系统会判断“with/for”前面的词是核心词。可以改为“2015 exhibitor canton fair blood circulation machine **with** CE-ROHS and GS”。

再举个正确的例子：Waterproof mobile phone hard case **for** samsung galaxy S6.

3. 产品名称长度要适当

根据买家搜索词的字符限制可见，产品名称能恰当地突出产品的部分优势特性即可，应尽量避免产品名称过长。

4. 避免产品名称中关键词堆砌

许多人以为产品标题中含多个不同的名称，买家用这些不同的名称搜索都能搜索到该产品。其实这是个误区，产品名称罗列和堆砌不但不会提升产品的曝光可能性，反而会降低产品与买家搜索词匹配的精度，从而影响搜索结果，影响排序。案例展示见图 2－23：

图 2－23 产品名称设计案例

5. 慎用特殊符号

产品名称中应慎用“/”“－”“( )”等特殊符号，因为它们可能会被系统默认成无法识别字符，影响排序。如需使用，请在符号前后加空格。

三、主图设计

产品主图是对所销售的商品的一种最直接的视觉展示，是对文字描述的补充，使用图片直观展示产品，能让买家在浏览产品时获得更多的产品细节特征，丰富的高品质图片能大大影响买家的转化。在设计产品主图时，应以美观、能充分展示促销信息为原则，且应尽可能制作成正方形。产品主图的设计要求是：①图片清晰，产品主体突出，背景干净；②图片与产品描述相符，多角度展示，细节展示，图片适当展现卖点（特质、亮点、认证等）；③加水印或企业 Logo，保护自身的知识产权；④建议像素：1 000 ×1 000。

案例展示见图 2－24。

图 2－24 主图设计案例展示

四、内页设计

网站内页指除了首页以外的所有网页，包括产品页、内容页等。也许吸引用户的不是网站内页，但留住客户的通常是内页，如果说整个网站是金字塔，那么网站的内页就是塔底，是网站的排名基础，因此，网站的内页优化很重要。当买家进入店铺之后，如何让买家停留就得看详情描述（内页/详情页）了。详情页，顾名思义就是用于介绍产品的功能（价值点）以及与众不同之处，进而促使买家购买的介绍页面。

（一）内页设计的技巧

（1）要经常更新内页的内容，还要注意网页代码和关键词的优化。代码要求整洁、规范，将网站的导航、标题等加上。

（2）在内页中加入适当的专业性的关键词说明和原创文章。

（3）适当增加网页的内部链接，在网站的每个内页中都应该有一个首页的链接。

（二）内页详情描述

内页详情描述有两个根本点：①在描述内页详情时，要注意把所有客户都当成非专业人士；②寻找产品的价值点而非促销点。

（三）内页详情描述的六个要点

（1）谨记三秒钟注意力原则。

（2）描述前三屏决定买家是否购买商品。

（3）描述一定要有情感营销的因素，且能引起买家的共鸣。

（4）描述一定要诉求出利益因素，即 FAB 利益排序法。

（5）消除一切使买家分心或者暂缓购买的详情页内容。

记住最重要的一点：商品卖点有且只有一个，要不停地告诉买家。

（四）内页详情描述七大模块

1. 图文并茂的产品描述板块

图 2－25　图文并茂的产品描述板块

2. 全方位高清细节展示

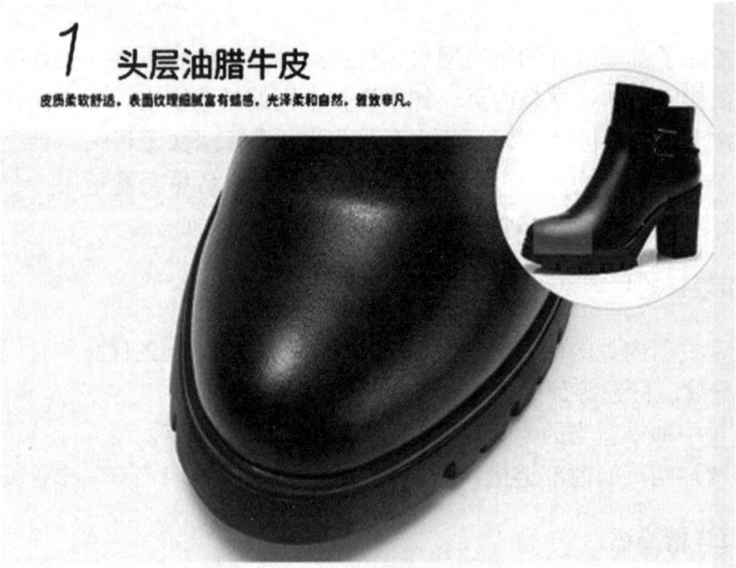

图 2－26　全方位高清细节展示

3. 产品功能与优点描述

图 2－27　产品功能与优点描述

4. 包装及运输方式

图 2－28　产品包装

5. 公司实力与认证展示

图 2－29　公司实力与认证展示

6. 客户来访与出口证明

图 2－30　客户来访与出口证明

7. 详细的问题解答及引导反馈

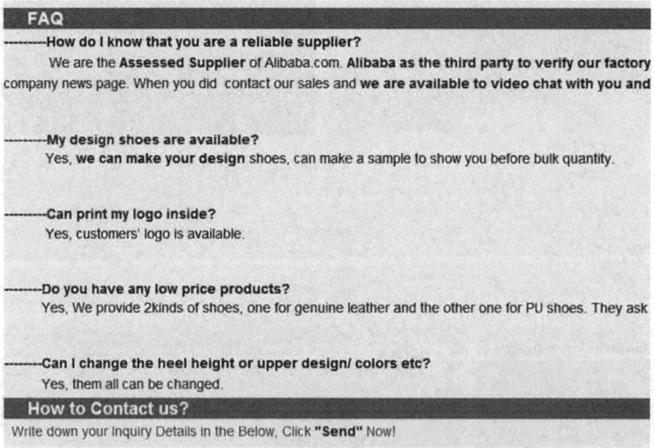

图 2－31　详细的问题解答及引导反馈

项目三　产品信息管理

产品信息管理分为产品图片管理、产品分组管理等。

一、产品图片管理的方法

图片银行是阿里巴巴平台上的一个图片存储空间。作为跨境电商业务员，要学会将资料上传到图片银行，以及如何使用图片银行中的图片。

（一）图片银行资料上传与使用

（1）从图片银行入口上传图片，一次上传张数扩大为50张。
（2）上传图片时选择分组。
（3）中国供应商用户一次性升级为5G容量并显示未引用图片数量。

（二）回收站

（1）图片删至回收站后，商品中图片不再展示。
（2）删至回收站中的图片保留7天，7天内可恢复图片与商品展示。
（3）批量操作：可全选或多选，提供批量恢复功能。
（4）单个操作：恢复功能、彻底删除功能。

（三）搜索/筛选功能

（1）鼠标选择左侧某个图片分组后，该搜索框会自动默认在某个分组下进行检索，若点击分组名“衣服和袜子”后在搜索框内输入内容则系统默认在“衣服和袜子”这个组内进行检索，若点击“所有图片”则在所有图片下进行检索。
（2）提供上传人、已/未引用图片的筛选功能。

（四）排序功能

提供更新时间、图片大小、图片名称的筛选功能。

（五）分组功能

（1）一共可设置三级分组，在一级分组下可查看一级分组下的图片以及二级分组的文件夹（点击二级分组的文件夹则可查看该二级分组的图片），以此类推。
（2）一级分组数量为50个，二级、三级不限制分组数量，但一级、二级、三级分组总数不能超出5 000个，超出5 000个系统会报错。

二、产品分组管理的方法

产品组是网上公开展示产品的一个集合。产品组的展示如图2－32所示。

图2－32 产品组

产品分组管理的方法：登录主账户或制作员的“My Alibaba”操作系统—“产品管理”菜单的“产品分组与排序”，在此模块可以添加或管理网站产品组信息。

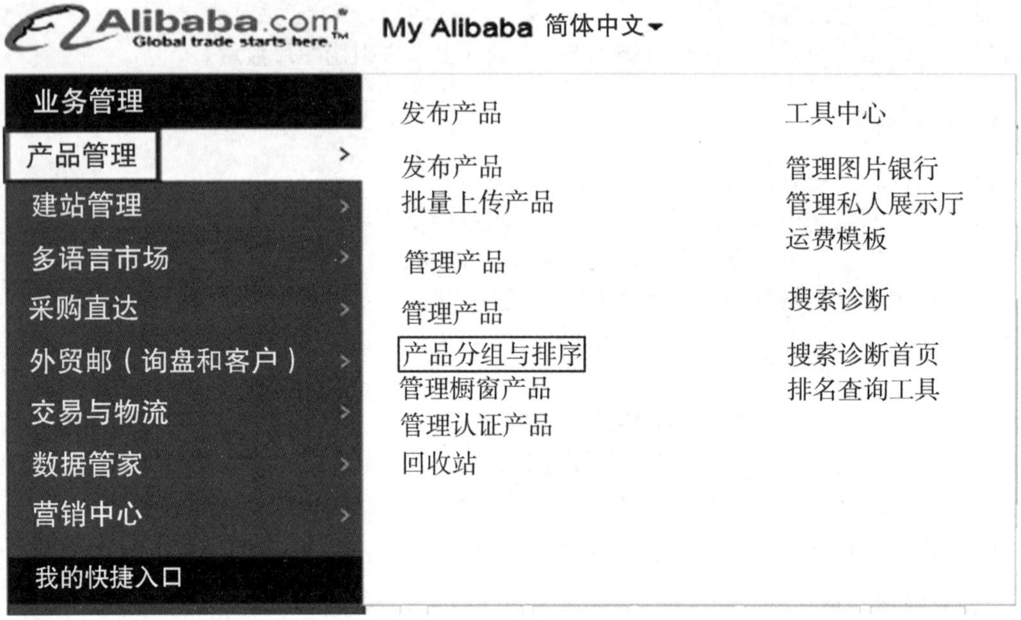

图 2-33　产品组操作

【小贴士】

1. 每个产品一次只能分配在一个产品组中。
2. 产品组会显示在公司网站的左右两边（根据网站模板不同，展示位置不一样）。
3. 产品组数量：支持三级分组。分组总数不能超出 5 000 个。

项目四　平台数据分析

一、数据管家

数据管家是阿里巴巴国际站的数据类产品，为卖家呈现在阿里巴巴国际站上操作及推广效果的数据。它通过多维度的数据统计分析及诊断，让卖家不仅能了解自身的推广状况，有针对性地进行效果优化；而且能洞察买家行为和行业趋势，从而进一步把握商机，提升店铺整体推广效果。

二、访问数据管家

1. 登录国际站账号

图 2-34　登录国际站账号

2. 打开“My Alibaba”界面，点击“数据管家”

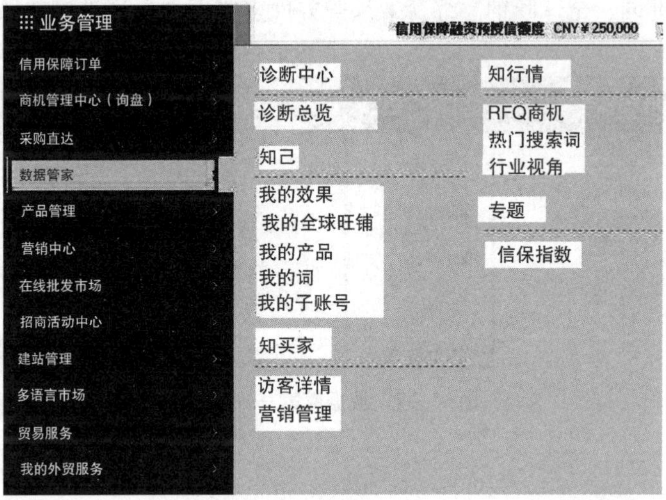

图 2-35　数据管家入口

三、数据管家的常用功能

数据管家的常用功能主要有四个。

（一）诊断中心

结合买家的行为与偏好、阿里巴巴平台市场规则以及会员之间的效果对比，通过对企业关键指标及推广效果的诊断来全面评估其在阿里巴巴平台上的经营情况，帮助优化产品和网站，提升效果。

图 2－36　诊断总览

（二）知己

从产品、关键词、全球旺铺、综合效果等方面多维度地呈现推广效果数据。

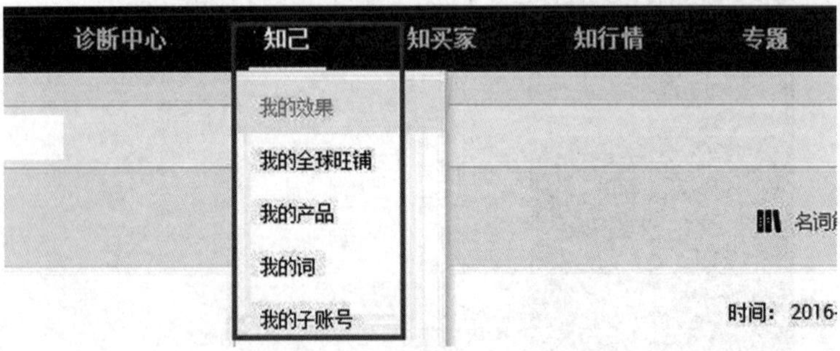

图 2－37　数据管家——知己

（三）知买家

展示访客的地域信息、浏览量、停留总时长、TOP3 来源搜索词、在旺铺或产品上发生的关键行为、在 Alibaba. com 网站上发生的关键行为。

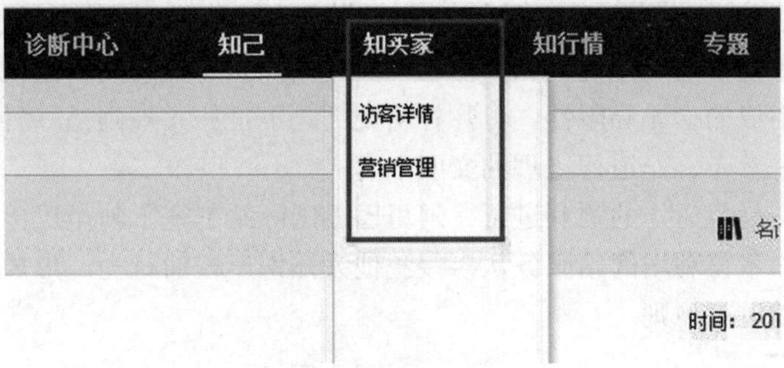

图 2 - 38 数据管家——知买家

(四) 知行情

提供买家采购市场的最新商机，帮助用户及时获取商机。

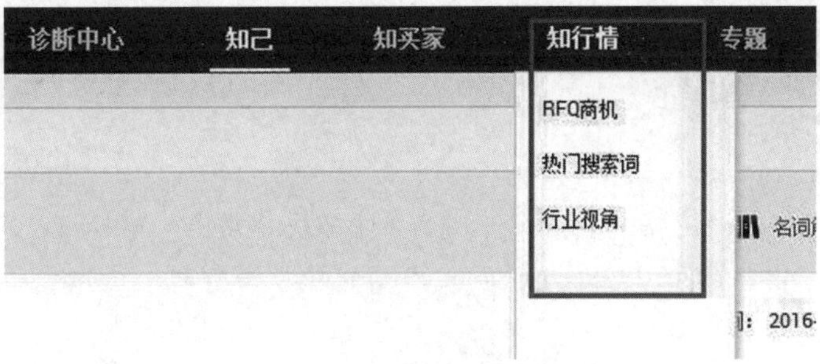

图 2 - 39 数据管家——知行情

项目五 知识产权规则及平台排名规则

一、知识产权规则

知识产权是指人类智力劳动产生的智力劳动成果所有权。它是依照各国法律赋予符合条件的著作者、发明者或成果拥有者在一定期限内享有的独占权利，一般认为它包括版权（著作权）和工业产权。版权（著作权）是创作文学、艺术和科学作品的作者及其他著作权人依法对其作品所享有的人身权利和财产权利的总称；工业产权则是包括发明专利、实用新型专利、外观设计专利、商标、服务标记、厂商名称、货源名称或原产地名称等在内的权利人享有的独占性权利。

规则，一般指由群众共同制定、公认或由代表人统一制定并通过的，由群体里的所有成员一起遵守的条例和章程。它存在三种形式：明规则、潜规则、元规则。无论何种规则，只要违背善恶的道德，就必须严惩不贷以维护世间和谐。明规则是有明文规定的规则，存在需要不断完善的局限性，如阿里巴巴国际站知识产权规则；潜规则是无明文规定的规则，是约定俗成的，无局限性，可弥补明规则之不足；元规则是一种以暴力竞争解决问题的规则，善恶参半，非道德之理的文明之道。

为保证网站交易及运作的顺利进行，阿里巴巴国际站制定了阿里巴巴国际站知识产权规则，规定了用户不得利用网站服务从事侵犯他人知识产权的行为，形成了阿里巴巴国际站具有自己特色的游戏规则。

【知识链接】

阿里巴巴国际站知识产权规则

（2015 年 4 月 8 日修订）

一、知识产权侵权行为

阿里巴巴国际站（简称“阿里巴巴”）用户不得利用网站服务从事侵犯他人知识产权的行为，包括：

一般侵权行为：

（1）在所发布的商品信息或店铺、域名等中不当使用他人商标权、著作权等权利。

（2）发布、销售商品涉嫌不当使用他人商标权、著作权、专利权等权利。

（3）所发布的商品信息或所使用的其他信息造成其他用户的混淆或误认。

严重侵权行为：

（1）发布、销售未经著作权人许可复制其作品的图书、音像制品、软件。

（2）发布、销售非商品来源国的注册商标权利人或其被许可人生产的商品。

二、知识产权侵权行为的处理

表 2－1　一般侵权行为的处理

	触发原因	处理
一般侵权行为	图片盗用投诉	（6 分/次）首次投诉 5 天内算一次（不扣分），第 6 天开始，每次投诉成立扣 6 分，一天内若有多次投诉扣一次分。时间以投诉结案时间为准。
	权利人投诉	（6 分/次）首次投诉 5 天内算一次（不扣分），第 6 天开始，每次被同一知识产权投诉成立扣 6 分，一天内若被同一知识产权多次投诉成立扣一次分。时间以投诉受理时间为准。

（续上表）

一般侵权行为	触发原因	处理
	平台抽样检查	每退回或删除 1 次扣 0.2 分，一天内扣分不超过 6 分。有如下情形之一的，每退回或删除 1 次扣 2 分，一天内扣分不超过 12 分：①发布涉嫌侵权的品牌衍生词；②发布涉嫌侵权信息且类目错放。

对应的账号处理标准（除特别说明外，阿里巴巴国际站全站的罚分累加计算）：

扣分累计	处理方式	备注
6 分	严重警告	邮件通知
12 分	禁止发布 7 天	邮件通知和系统处罚
24 分	搜索屏蔽 7 天 & 限制 RFQ 报价权 7 天	
36 分	搜索屏蔽 14 天 & 限制 RFQ 报价权 14 天	
48 分	关闭账号	/

①分数按行为年累计计算，行为年是指每项违规行为的扣分都会被记录 365 天。已被关闭账号处罚的除外。
②用户累计罚分达到 24 分或以上的，阿里巴巴有权拒绝或限制用户参加阿里巴巴国际站的各类推广、营销活动或产品/服务的使用。
③下架商品在投诉举报及平台抽样检查范围之内，如有违规会按照相关规则处罚。
④如用户违规情节特别严重，阿里巴巴有权立即单方解除合同、关闭账号且不退还剩余服务费用；并有权作出在阿里巴巴国际站及/或其他媒介进行公示、给予关联处罚及/或永久不予合作等的处理。

表 2－2　严重侵权行为的处理

	被投诉情况	累计被投诉次数	处理方式
严重侵权行为	首次被投诉，5 天内算一次	1 次	严重警告
	第二次被投诉	2 次	禁止发布 7 天 & 搜索屏蔽 7 天 & 旺铺屏蔽 7 天
	第三次被投诉	3 次	禁止发布 14 天 & 搜索屏蔽 14 天 & 旺铺屏蔽 14 天或关闭账号
	第四次被投诉	4 次	关闭账号
	注意：若被投诉方被同一权利人的同一知识产权累计投诉 3 次，账号会直接被关闭。		

（续上表）

①此处所指的“投诉”，均指“投诉成立”之意。即被投诉方被某一知识产权投诉，在规定期限内未发起反通知；或虽发起反通知，但反通知不成立。 ②每次违规后，均需进行知识产权学习。 ③一天内若被同一知识产权多次投诉且投诉成立，记1次严重违规，时间以投诉受理时间为准。 ④严重违规次数按行为年累计计算，行为年是指每项违规行为的处罚会被记录365天。 ⑤下架商品在投诉举报及平台抽样检查范围之内，如有违规会按照相关规则处罚。 ⑥如侵权情节特别严重，阿里巴巴保留对会员解除合同、直接关闭账户等处罚的权利。

三、附：知识产权侵权处罚规则解读

（1）2015年4月1日新规则正式实施前已产生的处罚将如何处理？

一般知识产权侵权行为不做调整，新规则上线之前已产生的一般侵权处罚积分不受影响，将继续进行累计。

新规则上线之后，就严重侵权行为，之前已产生的严重侵权处罚不累计至新规则处罚体系中。

（2）被知识产权权利人投诉后，该如何处理？

当用户被权利人主张的知识产权发起投诉之后，平台会第一时间告知，用户须进行知识产权学习。用户在接到每一次投诉通知时，都应立即进行处理，如认为未侵权，请在投诉系统中发起反通知；如确认侵权，则请自查侵权信息，并对发布的其他涉嫌侵犯他人知识产权的产品信息及时进行删除处理。

二、平台排名规则

平台排名（排序）是指在匹配条件同等的情况下将买家偏好的、更好的产品、更优质的供应商优先展示，主要考虑产品信息、供应商信息、买家偏好三个要素。

（一）产品信息

平台排序功能会从产品信息描述的易读性、丰富性、一致性来判断产品质量的高低。产品发布时需注意以下四个要点：

（1）产品标题要做到言简意赅。简要、清楚地描述产品的名称、型号以及关键特征、特性，使买家一看即知产品关键信息。切忌反复堆砌、罗列相同或者意思相近的词组，过于冗长的标题会使买家找不到重点，难以判别产品标题的中心内容。

（2）产品属性要尽量完整、准确填写，主图尽量清晰、明确，这些能够帮助买家清楚地了解产品。

（3）产品详细描述中的信息一定要真实、准确，避免和标题、属性出现互斥或者不一致的情况，对买家或平台的判断造成干扰。恰当使用图片或表格介绍产品功能、特点、质

量、优势，有助于买家快速理解。

(4) 另外，非自然语言描述或信息重复严重的产品表述会降低该产品的搜索排序效果。

图 2 - 40 中的产品属性填写完整，产品内容丰富，方便买家针对属性进行产品筛选。图 2 - 41 为产品信息描述，利用图片进行产品细节及属性的介绍，简洁直观。

Product Detail | Transaction History | Report Suspicious A

Product Description · Our Services · Company Information · FAQ · Packaging & Shipping

Quick Details

Place of Origin: Guangdong, China (Mainland)	Brand Name: AISELIN Gender: Women	Model Number: HWZ1-4 Upper Material: Genuine Leather
Lining Material: Genuine Leather	Insole Material: EVA	Outsole Material: Rubber
Style: Slip-On	Season: Autumn, Spring, Summer	Colour: Black, pink, yellow
Size: 35-45	MOQ: 12 pairs	Heel: 10cm
Platform: 0cm	Key words: oxford shoes for women	upper: sheepskin
lining: sheepskin	OEM/ODM: available	deliver: Ready stock within 1-3 days.OEM 15-30 days, ODM 20-40 days.

图 2 - 40　产品属性的填写

商品信息
PRODUCT INFORMATION

- 品牌　ZHR
- 货号　E30
- 颜色　黑色/棕色/米色
- 鞋面　优质牛皮
- 内里　透气猪皮
- 鞋底　TPR
- 尺码　35 36 37 38 39 40

参数信息
PARAMETERS INFORMATION

①跟　高　3.5cm

②鞋内径　23cm

③防水台　1.2cm

· 尺码说明
以上信息以36码为测量标准，误差为5mm左右。每增加一码增加0.5cm左右，因不同的计量方法，造成尺码细微差异，此状况并非商品质量问题。

图 2 - 41　产品信息描述

(二) 供应商信息

平台排序功能会从供应商信息的完整度、真实度，供应商在平台的活跃度，供应商对其店铺及产品的管理维护程度等多方面进行供应商信息质量的判断。平台运营过程中需注意以下三点：

(1) 完善供应商表单中的内容，尽可能完成或者提供更多的认证信息。一般来说，供应商认证信息展示得越多，买家对该供应商真实性的疑虑越少，沟通的成本也越低，发生询盘的概率也会随之提升。

（2）积极、及时地对自身的店铺进行维护，如合理控制产品总量，突出重点产品，对逾期或者不具太大价值的产品进行清理等。店铺内相似产品或无效产品的大量累积会使买家产生视觉疲劳，从而失去对该店铺的兴趣，并将直接影响供应商的信息质量，进而影响供应商的搜索排序效果。

（3）及时回复买家的各类询盘、咨询等。及时的回复能提升买家的好感度，有助于达成贸易，避免错失商机。

图 2－42 及图 2－43 为优劣对照，图 2－42 展示了店铺内的产品分组，直观易懂，每个产品都用不同图片展示，便于买家快速清晰地获取相关信息；图 2－43 显示的则是店内产品反复使用重复图片的情况，这样供应的信息量较小，买家可能会丧失翻页或者继续浏览的兴趣。

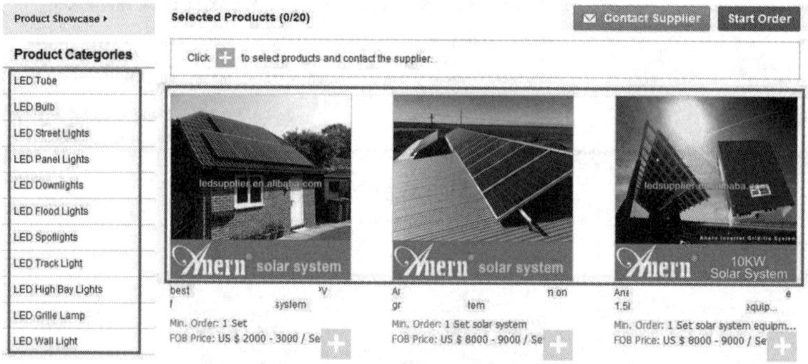

图 2－42　优秀产品信息参照

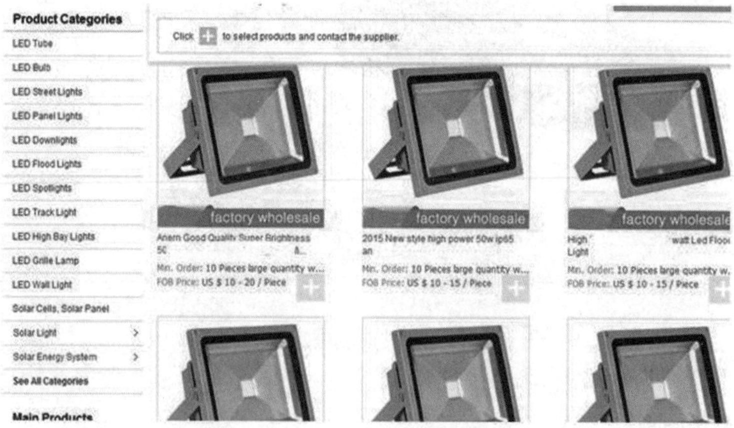

图 2－43　粗糙产品信息参照

（三）买家偏好

平台排序功能会根据买家的行为识别买家偏好，将买家更喜欢的产品排序靠前。在平台运营过程中需注意以下两点：①及时了解自身所在行业的动态信息和买家需求点，与自有产品的优势、特点进行分析和结合，并在产品标题、关键词、自定义属性、描述中加以体现。②买家偏好更多取决于买家自身的采购意愿。不同的买家虽搜索相同的关键词，但因偏好、意愿不同，对产品或供应商的选择也会不同。

项目六　外贸直通车的操作

一、认识外贸直通车

（一）外贸直通车的概念及其特点

外贸直通车英文为“pay for performance”，简称“P4P”。阿里巴巴外贸直通车是一种按照效果付费的全新网络推广营销方式。它可以让客户的产品在多个关键词的黄金位置进行免费展示，在产生点击的情况下才会产生费用，是阿里巴巴会员企业通过自主设置多维度关键词，免费展示产品信息，并通过大量曝光产品来吸引潜在买家，按照点击付费的全新网络推广方式，是提升产品曝光量的非常有效的工具之一。

外贸直通车的特点是时效性、可控性、针对性。P4P 模式主要针对的是网站、买家以及供应商。根据全网统计，P4P 来源的客户占 70.1%，而非 P4P 客户仅占 29.9%。在未来，P4P 可能会站内全网覆盖、后台操作智能化、外部合作网站加强等，而产品在搜索页面排名更是优先于橱窗及普通产品。

（二）外贸直通车的优势

外贸直通车的操作及特点使其具有四大优势：

1. 黄金地段，海量展现

免费获取海量展现，位于搜索结果页面前五名的黄金位置，快速锁定买家眼球。

2. 精纯点击，扣费合理

免费展示，点击付费；屏蔽各种无效点击，且中国大陆地区用户点击不扣费。

3. 自主选择，灵活投放

灵活调整推广产品和投放周期，自主设定投放预算，有效控制投资成本。

4. 效果清晰，跟踪优化

对推广产品进行数据跟踪，效果清晰可见；多维度营销分析报告，帮助客户优化推广信息。

二、外贸直通车的排名规则

（1）外贸直通车的排序是按照推广评分乘以出价来计算的，乘积越大排名越靠前，且数据会根据供应商的动态实时更新。推广评分主要受关键词和产品相关度、产品信息质量和买家搜索喜好度的影响。

（2）只有 3 ~5 星词有资格通过出价的方式在前五名展示，1 ~2 星的词只能在每一页右边或者下方的智能推荐位上被展示出来。出现得分相同的情况，取最近更新者靠前。

因此，想尽可能在前几名或者前几页出现，不仅仅是出价，还需要有完善的产品信息质量、较高的关键词与产品的匹配度等。

表 2 -3　外贸直通车排名

产品	推广评分	出价（元）	总分 = 推广评分 × 出价	排名
A	12	10	12 × 10 = 120	3
B	15	10	15 × 10 = 150	2
C	20	10	20 × 10 = 200	1

三、外贸直通车的扣费规则

阿里巴巴外贸直通车是按照效果付费的推广营销方式，它在产生点击的情况下才会产生费用。

（一）外贸直通车的扣费规则

（1）客户对关键词的出价不代表会按此进行扣费，产生一次点击的费用一定不高于客户的出价（大多数情况下会低于客户的出价）。

（2）扣费规则中，推广评分将影响扣费。推广评分越高，所需付出的费用就越低。

（二）外贸直通车的扣费方法及公式

外贸直通车按效果付费，推广效果越好，收费就越低，最终扣费金额不超过用户的出价，即扣费小于或等于出价，当排名最后时，就只扣底价作为直通车的费用。外贸直通车的扣费公式是：

扣费 = 排名下一位客户的推广评分 × 出价/自己的推广评分 +0.1

以上述案例为例，假设底价都为 10 元，最终出价也为 10 元，则三种产品的外贸直通车扣费情况如下：

表 2 -4　外贸直通车扣费情况比较一览表

产品	推广评分	出价（元）	总分 = 推广评分 × 出价	排名	外贸直通车扣费（元）
A	12	10	12 × 10 = 120	3	10
B	15	10	15 × 10 = 150	2	12 × 10/15 + 0. 1 = 8. 1
C	20	10	20 × 10 = 200	1	15 × 10/20 + 0. 1 = 7. 6

四、外贸直通车的操作方法

外贸直通车的操作是用主账号或者被授权的制作员账号登录“My Alibaba”后台，选择左边的“营销中心—外贸直通车”进入界面。

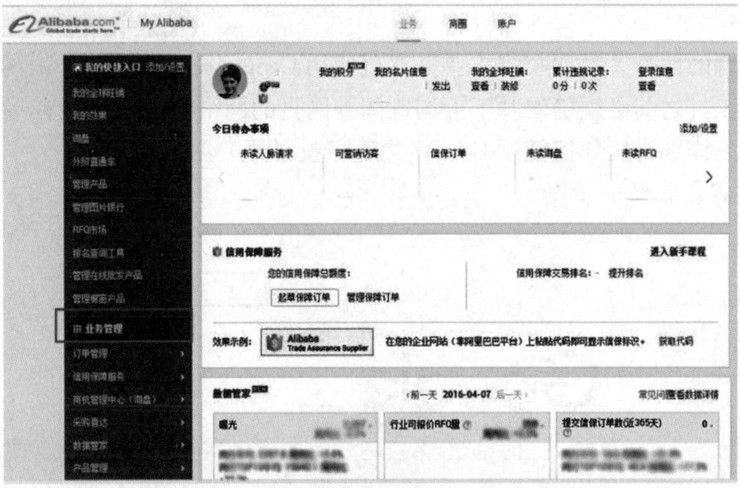

图 2－44　外贸直通车入口（1）

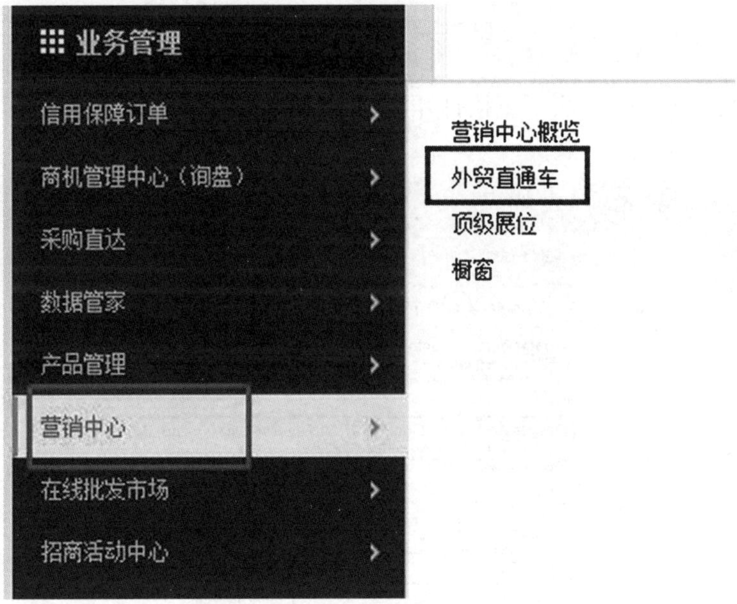

图 2－45　外贸直通车入口（2）

项目七 阿里巴巴站外关键词收集

一、站外关键词的收集方法——Google 关键字规划师工具

本项目讲解的站外关键词收集主要是通过使用 Google 关键字规划师工具进行关键词收集，在使用此工具之前必须确保基于可浏览国外网页的网络情况下，拥有一个可使用的谷歌账号。接下来详细讲解如何使用 Google 关键字规划师工具。

（1）登录谷歌账号。

图 2－46 登录谷歌账号

（2）搜索“adwords”，也可直接打开网址 www. adwords. google. com 进行操作。

图 2－47 搜索“adwords”

（3）进入关键字规划师页面，登录账号。

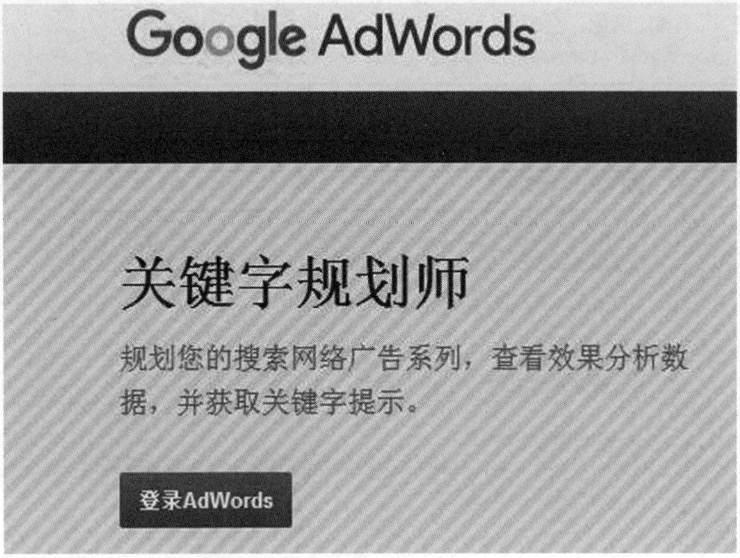

图 2－48　登录账号，进入操作界面

（4）点击“广告系列—工具—关键字规划师”。

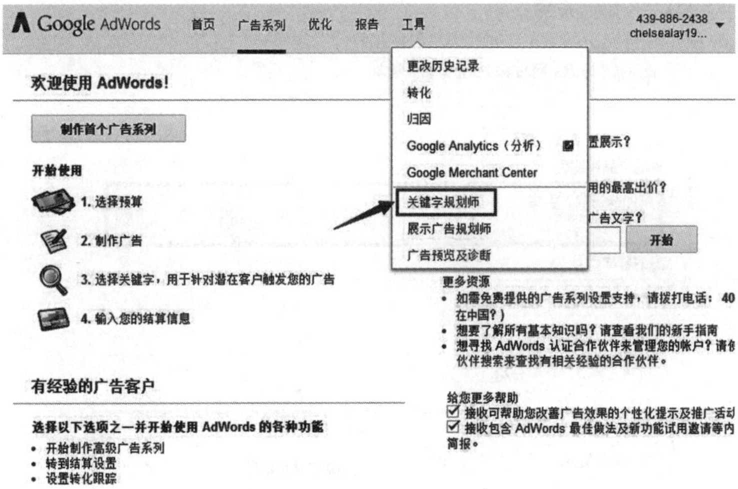

图 2－49　关键字规划师操作界面

（5）寻找新关键字。

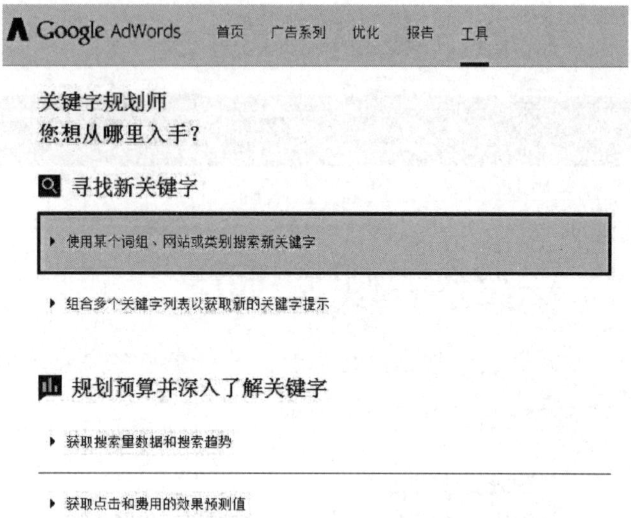

图 2－50　寻找新关键字

（6）输入“您的产品或服务”“您的着陆页”“您的产品类别”，选择定位。

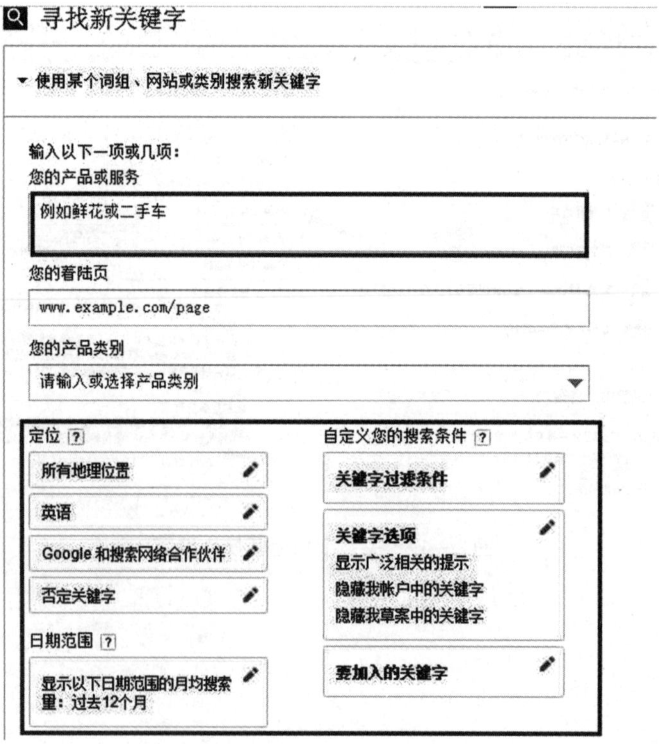

图 2－51　输入搜索信息

（7）查看关键字数据信息。

以“shoes”为例，可以看到广告组参考提示，以及广告组的内容是否有参考价值，还有右侧提示的“估算值”，这些信息在制定广告组、选择关键词的时候有非常重要的参考价值。

图 2－52　查看关键字数据信息

（8）图表下载后续分析。

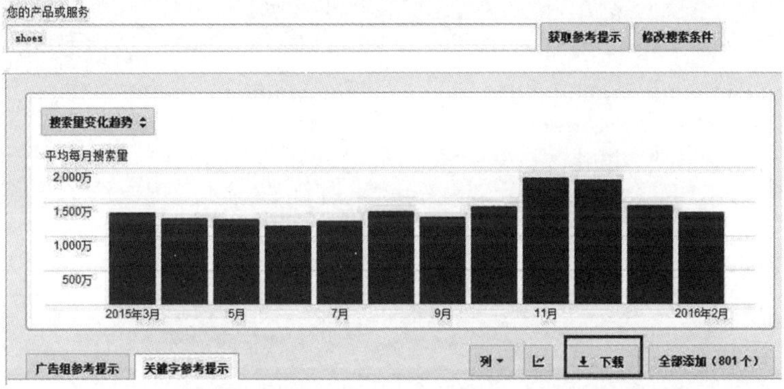

图 2－53　下载数据（1）

表 2－5　下载数据（2）

AD group	Keyword	Currency	Avg. Monthly Searches
Seed Keywords	shoes	CNY	7480 000
Keyword Ideas	vans shoes	CNY	368 000
Keyword Ideas	office shoes	CNY	368 000
Keyword Ideas	wedding shoes	CNY	301 000
Keyword Ideas	shoes online	CNY	165 000
Keyword Ideas	jessica simpson shoes	CNY	165 000
Keyword Ideas	cheap shoes	CNY	90 500

（续上表）

AD group	Keyword	Currency	Avg. Monthly Searches
Keyword Ideas	bridal shoes	CNY	135 000
Keyword Ideas	priceless shoes	CNY	5 400
Keyword Ideas	online shoes	CNY	90 500
Keyword Ideas	birkenstock shoes	CNY	22 200
Keyword Ideas	alegria shoes	CNY	90 500
Keyword Ideas	mens shoes	CNY	1220 000
Keyword Ideas	bowling shoes	CNY	110 000
Keyword Ideas	naturalizer shoes	CNY	49 500
Keyword Ideas	designer shoes	CNY	49 500
Keyword Ideas	bass shoes	CNY	60 500
Keyword Ideas	sperry shoes	CNY	60 500
Keyword Ideas	discount shoes	CNY	27 100

模块三　阿里巴巴国际站业务处理

【知识目标】

熟悉阿里巴巴国际站业务处理中客户的询盘方式、寄样、报价技巧、大货准备、货物运输和客户开发及维护等方面的知识，并了解其在整个跨境电商业务中的重要性。

【技能目标】

学会分析和处理业务中的询盘，学会制作报价单、PI、CI、装箱单等业务单据，学会客户开发和维护的方法与技巧，最终顺利将款项收回，有效地将整个业务流程贯穿并落实到位。

阿里巴巴国际站是阿里巴巴集团最早创立的业务，是目前全球领先的跨境B2B电子商务平台，服务全世界数以千万计的采购商和供货商。在阿里巴巴国际站完成注册，出口方顺利上传产品后，阿里巴巴国际站就进入了业务处理的环节。阿里巴巴国际站的B2B业务处理流程一般分为客户询盘—寄样—报价技巧—大货准备—货物运输—客户开发及维护六个部分。在业务处理操作中，各环节的实际情况分析、业务操作方法和技巧及应注意的问题是做好阿里巴巴国际站业务处理的关键所在。

项目一　国际贸易磋商

客户开发是进出口贸易公司的生命线，询盘是阿里巴巴国际站业务处理的起点。作为一名跨境电商业务人员，在处理阿里巴巴国际站业务时，应学会熟练运用国际贸易磋商中的询盘方法和技巧。

一、运用分析技巧处理业务中的询盘

（一）询盘的概念及方式

1. 询盘的概念

询盘（Inquiry）也叫询价，指交易的一方准备购买或出售某种商品，向另一方询问买卖该商品的有关交易条件。询盘可以分为购买方向供货人提出的询盘和出售方向购买方提出的开发信两种。

在实际业务中，询盘多由买方向卖方发出，由卖方向买方发出的询价称为开发信，如图 3－1 所示。

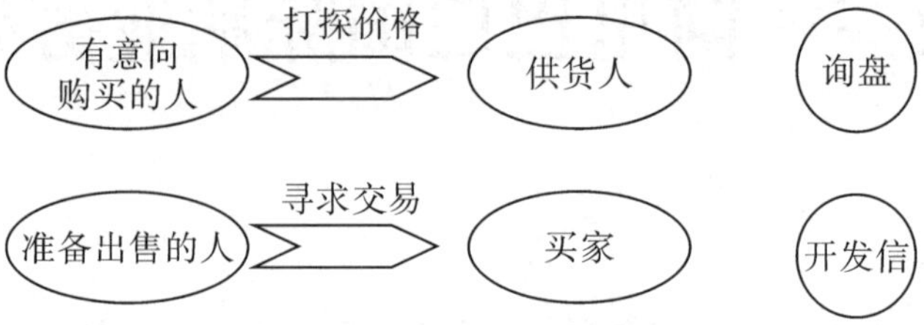

图 3－1　询盘与开发信示意图

【小贴士】

在外贸交易当中，询盘占据着比较重要的位置，买方通过询盘向卖方询价，并通过邮件交流确定细节等问题才能更好地进行交易。

2. 询盘方式

在跨境电商中，询盘的方式有多种，其中包括电话、传真、旺旺等，不同的询盘方式所能达到的询盘回复率和客户下单率有所不同，具体如表 3－1 所示。

表 3－1　不同询盘方式的特点和等级

询盘方式	特点	等级
电话	所需费用高，迫切程度高，在回复时间、承诺期限内采用电话方式回复，此种询盘成交率较高，可及时沟通产品情况，即时下单率较高	A 级
传真	所需费用较高，迫切程度较高，即时采用传真方式回复，是传统的询盘方式，比较少人使用	B 级
旺旺	无须费用，迫切程度较高，即时采用旺旺方式回复，可直接与客户进行沟通，成交率较高	B 级
邮件	无须费用，迫切程度较高，采用邮件回复，回复时间较慢，如回复或信息较完整的可直接用电话或即时通讯软件联系	C 级
留言	无须费用，迫切程度低，回复时间为 12 个小时，回复方式为留言或旺旺	D 级

【堂上小组训练】

采用头脑风暴法，以小组的形式，举出询盘方式在不同情况下运用的例子，看哪个小组举的例子最多。

（二）询盘分析的方法与技巧

一个网商一天可能会收到无数个询盘，但询盘不等于订单。把询盘转化为订单，其中要做很多工作，首先要确认询盘客户的价值，因为不是每个询盘都有商业价值的，所以，在阿里巴巴国际站交易中，确认哪些是真正的询盘、哪些是有潜在商业价值的询盘尤其重要。

1. 询盘的分类

在阿里巴巴国际站业务处理中，一般将询盘分为 A、B、C、D 四类。

（1）A 类询盘。

A 类询盘是需要及时跟进的，可使用即时通信工具如 Skype、WhatsApp 甚至旺旺去跟进，如果跟进方法得当，可在两周到三周内成交样品单。

（2）B 类询盘。

B 类询盘要求每次在回复客户信息时，都要全面完整地展示产品信息，即使不能当时回复，也要给出具体的回复时间，提升客户的信任感。

（3）C 类询盘。

C 类询盘需要我们要么以价格和速度取胜，要么耐心服务，保持联系，在推出新款或优惠活动时，及时给予客户信息，可以将其转化为潜在客户。

（4）D 类询盘。

D 类询盘一般为虚盘。如果你是老业务员，可以不理它。如果你是新手，可以抱着练习的心态回复，也许会无心插柳柳成荫，也可以当作一个反宣传的对象。

2. 询盘的分析方法与技巧

在收到客户询盘后，我们可以分析询盘信息中的询盘标题、内容、目的等，从而辨别出询盘属于哪种类型的询盘。询盘的分析方法如下：

（1）标题分析法。

标题分析法是通过对询盘中的标题进行分析，以判定该询盘的目的性是否明确，以便采取进一步业务对策的分析方法。

案例 1：To whom it may concern.

分析：该盘因没有具体的内容，目标性及目的性不明确，在标题中无法明确具体对哪款产品感兴趣，此类询盘一般为虚盘，故判定为 D 类询盘。

案例 2：Price inquiry from melina in Mexico.

分析：该盘只说明是来自哪里的询盘，无明确产品信息，需要进行一段时间的沟通，故判定为 C 类询盘。

案例 3：Quotation for d20613f 2015 summer new fashion shoes women shoes flat shoes.

分析：该盘明确了是哪款产品，说明对店铺及产品有过具体的了解，故判定为B类询盘。此类询盘应及时回复，即使不能当时回复，也要给出具体的回复时间，提升客户的信任感。

（2）内容分析法。

按询盘的内容进行分析，询盘可以分为以下四种：

①明确型询盘。询盘中列明的公司名、电话、传真的真实度，是判断其是否有明确采购目标的衡量指标之一，如询盘中除列明公司名、电话、传真外，还列明了品种数量、质量要求、交货期、价格要求，则应高度关注该询盘的客户。这类询盘即为明确型询盘，如图3－2所示，该询盘标明款式、数量及对码数、颜色的要求，同时给出了正确的邮箱及电话号码，可进行及时沟通。

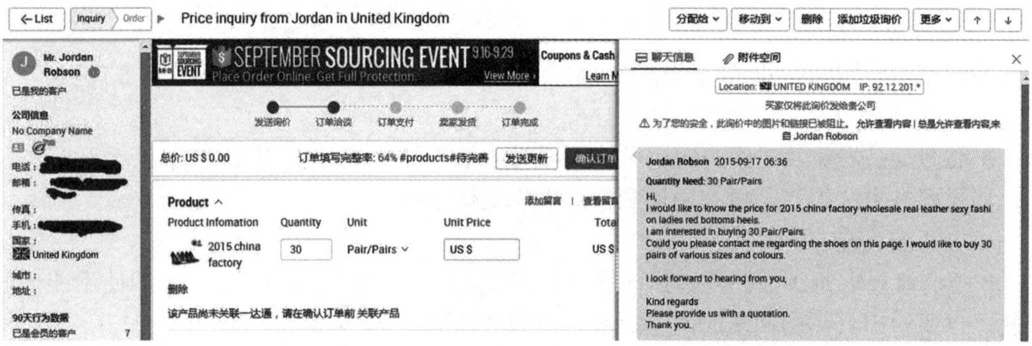

图3－2　明确型询盘案例（图中涂抹部分为需保护的客户信息）

②不明确型询盘。此类询盘也称为探路型询盘。有些客户准备开拓自己的市场，来探一下产品行情与价格行情，因而在询盘中没有具体的采购目标与任务，这是一个潜在客户，可以拉近并与之建立关系。此类询盘属于不明确型询盘，如图3－3所示，该询盘中只表示对其中某个款式感兴趣，并未说明更多的需求，同时客户信息只提供了名字与邮箱，目标不够明确，需进行沟通后确认其具体需求。

图3－3　不明确型询盘案例（图中涂抹部分为需保护的客户信息）

③虚假钓鱼型询盘。这类询盘的询盘人一般自己不做生意，只是一些商务网站的经营者，利用假公司来发布信息。如图3－4所示，此类询盘给出的信息十分完整，同时在邮

件中会显示登录网站，这样的邮件往往需要多加注意，特别是在登录网站时要求输入邮箱账号和密码的，不要轻易透露自己的信息，以免信息被盗取。

图 3-4 虚假钓鱼型询盘案例（图中涂抹部分为需保护的客户信息）

④索样询盘。这类询盘的询盘人通常是索取样品。他们发布求购信息或询盘的唯一目的就是索取样品，以此对比产品质量与价格，或将样品给予合作较多的生产商生产产品，也可能是做零售，只是摆在店铺待客户需要时再进行采购。

（三）询盘的落款

通常在询盘的落款上，我们可以找到一些客户的信息，并以此确认询盘的来源及价值。询盘的落款通常包含发盘人的名字、公司名称等信息。

（1）发盘人的名字。结合姓名与留下的邮箱在 Google 上进行搜索，以确认是否有匹配的信息。

（2）公司名称。可以在 Google 或其他搜索引擎上找到该公司名称，确认公司信息是否属实，产品等是否匹配。

（3）公司网址。可登录网址查看是否有相关信息，但一定要注意，若登录网站时需要输入邮箱账号及密码，此类网站多为钓鱼类诈骗型网站。

（4）邮箱地址。邮箱后缀是企业的还是免费注册的，以此可以看出此类买方是否大型买方，一般来说企业邮箱可信度较强，单量也相对较多。

（5）后缀的电话及传真。后缀是否有联系电话及传真，如有联系电话可以在 Google 上进行搜索，看是否有相关用户信息，曾经注册或浏览过哪些网页，甚至可以直接打电话给客户进行沟通，以加快促成订单。

（6）IP 地址。询盘的 IP 地址，查看其是否正确，可以确定客户具体是哪个国家的哪个地方，然后搜索查看这个国家、这个地区对产品的需求量等信息。

二、询盘处理的要素

在处理国外询盘时，要讲究方法得当，给对方留下好的印象，换取对方的信任，为尽快取得订单打下基础。处理询盘的要素有以下几点：

（一）3C 原则

3C 原则是指在处理跨境电商询盘时的 Clearness（清楚）、Conciseness（简洁）和 Courtesy（礼貌）三项原则。

1. Clearness（清楚）

（1）要清晰地回答客户提出的问题。

（2）将产品或公司信息清晰地展示给客户。

2. Conciseness（简洁）

（1）不需要长篇大论地介绍公司或自己。

（2）使用简洁的词汇和句子。

3. Courtesy（礼貌）

多用“please，help，kindly，could，thank you，appreciate”等礼貌性的词语来处理询盘，以取得对方的好感。

（二）及时、适时回复

由于时差的存在，接到询盘时，要给予及时反馈，确保询盘回复的及时性和有效性。及时性分为绝对及时性和相对及时性。注意相对及时性回复询盘，可以根据客户时差上班时间来弥补，也可以按照客户当地上班时间设置邮件发送时间。通常在 1 小时内完成的询盘回复，订单的生成率高达 70%，回复时间超过 10 小时，则会大大降低订单生成率。但也要注意买方来自哪个国家，应根据时差的不同来回复询盘。如果买方是英国人，若在北京时间上午 10 点回复询盘，而北京时间下午 3 点才是客户的上班时间，那么该邮件有可能被其他供应商的无数邮件给覆盖掉，所以除了及时回复之外，还要注意对应客户的时间。

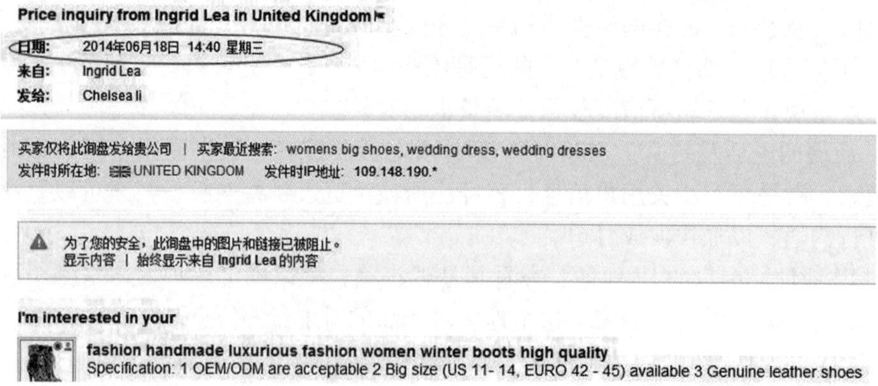

图 3－5　及时、适时的询盘回复（图中北京时间 14：40 刚好接近英国的上班时间）

（三）做好报价资料的准备工作

在处理询盘时，要做好报价资料的准备工作。报价资料包括产品信息资料、英文描述、价格、包装、交货期、样品册、新款推荐等。

（四）沟通准备

在处理询盘时，要做好沟通硬件和软件等方面的准备工作。硬件方面包括国际长途、传真、聊天工具；软件方面包括对方国家的风俗习惯、语言习惯，公司人员的正确联系方式等。

（五）验证邮箱

通过验证邮箱的一些软件来验证对方的邮箱是否真实有效，可登录 http：//verify-email. org/进行邮箱验证。

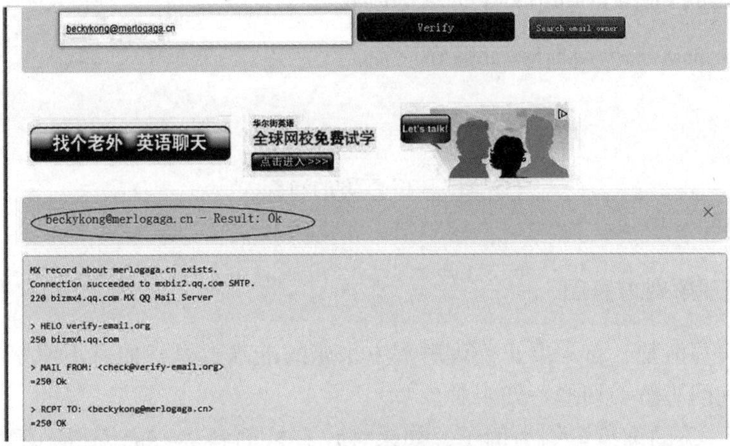

图 3－6 验证邮箱是否可用

（六）产品知识和专业知识的准备

在处理询盘时，要向客户提供有用的信息；提问或回答问题时，要从专业的角度出发，给予专业解答，以免给人造成不专业、不可信的印象。图 3－7 是买方的一封询盘，询盘中提到把一个型号的鞋面换到另一个型号的鞋面上，这就需要了解是否可以换，如果可以换的话是否需要加量加价，如果不可以换又会造成哪些结果，这些都需要卖方具有非常专业的产品知识。

Dear Crystal Liu,

I'm interested in your product(s)

2013 genuine leather flat shoes new design hot sale

1Top quality with factory price 2,Fashionable design 3,top leather shoes supplier 4Prefect after-sales service 5.OEM/ODM

Hello Jane Huang,

I am a small boutique owner and I am looking to place my logo in a few of your style shoes below.

Can you tell me the prices and the MOQ?

77123v,MM213212-1Jboots, 416336

6375b can this upper be like the upper of model #8082 and with no toe spikes?

416209e closed toe and can this style be done in colors like model #6671?

416323-3R can the upper material be like model#7701-4v?

Thank you so much and I will wait to hear back from you,

Susha

View more

图 3 –7　买方的询盘

（七）准确理解对方意图

要将回复信写清楚，首先要正确理解买方来函的准确意思，如有不清楚的地方，应立即去函向客户询问了解，切忌一知半解。

还是以图 3 –7 的询盘案例为例子，如果客户在换面料等方面说得不清楚的话，一定要明确客户的意思，最好做一个清晰的图或者表格给客户确认，如果只是按自己认为的意思去做了大货的话，那将会造成一笔不小的损失。

（八）一次性表达自己的意思

尽量一次性地多传达自己的意思，以免来回沟通错过商机。

（九）询盘回复格式要正确

询盘回复格式一般分为称呼、正文、敬祝语、落款几个部分，语言要简洁准确，避免出现语法和拼写错误。鉴于东西方文化的差异，建议回答买方问题时要直截了当、语言简洁。在很多询盘中，我们常遇到有些买方的邮件内容非常简洁，用到一些缩写，如用“eg. please = pls”等简写来提高效率。

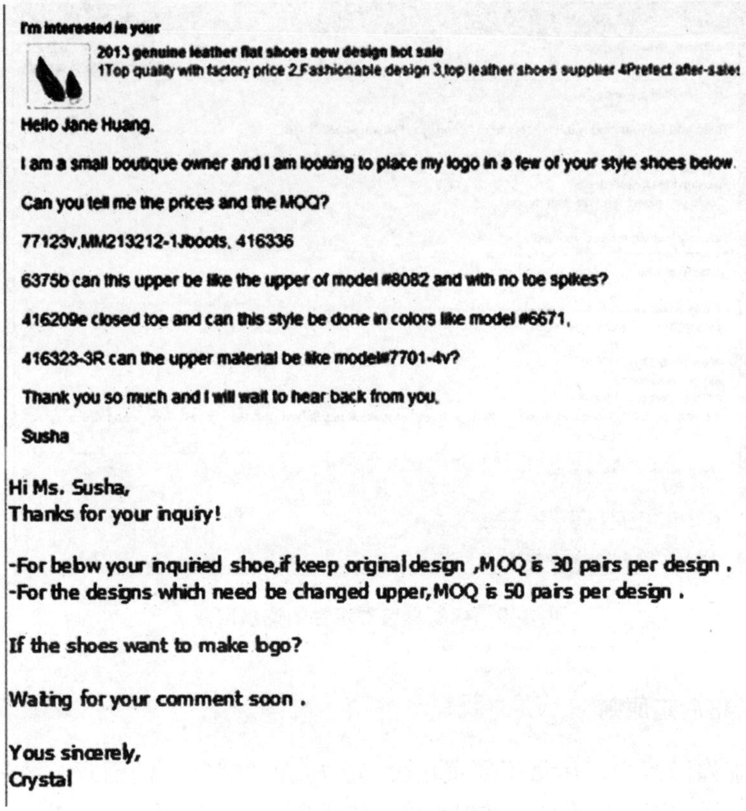
I'm interested in your

2013 genuine leather flat shoes new design hot sale
1Top quality with factory price 2.Fashionable design 3.top leather shoes supplier 4Prefect after-sale

Hello Jane Huang.

I am a small boutique owner and I am looking to place my logo in a few of your style shoes below.

Can you tell me the prices and the MOQ?

77123v,MM213212-1Jboots, 416336

6375b can this upper be like the upper of model #8082 and with no toe spikes?

416209e closed toe and can this style be done in colors like model #6671,

416323-3R can the upper material be like model#7701-4v?

Thank you so much and I will wait to hear back from you.

Susha

Hi Ms. Susha,
Thanks for your inquiry!

-For below your inquiried shoe,if keep original design ,MOQ is 30 pairs per design .
-For the designs which need be changed upper,MOQ is 50 pairs per design .

If the shoes want to make logo?

Waiting for your comment soon .

Yous sincerely,
Crystal

图 3 - 8　询盘回复

图 3 - 8 是一个询盘回复的案例，内容简洁，把客户想要了解的清楚告知，也把卖方想要从客户那里了解的东西问得很清楚，一目了然。

（十）邮件标题要具有提示性

在回复询盘时，邮件标题是一个重要的部分，关系着邮件是否会被客户忽略或者是否会进入垃圾邮箱中。建议回复邮件时，标题直接用客户发来的邮件标题，但要在前面加上“re”，这样客户看到自己写的标题就不会忽略这封邮件了。图 3 - 9 是一个询盘回复的案例，标题清晰地告诉客户这是一封询盘回复邮件。

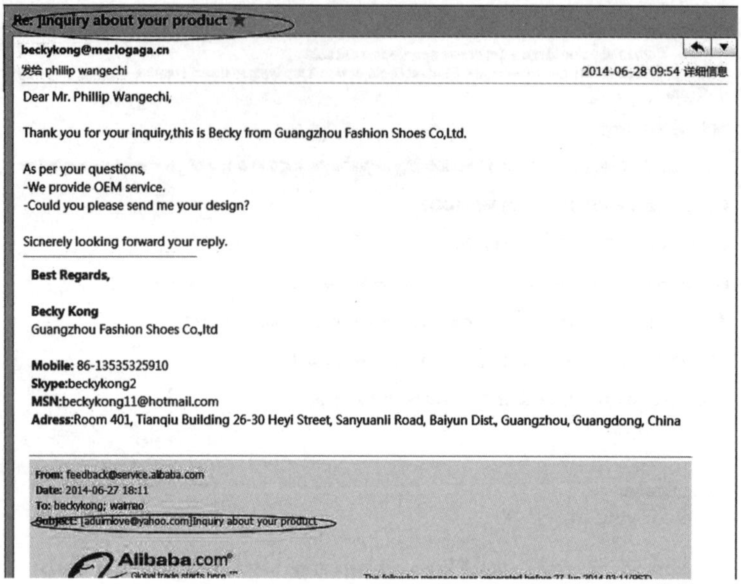
Re:]Inquiry about your product

beckykong@merlogaga.cn
发给 phillip wangechi
2014-06-28 09:54 详细信息

Dear Mr. Phillip Wangechi,

Thank you for your inquiry,this is Becky from Guangzhou Fashion Shoes Co,Ltd.

As per your questions,
-We provide OEM service.
-Could you please send me your design?

Sicnerely looking forward your reply.

Best Regards,

Becky Kong
Guangzhou Fashion Shoes Co.,ltd

Mobile: 86-13535325910
Skype:beckykong2
MSN:beckykong11@hotmail.com
Adress: Room 401, Tianqiu Building 26-30 Heyi Street, Sanyuanli Road, Baiyun Dist., Guangzhou, Guangdong, China

From: feedback@service.alibaba.com
Date: 2014-06-27 18:11
To: beckykong; waimao
Subject: [aduimlove@yahoo.com]Inquiry about your product

Alibaba.com

图 3－9　标题具有提示性的询盘回复

（十一）价格后定原则

在第一次邮件回复中，尽量不要报出价格，应先了解客户的需求、数量、价格、参数、规格等，这样才能更准确地给客户报价，防止多次的价格更改，造成客户的不信任。

【小贴士】

注意事项：图 3－10 中，第一次邮件的回复应避免使用网址、图片以及附件，以防被自动归并到垃圾邮箱中。这些信息可以先在与客户取得联系后，于第二次邮件当中发送。邮件签名部分尽量不要使用网址或图片，如果写网址要取消链接，以防被屏蔽。

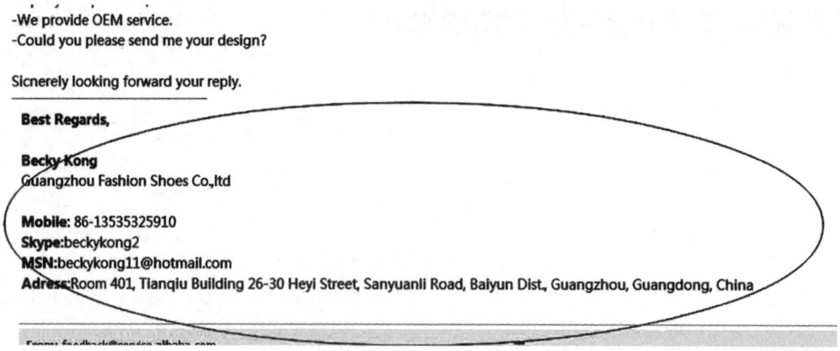
-We provide OEM service.
-Could you please send me your design?

Sicnerely looking forward your reply.

Best Regards,

Becky Kong
Guangzhou Fashion Shoes Co.,ltd

Mobile: 86-13535325910
Skype:beckykong2
MSN:beckykong11@hotmail.com
Adress: Room 401, Tianqiu Building 26-30 Heyi Street, Sanyuanli Road, Baiyun Dist., Guangzhou, Guangdong, China

图 3－10　邮件回复示例

【技能训练】

根据客户需求分析并回复以下3封询盘。

(1) 来自美国客户Allen的一封询盘，除邮箱及姓名外客户未留下其他信息，该客户已是7位阿里巴巴国际站会员的客户，产品浏览次数为37次，有效询盘发出20封。

Hi,

I need to produce women's heels using my own design. The sample is already made. I need you to re-make them as well as re-make my custom heel mold. I also need to produce a very small number of shoes. I initially need 25 pairs of shoes. I will supply the leather. E-mail me at mallen@ gmail. com if this is possible.

询盘分析：

询盘回复：

(2) 来自加拿大客户David的一封询盘，除邮箱及姓名外客户未留下其他信息，该客户暂未被其他阿里巴巴国际站会员添加为客户，产品浏览次数为2次，有效询盘发出0封。

Hi,

I would like to know the price for attractive design special European and American style women shoes 2014.

I am interested in buying 30 Pair/Pairs.

Please provide us with a quotation.

Thank you.

询盘分析：

询盘回复：

（3）来自澳大利亚客户 Amanda 的一封询盘，客户公司信息、联系方式、职位等信息较全面，该客户已是 16 位阿里巴巴国际站会员的客户，产品浏览次数为 106 次，有效询盘发出 43 封。

Hi,

I'm interested in your product wholesale patent leather custom fashion shoes for women 2016, I would like some more details:

What is the best price you can offer?

I look forward to your reply.

Regards,

Amanda McFadden (This Message is from iPhone)

询盘分析：

询盘回复：

项目二　客户跟进方法

一、跨境电商的谈判技巧

在网上进行跨境交易谈判，因受地域、信息传递工具及方式等方面因素的影响，需要掌握一些在网上谈判的技巧。在网上交易洽商时，对新客户的新询盘和老客户的处理方法也有所区别。

（一）新询盘

（1）询盘跟进。收到询盘后的第一次回复，如果第二天客户没有回复，则可以再发一封邮件给客户，邮件内容可以是询问客户是否收到邮件，因为某些询盘回复客户可能没收到或者被归到了垃圾邮箱，因此可以在第二天客户上班的时间再写一封邮件。

（2）收集客户资料。在询盘当中，要把客户的资料信息利用邮箱、电话等去尝试是否可以加到客户的 Skype、WhatsApp 等，这样可以更加有效率地跟踪客户，也可以通过这些资料去了解客户的背景。图 3 - 11 中客户给出认证成功的邮箱及电话，可以尝试通过 Skype、WhatsApp 等方式即时联系客户或直接致电。

（3）电话沟通。如果在回复客户询盘后客户没有反应，可以在客户上班的时间打电话给客户，这样做除了能够及时联系到客户外，也是一种表示诚意的方法，如果可以在电话里确定细节的话，那么这个单子会成交得更快。

图 3 - 11　充分利用客户提供的信息

（二）老客户

（1）成交样品单的老客户。这种客户是最需要去跟紧的客户，如果客户已经买了样品且没有对样品表示有任何的不满，那就需要跟紧客户，看其什么时候可以下大货单，如果客户没有回复，可以用以下方法来追踪跟进：①询问是否对样品满意，如不满意，有哪些方面需要改进；如满意，可以说工厂已经备好料，一旦下单，随时可以进行生产。②如果客户暂时没有下大货单的欲望，可以说最近在搞活动，如果现在下单的话可以有折扣，如果客户数量较少的话也可以从这方面入手，数量达到多少就会有相应的优惠，国外的客户比较喜欢折扣等优惠。

（2）成交过大货单的老客户。此类客户是需要去维系的，在跟进这些客户的过程中应把握创造新单的机会：①已经成交过大货单的客户再次追踪时，可以不定时地询问产品卖得如何，有没有什么问题需要帮忙的；如果有好的反馈，则可以问问什么时候再下单。②对于成交过大货单的老客户来说，也可以告诉其最近出了新款，发新款 catalog 给客户看。

（三）未成交询盘

（1）首先要明确客户的要求标准，是否我们的目标客户，是否可以做到客户要求的标准。

（2）分析未成交的原因，如果是款式原因，可以引导客户选择类似的款式；如果是价格的问题，可以引导客户增加数量，在价格上给予折扣，或者更改某些材料以降低价格；如果是数量的问题，可以建议客户购买库存，再挑类似的款式。

（3）对于未成交但已经与客户有过交流的询盘，也需要定期追踪，可以问问客户的现状，出新款了可以发 catalog 给客户，有一些客户需跟半年甚至一年才会下单，自己要做好客户资料整理，做好定期追踪工作。

二、在线跟进客户的方法

在线跟进客户，主要是通过各种聊天软件进行沟通、跟进。这里介绍跨境电商中主要的几款聊天工具。

（一）Skype

Skype 是最常见的与国外客户交流的工具，可以即时与客户进行交流沟通，多数欧美国家较多使用 Skype 进行即时沟通，可在 PC 端移动端使用。

图 3－12　常用社交软件 Skype

（二）WhatsApp

WhatsApp 是第二个推荐的聊天工具，类似国内的微信，不同的是没有朋友圈的设置。WhatsApp 是只能在手机上使用的软件，只要得到客户的手机号码，且客户有 WhatsApp 账号就会自动加为好友。此聊天工具具有即时性，可以语音聊天、视频聊天和传照片等，在非洲国家使用得比较多，肯尼亚、尼日利亚这些国家几乎每个客户都有这个账号。

图 3－13　WhatsApp 只可在移动端使用

（三）Viber

Viber 与 WhatsApp 功能相同，但是这个软件更多的是与有 Viber 账号的用户免费通话，不会产生国际费用，只要在有网络的情况下都可以免费通话。

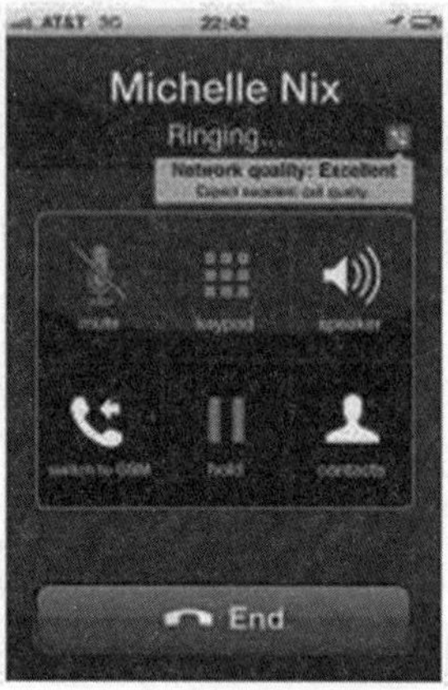

图 3－14　Viber 在有网络情况下可免费通话

（四）Foxmail

Foxmail 是一种比较方便的电子邮件客户端，只要绑定邮箱就可以实时查收邮件，可与企业邮箱等直接关联，更快更方便地进行邮件处理。该软件的优点是可以很方便地收发邮件，不足之处是如果在另一台电脑上重新登录其不会同步。但一个 Foxmail 可以同时收发几个邮箱的邮件，如果电脑固定的话，则是一个很方便的沟通软件。

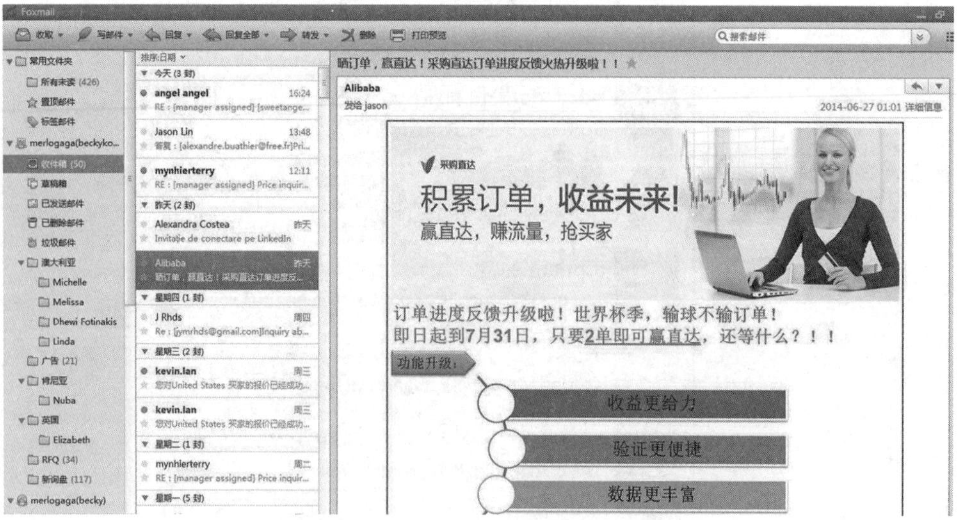

图 3－15　Foxmail 收发邮件非常方便

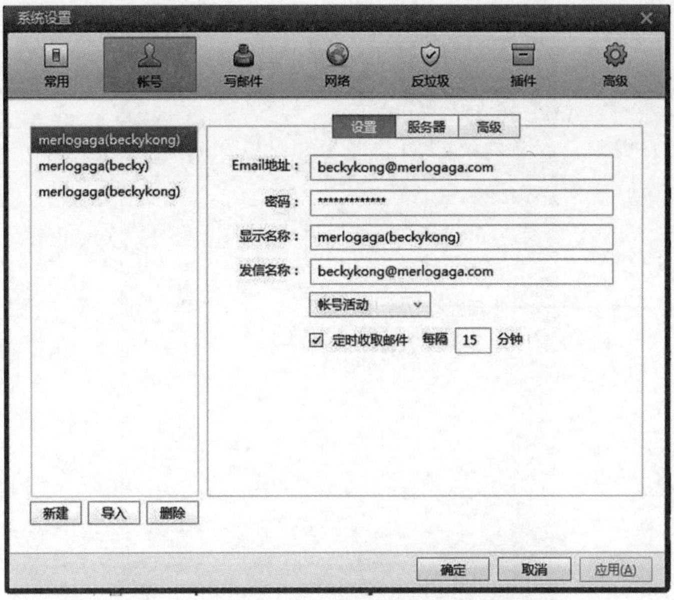

图 3－16　Foxmail 可与企业邮箱等直接关联

图 3－17　Foxmail 可进行签名等编辑工作

（五）TradeManager

TradeManager 即旺旺，是客户在阿里巴巴平台上直接交流的工具，类似于淘宝客服，客户可以通过 TradeManager 来了解更多信息，但是大多数客户会选择发询盘。TradeManager 有很多潜在的客户，因此对于其客户要认真对待，通常能够很有效率地判断双方是不是相对应的客户和供应商。

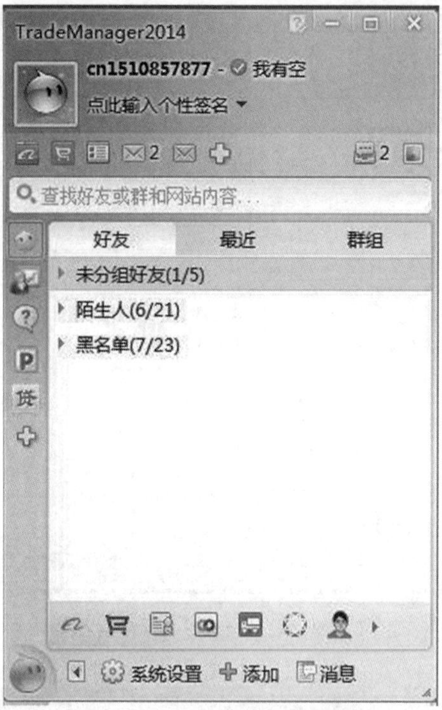

图 3 – 18　TradeManager 页面

图 3 – 19　线上交流无障碍

三、报价技巧及报价单制作

制作报价单，首先要知道什么是贸易术语、国际贸易中常见的贸易术语有哪些。

（一）贸易术语的含义

在国际贸易中，由于买卖双方处于不同的国家和地区，运输距离远，涉及的环节多，加上自然、政治、风俗、文化习惯、语言等条件的限制，给交易增加了不少困难和风险。国际贸易环节主要涉及运输、装卸、报关、报检、保险等环节和相关费用，在有关的交易规律和惯例未被归类出来之前，人们往往需要花费很多的时间和精力去确定这些责任和费用由谁来承担。随着国际贸易的发展和各国在交易过程中经验的积累，人们探索出了一套以简单字母就可以说明不同交易条件的专门语言，也就是我们现在在国际贸易中经常用到的贸易术语。

贸易术语（Trade Terms）又称为价格术语，是用来表明商品的价格构成，说明买卖双方在货物交接过程中有关风险、责任和费用划分等问题的专门用语。贸易术语是一项国际贸易惯例，它便于交易磋商，缩短交易时间和节省交易费用，有利于确定商品价格的构成，区分交易双方的责任、风险和费用的承担。

目前采用的贸易术语的国际贸易惯例是《国际贸易术语解释通则》（International Rules for the Interpretation of Trade Terms，缩写为 INCOTERMS 2010，简称《2010 年通则》），于 2011 年 1 月 1 日生效，共有 11 种贸易术语，按照使用范围分为两大类：一类称为全能贸易术语，适用于任何单一运输方式或多种运输方式，包括 EXW、FCA、CPT、CIP、DAT、DAP 和 DDP；另一类称为水运贸易术语，只适用于海运和内河运输，包括 FAS、FOB、CFR 和 CIF。

表 3－2 《2010 年通则》贸易术语分类

组别	国际代码和英文全称	中文含义
全能贸易术语	EXW（Ex Works）	工厂交货
	FCA（Free Carrier）	货交承运人
	CPT（Carriage Paid to）	运费付至
	CIP（Carriage and Insurance Paid to）	运费、保险费付至
	DAT（Delivered at Terminal）	运输终端交货
	DAP（Delivered at Place）	目的地交货
	DDP（Delivered Duty Paid）	完税后交货
水运贸易术语	FAS（Free Alongside Ship）	装运港船边交货
	FOB（Free on Board）	装运港船上交货
	CFR（Cost and Freight）	成本加运费
	CIF（Cost Insurance and Freight）	成本加保险费、运费

（二）常见的贸易术语

1. FOB

FOB 的全称是 Free on Board（...named port of shipment），即船上交货（……指定装运港），如 FOB GUANGZHOU，即装运港船上交货，其价格除了货物本身的价值以外，还要加上把货物从工厂仓库运到装运港码头的运费，以及报关出口手续费和码头上产生的杂费，才是总的成本价格。其定义是卖方应在合同规定的装运港和规定的期限内，将货物交到买方指定的船上，这样才完成了交货义务。

（1）买卖双方的基本义务。

卖方的基本义务：①取得出口许可证并办理出口报关手续；②在指定的时间和地点，将合同规定的货物装在买方指派的船只上，并及时发出装船通知；③承担货物置于装运港船上之前的一切风险和费用；④提交商业发票和货运单据或相应的电子信息。

买方的基本义务：①取得进口许可证并办理进口报关手续；②在合同规定的装运时间开始之前，办理好租船订舱手续，并将船名、装船地点和交货时间及时通知卖方；③承担货物置于装运港船上之后的一切风险和费用；④接受卖方提交的单据，领受货物和支付货款。

【案例】

卖方装船后，未及时发出装船通知货物遇险保险公司拒赔案

上海某进出口公司与美国某客商按 FOB 价格条件签订一份出口合同，并于 7 月 10 日装船完毕。由于业务员工作繁忙，于 7 月 12 日才发出装船通知。美国客商收到装船通知后立即向保险公司办理投保，该保险公司因获悉装载该批货物的轮船已于 7 月 12 日晨触礁沉没而拒绝承保。为此，美国客商向上海公司提出赔偿损失的要求。问：美国客商的要求合理吗？

分析要点：美国客商的要求合理。在 FOB 术语下，虽货物装船后的风险由买方承担，但由于卖方交货（装船）后未及时发出装船通知，以致买方未能及时办理货物保险手续，由此产生的风险应由卖方承担。本案中，装船完毕的时间为 7 月 10 日，应该当日发出装船通知，但是卖方直到 7 月 12 日才发出装船通知，卖方未尽通知义务，所以美国客商的要求是合理的。

（2）使用 FOB 应注意的事项。

①买卖双方应及时给予对方充分通知。卖方应及时将备货情况告知买方以便于买方适时租船订舱，同时卖方装船后应及时发出装船通知。买方租船订舱后应及时将租船信息和预计到达装运港的时间通知给卖方，以便卖方做好装船准备。

②在使用集装箱运输货物时，卖方的义务不是将货物装到船上，而通常是将货物在集装箱码头移交给承运人，这时不宜采用 FOB 术语，而应采用 FCA 术语。

③风险划分界限的问题。货物置于装运港船上之前的风险由卖方承担，置于装运港船

上之后的风险由买方承担。这一风险划分跟《2000 年通则》里规定的不同，由原来的“船舷为界”改为“船上为界”，值得注意。

④象征性交货问题。象征性交货（Symbolic Delivery）是指卖方只要按期在约定地点完成装运，并向买方提交合同规定的包括特权凭证在内的有关单证，就算完成了交货义务，而无须保证到货。实际交货（Physical Delivery）则指卖方要在规定的时间和地点，将符合合同规定的货物提交给买方或其指定人，而不能以交单代替交货。在象征性交货条件下，卖方凭单交货，买方凭单付款。FOB 属象征性交货的贸易术语。

⑤装船费用承担问题。FOB 术语只规定了海上运费由买方承担，而对装船的费用由谁承担则未做具体的规定，这在租船运输的情况下容易引起争议。为了明确装船费用由谁承担的问题，贸易术语产生了变形。FOB 术语的变形主要有以下五种情况：

a. FOB Liner Terms（FOB 班轮条件），指装船费用包含在运费中，卖方不承担装船费用，由承担运费的一方也就是买方来承担。

b. FOB Under Tackle（FOB 吊钩下交货），指卖方承担的费用截至买方指定船只的吊钩所及之处，涉及驳船费时也由卖方承担，而有关的装船费用由买方承担。

c. FOB Stowed（包括理舱费在内），指卖方负责将货物装入船舱，并承担包括理舱费在内的装船费用。一般适用于包装货物。

d. FOB Trimmed（包括平舱费在内），指卖方负责将货物装入船舱，并承担包括平舱费在内的装船费用。一般适用于散装货物。

e. FOBST（包括理舱费和平舱费在内），指卖方负责将货物装入船舱，并承担包括理舱费和平舱费在内的装船费用。

需要指出的是，贸易术语的变形是为了解决装货费具体由谁承担而产生的，不改变买卖双方交货的地点和划分风险的界限。

【案例】

贸易术语的变形不改变交货的地点和风险划分的界限案

某公司按 FOB Under Tackle（FOB 吊钩下交货）贸易术语变形与外商达成一笔交易，卖方将货物置于买方所派船只的吊钩下，在吊运货物时，有 10 箱货物因吊钩脱落落入海中全部灭失。买方认为这 10 箱货物的损失由卖方承担，而卖方则认为该笔交易采用 FOB 吊钩下交货术语，买卖双方的风险以吊钩下为限，货物运至吊钩下之后的风险由买方承担。问：这 10 箱货物的损失应由谁来承担？

分析要点：应由卖方承担。FOB 贸易术语的变形是为了解决装船费用的负担问题而产生的，并不改变交货地点和风险划分的界限。在 FOB 术语下，买卖双方划分风险的界限依然以货物在装运港置于船上为界。本案中，货物是在吊运的过程中落入海中的，事实上货物还没有置于买方所指派的船上，所以风险应由卖方承担。

2. CFR

CFR 的全称是 Cost and Freight（...named port of destination），即成本加运费（……指

定目的港)，如 CFR NEWYORK，其价格构成是：FOB 价 + 远洋运费。此术语是指卖方自负费用按通常条件办理租船订舱手续，并在合同规定的装运港和装运期内将货物装上船，这样就完成了交货义务。CFR 属象征性交货的贸易术语。

(1) 买卖双方的基本义务。

卖方的基本义务：①取得出口许可证并办理出口报关手续；②根据通常的条件租船订舱，在规定的时间和地点，将合同规定的货物装到船上，并及时发出装船通知；③承担货物置于装运港船上之前的一切风险和费用；④提交商业发票和货运单据或相应的电子信息。

买方的基本义务：①取得进口许可证并办理进口报关手续；②承担货物置于装运港船上之后的一切风险和费用；③接受卖方提交的单据，领受货物和支付货款。

与 FOB 比较，CFR 条件下买卖双方各自的责任义务在货物装船、风险划分、办理进出口手续、交单付款等方面基本是相同的，不同之处在于：FOB 条件下由买方自负运费办理运输手续；而在 CFR 条件下，该项工作由卖方办理。

(2) 使用 CFR 应注意的事项。

①卖方的租船订舱义务。采用 CFR 术语成交时，卖方要负责按通常条件办理租船订舱手续，承担将货物由装运港运往目的港的运费。所以卖方要根据合同要求灵活把握租船订舱和装船的时间，以免影响货物的出运。

②卖方的及时充分通知义务。

③卸货费用承担问题。CFR 术语规定了由卖方支付从装运港到目的港的运费，但货到目的港后的卸货费用由谁来承担则没有明确规定。在班轮运输条件下，船方管装管卸，卸货费用包含在运价中，由负责办理运输手续和支付运费的一方负责，不存在卸货费由谁承担的问题，而在租船运输方式下，卸货费用却是容易引起双方争议的问题，因此，为明确 CFR 术语下卸货费用由谁承担而产生了贸易术语的变形。CFR 术语的变形有以下四种情况：

a. CFR Liner Terms (CFR 班轮条件)，指卸货费用包含在运费中，买方不承担卸货费用，由承担运费的一方负责。

b. CFR landed (CFR 卸至码头)，指由卖方承担将货物由载货船只上卸到目的港岸上的卸货费，当载货船只不能靠岸需要驳船运输时，驳船费用也由卖方承担。

c. CFR Ex Tackle (CFR 吊钩下交货)，指卖方承担货物从舱底吊至载货船只的船边卸离吊钩为止的费用。当载货船只不能靠岸需要驳船运输时，驳船费用由买方承担。

d. CFR Ex Ship's Hold (CFR 舱底交货)，指货物到达目的港后，自舱底吊起直至卸至码头的费用由买方承担。

④使用集装箱运输货物时，卖方的义务不是将货物装到船上，而通常是在集装箱堆场或码头将货物移交给承运人，这时不宜使用 CFR 术语，而应使用 CPT 术语。

3. CIF

CIF 的全称是 Cost Insurance and Freight (…named port of destination)，即成本加保险费、运费（……指定目的港)，如 CIF NEWYORK，其价格构成是：FOB 价 + 远洋运费 + 远洋保险费。在 CIF 条件下，卖方按通常条件自负费用办理租船订舱和货运保险手续，并在合同规定的装运港和装运期限内将货物装上船，就完成了交货义务。CIF 属象征性交货的贸易术语。

（1）买卖双方的基本义务。

卖方的基本义务：①取得出口许可证并办理出口报关手续；②根据通常的条件租船订舱、办理货运保险，在规定的时间和地点，将合同规定的货物装到船上，并及时发出装船通知；③承担货物置于装运港船上之前的一切风险和费用；④提交商业发票和货运单据或相应的电子信息。

买方的基本义务：①取得进口许可证并办理进口报关手续；②承担货物置于装运港船上之后的一切风险和费用；③接受卖方提交的单据，领受货物和支付货款。

与 CFR 比较，CIF 条件下买卖双方在租船订舱、货物装船、风险转移、办理进出口手续、交单付款等方面的权利和义务是基本相同的，不同之处在于：CFR 条件下由买方办理货运保险手续、缴纳保险费，而在 CIF 条件下，该项义务由卖方承担。

（2）使用 CIF 应注意的事项。

①卖方的投保问题。在 CIF 条件下，由卖方自负费用办理货物运输保险，但这并不意味着运输途中的风险由卖方承担，因为在 CIF 条件下卖方是为了买方的利益而办理保险手续的，该保险属于代办性质。在保险险别的确定问题上，若买卖双方无特别约定，卖方只有义务投保最低险，若在采用中国保险条款承保的情况下，也即投保平安险即可。投保金额为 CIF 金额的 110%。如果买方临时要求更高要求的保险，额外费用由买方承担。

②使用集装箱运输货物时，卖方的义务不是将货物装到船上，而通常是在集装箱堆场或码头将货物移交给承运人，这时不宜使用 CIF 术语，而应使用 CIP 术语。

③关于卸货费的承担问题。CIF 术语与 CFR 术语下卸货费的承担问题相同。

【案例】

象征性交货案

我国某出口公司与外商按 CIF 术语成交一笔出口贸易，货物在合同规定的装运时间和装运港完成装运，如期起航。货轮航行不久，遇海上飓风大浪，载重过度，致使船舶沉没，货物完全灭失。当该公司凭提单、保险单、发票等单据要求国外进口商支付货款时，进口方以货物已全部灭失，不能得到合同货物为由，拒绝接受单据和付款。问：出口方有无权利凭规定的单据要求进口方付款？

分析要点：出口方有权凭规定的单据要求进口方付款。在 CIF 术语下，买卖双方划分风险以货物置于指定船上为界，货物置于船上之前的风险由卖方承担，之后的由买方承担。另外在 CIF 术语下，卖方办理的保险有明显的代办性质。本案中，买卖双方以 CIF 术语成交，卖方在合同规定的装运时间和地点将货物置于指定的载货船上，卖方的交货义务已完成，风险也由卖方转移至买方。故买方应凭规定的单据付款，付款后，再凭保险单向保险公司索赔。

4. FCA

FCA 的全称是 Free Carrier（...named place），即货交承运人（……指定地点），卖方在规定的时间、地点将货物交给买方指定的承运人，即完成交货义务。该术语适用于任何运输方式，属于象征性交货的贸易术语。

（1）买卖双方的基本义务。

卖方的基本义务：①取得出口许可证并办理出口报关手续；②按时将货物交至买方指定的承运人，并及时通知买方；③承担货交承运人之前的一切风险和费用；④提交商业发票和货运单据或相应的电子信息。

买方的基本义务：①取得进口许可证并办理进口报关手续；②自负费用签订自交货地点起运货物的运输合同，并通知卖方；③承担货交承运人之后的一切风险和费用；④接受卖方提交的单据，领受货物和支付货款。

（2）使用 FCA 应注意的事项。

①交货地点选择问题。交货地点的选择会影响装卸货物的责任划分，因此买卖双方应在合同中明确规定具体的交货地点。如果在约定地点没有明确具体的交货地点，或者有几个交货地点可供选择，卖方可以从中选择完成交货义务最适宜的交货地点。

②风险转移问题。在采用 FCA 术语成交时，买卖双方的风险以货交承运人为界，但可能存在风险前移的情形。由于在 FCA 术语下，由买方负责订立运输契约，并将承运人名称及有关事项及时通知卖方。如果买方未能及时给予卖方上述通知，或者他所指定的承运人在约定的时间未能接受货物，则自规定的交付货物的约定日期或期限届满之日起，由买方承担货物灭失或损坏的一切风险，但以货物已被划归本合同下为前提条件。

③费用划分问题。采用 FCA 术语成交时，运输手续的办理由买方承担，但是如果买方愿意承担风险和费用，卖方也可以应买方的要求代为办理运输手续，卖方如果拒绝买方的这一要求，应立即通知买方。

5. CPT

CPT 的全称是 Carriage Paid to（...named place of destination），即运费付至（……指定目的地），其价格构成是：FCA 价 + 远洋运费。卖方承担除包括 FCA 术语下的义务外，还必须承担办理将货物从装运地运至指定目的地的运输手续并支付运费。该术语适用于任何运输方式，属象征性交货的贸易术语。

使用 CPT 术语时，其注意事项除了参照 FCA 外，还应注意卖方办理运输手续的费用不包括目的地卸货费，卸货费由买方承担。卖方货交承运人后要及时给予买方充分的通知，以方便买方办理投保手续，如果货交承运人后因为卖方没有及时通知买方而耽误了买方办理保险手续，则货交承运人后的风险损失由卖方承担。

6. CIP

CIP 的全称是 Carriage and Insurance Paid to（...named place of destination），即运费、保险费付至（……指定目的地），其价格构成是：CPT 价 + 远洋保险费。卖方承担除包括 CPT 术语下的义务外，还必须承担办理将货物从装运地运至目的地的货物运输保险并支付保险费。该术语适用于任何运输方式，属象征性交货的贸易术语。

使用 CIP 术语时，其注意事项除了参照 CPT 外，还应注意卖方办理保险手续时只需投保最低险，保险金额一般为 CIP 总值的 110%，超出 CIP 总值以外的保险费用由买方承担，除非双方另有约定。

表 3－3　《2010 年通则》中各种贸易术语对照表

贸易术语	交货地点	风险转移界限	出口报关责任费用	进口报关责任费用	适用的运输方式
EXW	卖方所在地或指定地点	货交买方处置时	买方	买方	任何方式
FCA	承运人处或指定地点	货交承运人处置时	卖方	买方	任何方式
CPT	承运人处或指定地点	货交承运人处置时	卖方	买方	任何方式
CIP	承运人处或指定地点	货交承运人处置时	卖方	买方	任何方式
DAT	进口国目的地运输终端	目的地（卸下）交买方处置时	卖方	买方	任何方式
DAP	进口国目的地	目的地（不卸）交买方处置时	卖方	买方	任何方式
DDP	进口国目的地	目的地（不卸）交买方处置时	卖方	卖方	任何方式
FAS	装运港船边	置于装运港船边交由买方指定船只处置时	卖方	买方	水上运输
FOB	装运港船上	置于装运港船上时	卖方	买方	水上运输
CFR	装运港船上	置于装运港船上时	卖方	买方	水上运输
CIF	装运港船上	置于装运港船上时	卖方	买方	水上运输

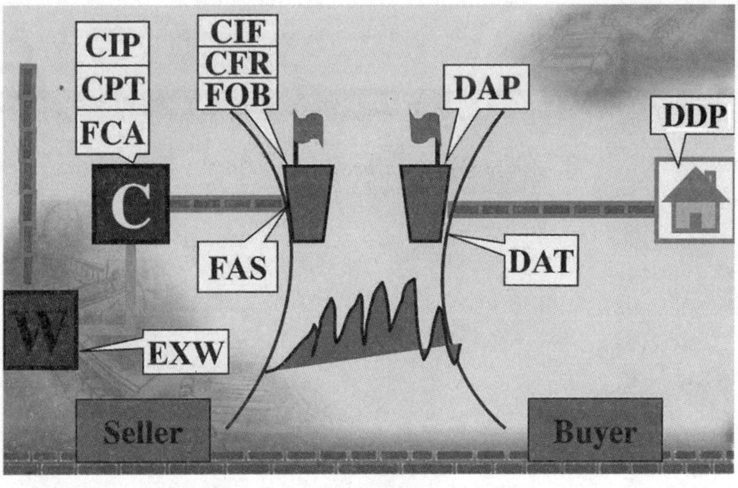

图 3－20　国际贸易术语一览图

注：图中的“W”代表仓库，“C”代表承运人。

（三）报价单制作

阿里巴巴报价单的制作是通过阿里巴巴价格单定制模板进行操作的，具体的操作环节如下：

1. 定制单据模板

定制单据模板，可以统一单据格式，提高询盘回复效率，主要有两个步骤：

（1）步骤一：进入“My Alibaba”，选择“客户”选项下的“设置单据模板”，如图3－21所示。

图3－21　设置单据模板页面

（2）步骤二：填写单据抬头和单据结尾，完毕之后，点击“提交”，单据模板设置成功，如图3－22所示。

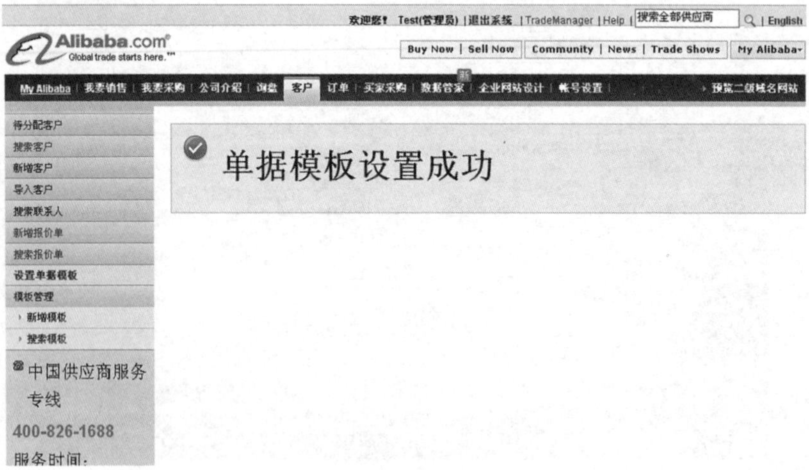

图3－22　单据模板设置成功页面

2. 新增模板

（1）步骤一：进入“My Alibaba”，选择“客户”选项下的“模板管理”，点击“新增模板”，进入新增模板页面，如图 3－23 所示。

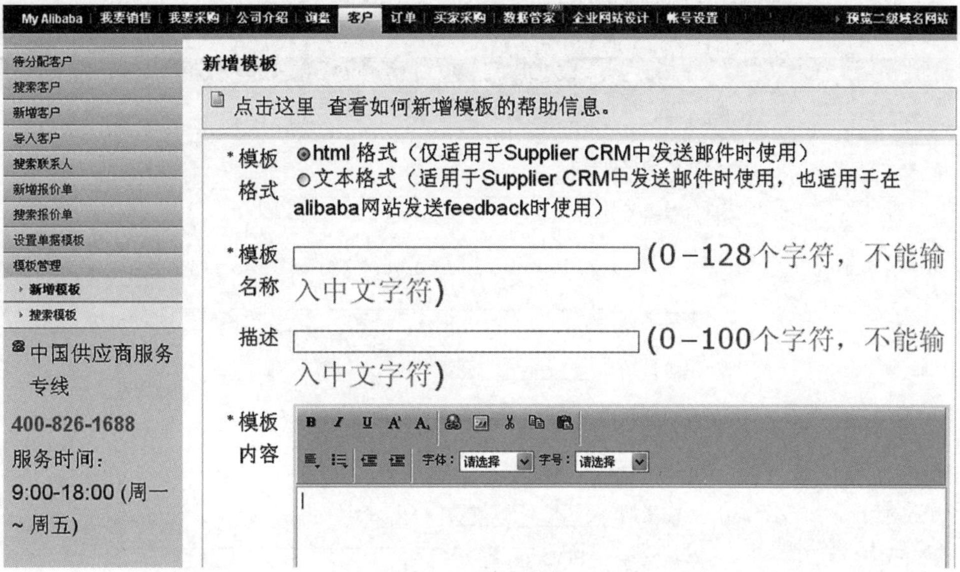

图 3－23　新增模板页面

（2）步骤二：填写相关信息，并点击“提交”，新的模板添加成功，如图 3－24 所示。

图 3－24　新的模板添加成功页面

3. 新增报价单

（1）步骤一：进入“My Alibaba”，选择“客户”选项下的“新增报价单”，弹出新增报价单页面，如图 3－25 所示。

图 3－25 新增报价单页面

（2）步骤二：填写相关信息，并点击“提交”，弹出报价单详细信息页面，如图 3－26 所示。

图 3－26 报价单详细信息页面

（3）步骤三：点击“预览”，查看此报价单显示形式，如图 3－27 所示。

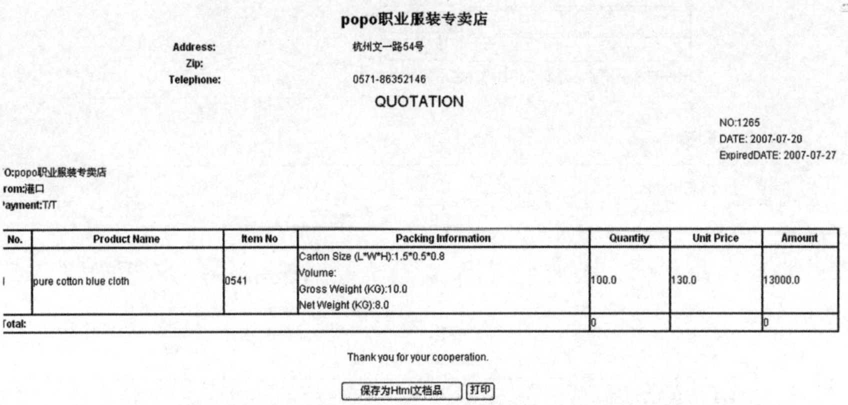

popo职业服装专卖店

Address: 杭州文一路54号

Zip:

Telephone: 0571-86352146

QUOTATION

NO:1265
DATE: 2007-07-20
ExpiredDATE: 2007-07-27

'O:popo职业服装专卖店
rom:港口
'ayment:T/T

No.	Product Name	Item No	Packing Information	Quantity	Unit Price	Amount
I	pure cotton blue cloth	0541	Carton Size (L*W*H):1.5*0.5*0.8 Volume: Gross Weight (KG):10.0 Net Weight (KG):8.0	100.0	130.0	13000.0
'otal:				0		0

Thank you for your cooperation.

保存为Html文档品 打印

图 3－27　预览报价单

（4）步骤四：确认此报价单无误后，点击“发送报价单”，将此报价单发送给客户。如图 3－28、3－29 所示。

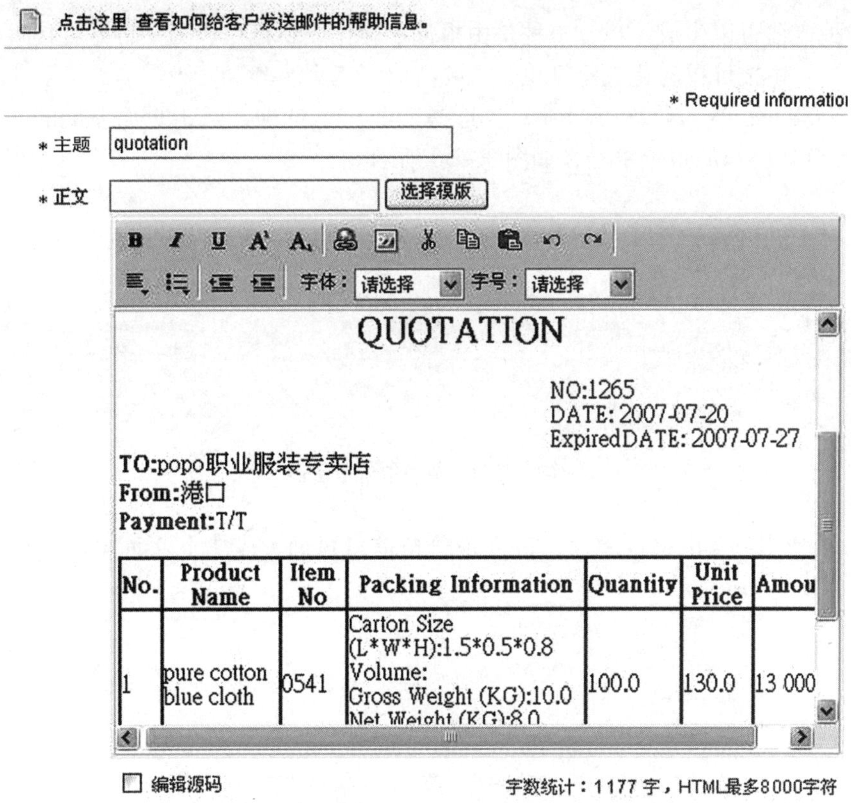

点击这里 查看如何给客户发送邮件的帮助信息。

* Required informatio

* 主题 quotation

* 正文 选择模版

字体：请选择 字号：请选择

QUOTATION

NO:1265
DATE: 2007-07-20
ExpiredDATE: 2007-07-27

TO:popo职业服装专卖店
From:港口
Payment:T/T

No.	Product Name	Item No	Packing Information	Quantity	Unit Price	Amou
1	pure cotton blue cloth	0541	Carton Size (L*W*H):1.5*0.5*0.8 Volume: Gross Weight (KG):10.0 Net Weight (KG):8.0	100.0	130.0	13 000

编辑源码　　字数统计：1177 字，HTML最多8000字符

图 3－28　发送报价单（1）

图 3－29　发送报价单（2）

4. 生成订单

有两种方法可以生成订单，一种是由报价单转化成新订单，另一种是直接生成订单。

方法一：由报价单转化成新订单，主要有以下三个步骤。

（1）步骤一：进入“My Alibaba”，选择“客户”选项，点击页面左侧的“搜索报价单”，选择合作公司的报价单号，如图 3－30 所示。

图 3－30　搜索报价单页面

（2）步骤二：点击报价单号，进入报价单信息页面，点击此页面最下方的“转化为订单”，如图 3－31 所示。

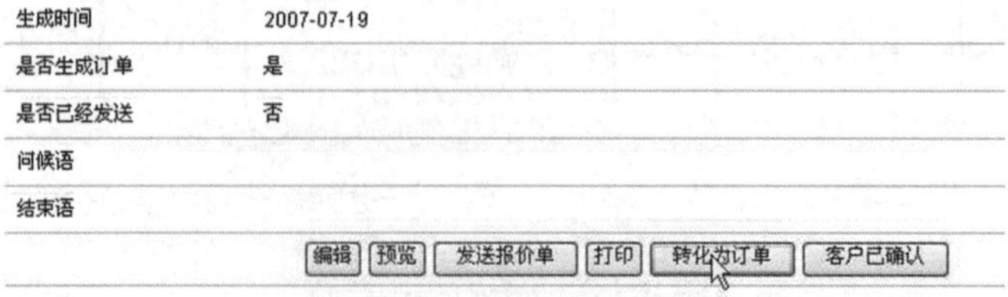

图 3－31　转化为订单页面

（3）步骤三：进入“新增订单”页面，填写好订单编号、交货地点等信息，点击“提交”，则新增订单成功，如图3-32所示。

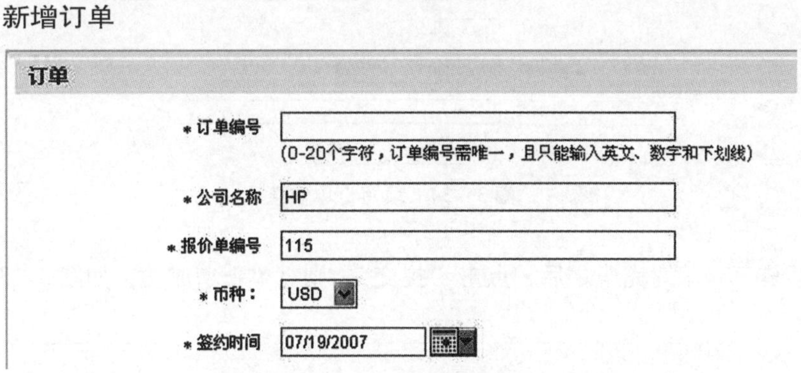

图3-32　新增订单页面

方法二：直接生成订单，同样有三个步骤。

（1）步骤一：进入“My Alibaba”，选择“订单”选项，点击“新增订单”，如图3-33所示。

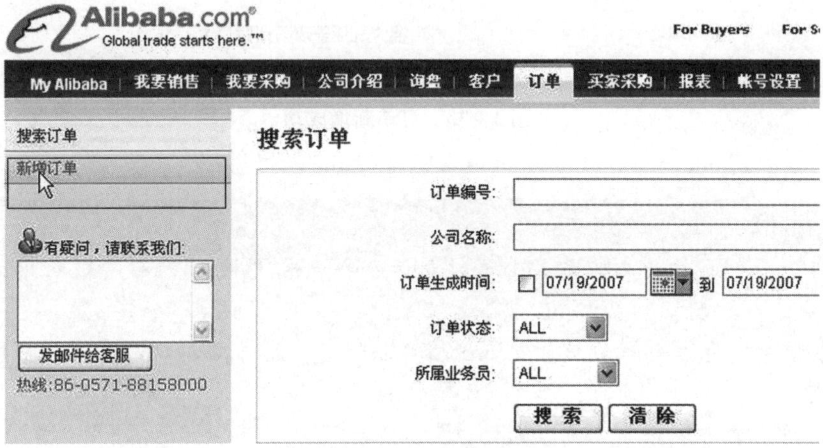

图3-33　订单页面

（2）步骤二：进入“新增订单”页面，填写订单信息，如图3-34所示。

图 3-34 填写订单信息

（3）步骤三：填写完毕之后，点击“提交”，则订单新增成功，如图 3-35 所示。

图 3-35 订单新增成功

【技能训练 1】

任务一：ABC 公司的联系人小张打电话来要一张 0541 号产品的报价单，请制作并发送。

任务二：小张接到报价单后觉得价格可以接受，打算订购此商品。请将报价单转化成订单。

任务三：制作一张回复询盘的模板。

【技能训练 2】

常用的即时跟进客户软件有哪些？请在电脑或手机上下载安装这些软件，并添加你的第一位潜在客户。

【技能训练 3】

客户 Tomi Obaniyi 来自南非，在经过 3 封邮件的来往后没有收到回复，客户信息如联系方式、公司名称等较全面，在第一封询盘中客户明确表示需要 100 双真皮女鞋，表示想要用自己的设计来制作。请根据提示信息写一封追踪信。

项目三　寄样及样品跟进方法

一、寄样的前期准备工作

样品寄送的前期准备工作主要包括判断是否寄送样品、打样和费用确认。

在寄送样品前，首先要明确本公司的寄样原则，对潜在客户作深入的分析判断，如确定寄送样品，则要确认样品寄送运费由谁承担，及时办理样品的报关检疫，并选择合适的样品寄送方式。

二、样品寄送方式的选择

样品的寄送主要采用邮政航空大包和航空快递两种方式：

（1）邮政航空大包：价格较便宜，航程大约为两周（不含目的地国家的海关检验和其国内的邮政递送时间）。此方法适用于大宗低值产品寄送，可在各地邮局办理，一般商品（非危险品）可正常寄送。若属普通化工品，仅需出具一般的品质证书（证明其无毒、无害、无爆破性等），便于海关查验核实。若属危险化工品或者疑似危险化工品（如钛白粉），则需要出具特殊的证明，采用特殊托运的方法。

注明：最小邮寄重量是 2 公斤，20 公斤为一个限重单位。超出部分需要另行打包计费。

（2）航空快递：分为国内邮政的国际 EMS 和国外大快递公司（如 FedEx 联邦快递、DHL 敦豪快递，TNT 等），其费率大致相当，较邮政的航空大包费用贵。若与快递公司有协议，可有折扣价，时间大约是一周（或者 3 ~ 5 天）。若属普通化工品，仅需要出具一般的品质证书（证明其无毒、无害、无爆破性等），便于海关查验核实。若属危险化工品或者疑似危险化工品（如钛白粉），则需要出具特殊的证明，采用特殊托运的方法。

注明：对限重单位有要求。

三、样品寄出后的工作内容

在样品寄出后，要及时通知客户，做好样品的跟踪工作，第一时间通知客户样品寄送信息，制作形式发票，客户收到样品后确认信息，如有需要修改的地方及时提出。设计样品管理表，实时跟踪快递物流信息，待客户签收后第一时间联系客户了解样品情况，尽量与拿样客户建立起一种稳定的联系，不间断地向客户发送本公司产品线的新情况。

项目四 大货准备的工作流程

一、制作形式发票（PI）

（一）形式发票的概念

形式发票（Proforma Invoice，简称 PI）也称预开发票或估价发票，是进口商为了向其本国当局申请进口许可证或请求核批外汇，在未成交之前，要求出口商将拟出售成交的商品名称、单价、规格等条件开立的一份参考性发票。它包括产品描述、单价、数量、总金额、付款方式、包装、交货期等。形式发票本来只是在客户确认价格并下了订单之后卖方所做的让对方再次确认的发票，但在没有正式合同之前形式发票即是合同。

未签字或盖章的形式发票不是一种正式发票，不能用于托收和议付，它所列的单价等也仅仅是出口商根据当时情况所作的估计，对双方都无最终的约束力，所以说形式发票只是一种估价单，正式成交发货后还要另外重新缮制商业发票。

（二）形式发票的作用

形式发票仅为数量化的报价，是对销售事宜给予确认的单据，在某些国家也可以供买方作为申请进口许可证或申请外汇额度的证件，也可以作为买方向银行申请向卖方支付货款，开立信用证等文件的依据。

（三）形式发票的内容及制作

形式发票没有固定的格式，只要根据买方的项目进行制作即可。形式发票主要包括以下几项内容：①形式发票号码、日期；②客户名称；③成交价格的方式，是 FOB、CFR 还是 CIF 等；④装运期；⑤装船口岸；⑥分批转船是否允许；⑦包装；⑧付款方式；⑨保险；⑩货物描述；⑪具体规格、单价、数量、总价；⑫受益人银行（SWIFT）及账号。

MerloGaGa

Guangzhou Fashion Shoes CO.,Ltd

ADD:Room 401,Tianqiu Buliding,Heyi Street,San yuanli Road,Guangzhou,China

Tel: +86-20-66846858　　Skype: coco.luo920206

Contact person:CoCo　　MB:+86-13533052947

E-mail: laokunyi@merlogaga.cn

Proforma invoice

To：Elaine　　Ivoice No：M20160319-M1　　Date：2016.3.19

Design	specification	2 colors	size	qty	unit price (rmb)
	Upper: PU Lining+Insole: PU Outsole:Rubbe	black & white	35-41	100	￥45.00
Total					￥4,500.00
30% deposit					￥1,350.00
70% balance					￥3,150.00

REMARK:

1, Logo: gilding in insole, printing in outsole TUESDAY C.

2, Packing: dust bag+heel lift+normal shoe box (white matt finish)

3,Delivery time: 25-30 days for bulk production.

4, Shipping: Free shipping to the warehouse within Guangzhou.

5,Terms of payment: 30% deposit before produce,70% balance before delivery;

6, Payment way: Bank of China

Bank name	Bank Holder	Account number
[redacted]	[redacted]	[redacted]

BUYER	SUPPLIER
TUESDAY C.	Guangzhou Fashion Shoe Co.,Ltd
BUYER Representative	SALE Representative
Liaw Tze Hwui	Maggie Zhang
Date：2016.3.19	Date：2016.3.19

图 3－36　形式发票应让客户明确产品细节问题、运费、付款方式等

【技能训练】

请根据以下材料，制作一份 PI。

Dear Helen,

Documents of 200 rolls recd today, thanks.

Pls note our new order:

PVC Strips

200mm ×2mm ×50mm transparent normal-200 rolls

Pls send proforma invoice so that we can send money.

Best Regards

Nishith

资料：

1. The seller: SHANGHAI LUCKY SAFETY SCREENS CO. , LTD.

UNIT C 2/F JINGMAO TOWER SHANGHAI, CHINA

2. The buyer: RAM PLASTICS

201, HAUZ RANI, MALVIYA NAGAR, NEW DELHI 110017. INDIA

3. Proforma invoice No. : LU80518

4. Proforma invoice date: May 18, 2008

5. S/C No. : LU0805

6. Port of loading and destination: From Shanghai China to Nhava Sheva India

7. Terms of payment: Advanced T/T

8. Shipping Mark: 按标准的唛头样式

9. Unit price:

USD 86. 00/roll CIF Nhava Sheva for 200mm ×2mm ×50mm transparent normal

10. DETAILS OF THE SELLER'S BANK:

BANK OF CHINA, SHANGHAI BRANCH,

No. 4 Zhongshan road, Shanghai, P. R. CHINA

SWIFT CODE: BKCHCNBJ530

BENEFICIARY: SHANGHAI LUCKY SAFETY SCREENS CO. , LTD.

ACCOUNT No. : 1281 2242012 7091 015

ADDRESS: UNIT C 2/F JINGMAO TOWER SHANGHAI, CHINA

二、制作商业发票（CI）

（一）商业发票的概念

商业发票（Commercial Invoice，简称 CI）是出口方向进口方开列的发货价目清单，是买卖双方记账的依据，也是进出口报关交税的总说明。商业发票是一笔业务的全面反映，内容包括商品的名称、规格、价格、数量、金额、包装等，同时也是进口商办理进口报关手续不可缺少的文件，因此商业发票是全套出口单据的核心，在单据制作过程中，其余单据均需参照商业发票缮制。

（二）商业发票的作用

商业发票的作用有以下四方面：

（1）可供进口商了解和掌握装运货物的全面情况。

（2）作为进口商记账、进口报关、海关统计和报关纳税的依据。

（3）出口商凭借发票的内容，逐笔登记入账。在货物装运前，出口商须向海关递交商业发票作为报关发票，海关凭以核算税金，并作为验关放行和统计的凭证之一。

（4）在不用汇票的情况下，发票可以代替汇票作为付款依据。

此外，一旦发生保险索赔，发票可以作为货物价值的证明等。

（三）商业发票的内容及其制作

尽管商业发票作为出口单据中的核心单据，但它没有固定的格式，其内容主要包括以下方面：

（1）商业发票须载明“发票”（INVOICE）字样。

（2）发票编号（NUMBER）：商业发票由各公司统一编号。发票作为核心单据，其他单据的号码均可与此号码相一致，如汇票号码、出口报关单号码及附属单据号码等一般均与发票编号一致。

（3）签发日期（DATE OF ISSUE）：出票地址和日期通常在发票右上角连在一起。出票地址应为信用证规定的受益人所在地，通常是议付所在地。在全套单据中，发票是签发日最早的单据。它只要不早于合同的签订日期，不迟于提单的签发日期即可。

（4）合同或订单号码（CONTRACT NUMBER OR ORDER NUMBER）：商业发票的出具都以买卖合同作为依据，但买卖合同并不都以“S/C”为名称。有时会出现“order”“P. O.”“contract”等。因此，当合同的名称不是“S/C”时，应将本项的名称修改后，再填写该合同的号码。

（5）收货人名址（CONSIGNEE'S NAME AND ADDRESS）。

（6）出口商名址（EXPORTER'S NAME AND ADDRESS）。

（7）装运工具及起讫地点（MEANS OF TRANSPORT AND ROUTE）。

起讫地要填上货物自装运地（港）至目的地（港）的地名，有转运情况应予以表示。这些内容应与提单上的相关部分一致。如果货物需要转运则应注明转运地。

（8）商品名称、规格、数量、重量（毛重、净重）、包装及尺码等（COMMODITY，SPECIFICATIONS，QUANTITY，GROSS WEIGHT，NET WEIGHT，PACKING AND MEASUREMENT ETC.）。

货物描述内容一般包括合同的四个主要条款：数量条款、品质条款、包装条款、详见合约（这是为了避免重复出现已在合约中订明的内容）。

例如：2，500 Doz Gloves，Article No. FS23，Packed in 12 Bags，as per contract No. 331。

（9）唛头及件数（MARKS AND NUMBERS）：唛头一般由三部分组成：①客户名称缩写（如不用客户名称，可以由发票编号/合同编号/订单编号代替）；②目的港；③件数。唛头既要与实际货物一致，还应与提单一致，并符合信用证的规定。如信用证没有规定，可按买卖双方和厂商制订的方案或由受益人自定。无唛头时，应注“N/M”或“No Mark”。如为裸装货，则注明“NAKED”或散装“In Bulk”。如来证规定唛头文字过长，用“/”将独立意思的文字彼此隔开，可以向下错行。即使无线相隔，也可酌情错开。

件数有两种表示方法：一是直接写出××件，二是在发票中记载诸如“We hereby declare that the number of shipping marks on each packages is 1－10，but we actually shipped 10 cases of goods”（兹申明，每件货物的唛头号码是从1～10，实际装运货物为10箱）之类的文句。

Commercial Invoice
商业发票

订单号:	M20150406-M1	Date of Exportation 出口日期:	2015/9/6
Shipper/Exporter(complete name and address		Consignee (complete name and address)	
COMPANY 公司名:	Guangzhou Fashion Trade Co;LTD	COMPANY 公司名:	
ATTN 联系人:	Maggie zhang	ATTN 联系人:	Becky
ADDRESS 地址:	ADD: Room 401,Tianqiu Buliding,Heyi Street,San yuanli Road,Guangzhou,China	ADDRESS 地址:	********* Western Australia
TEL 电话:	020-66846858	TEL 电话:	Tel:006144771****
ZIP CODE 邮编:		ZIP CODE 邮编:	6233
Country of Origin 原产国:	CHINA	Country of Destination 进口国:	Australia
Description of Goods 货物描述	quantity（数量）	Unit Value 单价	Total Value 总价（USD）
Women shoes	100 pairs	US$8.00	US$800.00
Total Inovice Value 总价值：USD800			
Remarks:MADE IN CHINA			

图3－37　商业发票

（10）价格及价格条件（UNIT PRICE AND PRICE TERM）：价格由四部分组成，即单位价格、计量单位、计价货币和贸易术语，如：USD 25 per pair FOB Guangzhou。

（11）总金额（TOTAL AMOUNT）：列明币种及各项商品的总金额（总金额 = 单价 × 数量）。除非信用证上另有规定，货物总值不能超过信用证金额，若信用证没有规定，则应与合同保持一致。

实际制单时，若来证要求在发票中扣除佣金，则必须扣除。折扣与佣金的处理方法相同。有时证内无扣除佣金规定，但金额正好是减佣后的金额，发票应显示减佣，否则发票金额会超证。有时合同规定佣金，但来证金额内未扣除，而且证内也未提及佣金事宜，则发票不宜显示，待货款收回后另行汇给买方。另外，在 CFR 和 CIF 条件下，佣金一般应按扣除运费和保险费之后的 FOB 价计算。

（12）出票人签字（SIGNATURE OF MAKER）等。

商业发票中需将所有重要信息填写完整，以便客户确认，防止出现双方信息不对称。

【思考题】

形式发票与商业发票有什么区别？

三、制作大货生产单

（一）申请生产大货流程

一般公司的大货生产单是按照以下方式进行下单的，即通过外贸部接单，根据客户对产品信息的要求给到跟单处处理，经财务审核、经理或部门主管审核后签字，跟单下单至工厂生产，如图 3－38 所示。

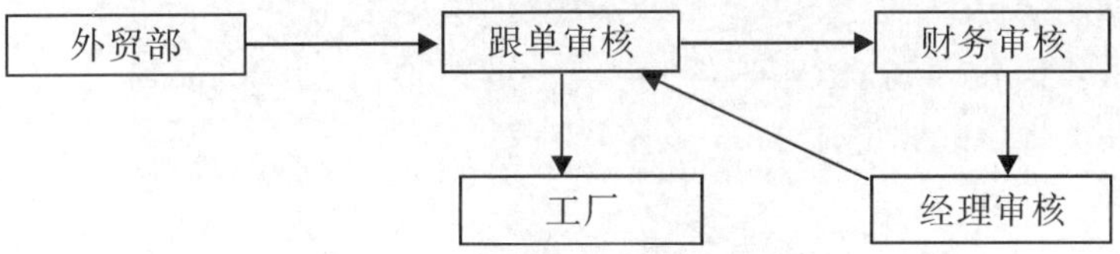

图 3－38 申请生产大货流程图

（二）大货生产单制作案例

制作大货生产单时，一定要标注好客户的特殊要求，确保工厂能够明晰生产要求，有特别要求的地方最好以其他颜色标注出来，如图 3－39 所示。

飞尚-大货生产单（单号：M20151111-M1）

下单日期：2015-12-18　　　　产前样交期：

生产注意事项：

[redacted]

2. 注意垫脚 logo 按图中方向。

3. 大底胶水不能溢出鞋面，不能开胶，车线线头清理干净。

4. 内里要平整，不能皱，天皮不能或大或小于鞋跟。

5. 大货会在我司100%验货，通过即可出货，请确保鞋子质量。

No.	参照的款式	面料	内里	垫脚	垫脚logo	大底	大底logo	37	38	39	40	41	总数量	备注
								欧码						
1		绿色漆皮（按照样板）	黑色羊皮	黑色羊皮	Oria7 烫金色Logo	黑色大底	Oria7 Created in Paris 压印+码数	5	5	15	15	10	50	按照样板保证质量
2		黄色漆皮（按照样板）	杏色羊皮	杏色羊皮	Oria7 烫金色Logo	杏色大底	Oria7 Created in Paris 压印+码数	5	5	15	15	10	50	按照样板保证质量
	TOTAL:												200	

生产中有任何问题，请及时联系。

生产要求：

1，垫脚烫金色 logo （logo 按比例1：1缩小，不能变形，方向按图片印）；

2，大底压印 logo（logo 按1：1比例缩小，不能变形）；

3，包装：白色鞋盒，防尘袋，天皮。

4，蝴蝶结末加金属，如图 

5，垫脚 logo 横着印：如图 

图 3－39　大货生产单的制作

【技能训练】

请根据所给信息，制作一份 CI。

姓名：Sabrina Rousseaux

国家：法国

地址：Jacques MAROTTE83 rue de Lille75007 Paris France

货物名称：high heel shoes

数量：1 000 双

单价：FOB 价 48.9$

装运期：2015.12.31

运输方式：海运

付款方式：T\ T

付款银行：HSBC666666＊＊＊＊＊＊＊＊＊8888

项目五 阿里巴巴国际站货物运输的操作流程

一、常用的运输方式及其基本知识

在国际货物运输中，涉及的运输方式很多，其中包括海洋运输、铁路运输、航空运输、公路运输、内河运输、邮包运输、管道运输、大陆桥运输以及由各种运输方式组合成的国际多式联运等。

（一）海洋运输

在国际货物运输中，运用最广泛的是海洋运输（Ocean Transport）。目前，海运量在国际货物运输总量中占80%以上。海洋运输之所以被如此广泛地采用，是因为它与其他国际货物运输方式相比，主要有下列明显的优点：

（1）通过能力大。海洋运输可以利用四通八达的天然航道，不像火车、汽车那样受轨道和道路的限制，故其通过能力很大。

（2）运量大。海洋运输船舶的运输能力远远大于铁路运输车辆的运输能力。如一艘万吨船舶的载重量一般相当于250—300个车皮的载重量。

（3）运费低。按照规模经济的观点，因为运量大、航程远，分摊于每货运吨的运输成本就少，因此运价相对低廉。

海洋运输虽有上述优点，但也存在不足之处。例如，海洋运输受气候和自然条件的影响较大，航期不易准确，而且风险较大。此外，海洋运输的速度也相对较慢。

（二）铁路运输

在国际货物运输中，铁路运输（Rail Transport）是仅次于海洋运输的主要运输方式，海洋运输的进出口货物，也大多是靠铁路运输进行货物集中和分散的。

铁路运输有许多优点，一般不受气候条件的影响，可保障全年的正常运输，而且运量较大、速度较快，有高度的连续性，运转过程中可能遭遇的风险也较小。办理铁路运输手续比海洋运输简单，而且发货人和收货人可以在就近的始发站（装运站）和目的站办理托运和提货手续。

（三）航空运输

航空运输（Air Transport）是一种现代化的运输方式，与海洋运输、铁路运输相比，具有运输速度快、货运质量高且不受地面条件限制等优点。因此，它最适宜运送急需物资、鲜活商品、精密仪器和贵重物品。

（四）公路、内河和邮包运输

1. 公路运输

公路运输（Road Transport）是一种现代化的运输方式，它不仅可以直接运进或运出对外贸易货物，而且是车站、港口和机场集散进出口货物的重要运输方式。

2. 内河运输

内河运输（Inland Water Transport）是水上运输的重要组成部分，它是连接内陆腹地与沿海地区的纽带，在运输和集散进出口货物中起着重要的作用。

3. 邮包运输

邮包运输（Parcel Post Transport）是一种较简便的运输方式。各国邮政部门之间订有协定和合约，通过这些协定和合约，各国的邮件包裹可以相互传递，从而形成国际邮包运输网。由于国际邮包运输具有国际多式联运和“门到门”运输的性质，加之手续简便、费用也不高，故成为国际贸易中普遍采用的运输方式之一。

（五）集装箱运输和国际多式联运

1. 集装箱运输

集装箱运输（Container Transport）是以集装箱作为运输单位自动化货物运输的一种现代化的先进运输方式，它适用于海洋运输、铁路运输及国际多式联运等。

2. 国际多式联运

国际多式联运是在集装箱运输的基础上产生和发展起来的一种综合性的连贯运输方式，它一般以集装箱为媒介，把海、陆、空各种传统的单一运输方式有机地结合起来，组成一种国际的连贯运输。

（六）国际快递

详见模块一项目五“跨境电商的物流方式简介”。

【技能训练】

选择题：

1. 某客户寄送样品，想要选择一个便宜的快递，比较适合的运输方式是（　　）

A. DHL　　B. UPS　　C. 空运　　D. 邮政小包

2. 中南美洲和欧洲的价格较有竞争力的快递是（　　）

A. DHL　　B. FedEx　　C. UPS　　D. 邮政小包

3. 适合航空运输的货物有（　　）

A. 急需物资　　B. 鲜活商品　　C. 精密仪器　　D. 贵重物品

4. 一般 3—7 个工作日内送达，运费比较便宜，通常找货代都可以拿到至少 5 折折扣的运输方式是（　　）

A. UPS　　B. EMS　　C. 中邮小包　　D. 香港小包

5. 限制重量为2公斤的运输方式是（　　）
A. EMS　　B. 中邮小包　　C. 中邮大包　　D. TNT

二、制作装箱单

货物出口装运都得先包装，装箱单据就成了贸易中不可缺少的文件。下面简单介绍出口装箱单据的格式和要求。

（一）装箱单的概念

装箱单（Packing List，简称PL）是发票的补充单据，它列明了信用证（或合同）中买卖双方约定的有关包装事宜的细节，便于国外买方在货物到达目的港时供海关检查和核对货物，通常可以将其有关内容加列在商业发票上，但是在信用证有明确要求时，必须严格按信用证约定制作。类似的单据还有重量单、规格单、尺码单等。其中重量单用于列明每件货物的毛重、净重；规格单用于列明包装的规格；尺码单用于列明每件货物的尺码和货物的总尺码，或用于列明每批货物的逐件花色搭配。

装箱单名称应按照信用证规定使用。通常用“PACKING LIST”“PACKING SPECIFICATION”或“DETAILED PACKING LIST”。如果来证要求用“中性包装单”（Neutral Packing），则包装单名称应打“PACKING LIST”，但包装单内不打卖方名称，不能签章。

（二）制作装箱单据的要求

在实际业务中，卖方需要根据不同商品的品质和信用证的要求，提供适当的包装单据，做到既能符合信用证的规定，为银行所接受，又能满足客户对商品包装的要求。如果信用证条款只要求提供装箱单，而无任何特殊规定，那么只要提供一般装箱单，将货物的包装情况作一般简要说明即可。如果信用证条款要求提供“详细装箱单”（Detailed Packing List），那么就必须提供详细的装箱内容，如描述每件包装的具体细节，包括商品的货号、色号、尺寸搭配、毛重、净重及尺码等。在货量较大的情况下，缮制详细装箱单和包装说明，需要花费大量时间和劳动力。制单员根据厂方的装箱单要求，有时需要用一整天时间才能打好一套长达数十页的出口装箱单。为了节省时间，提高效率，也可以使用特制的单据格式，中、英文对照，由厂方直接填制，经过单证员的审核后，即作为出口单据，交银行结汇。

（三）出口装箱单据的格式

（1）单据名称（Packing List）：在中文“装箱单”上方的空白处填写出单人的中文名称和地址，“装箱单”下方的英文可根据要求自行变换。

（2）出口公司（Issuer）：出口公司的名称与地址。在信用证支付方式下，此栏应与信用证受益人的名称和地址一致。

（3）进口公司（To）：进口方的名称与地址。多数情况下填写进口商的名称和地址，并与信用证开证申请人的名称和地址保持一致。在某些情况下也可不填，或填写“To whom it may concern”（致有关人）。

（4）发票号（Invoice No.）：填发票编号。

（5）日期（Date）：“装箱单”缮制日期。应与发票日期一致，不能迟于信用证的有效期及提单日期。

（6）运输标志（Marks and Numbers）：又称唛头，是出口货物包装上的装运标记和号码。要符合信用证的要求，与发票、提单一致。

（7）包装种类和件数、货物描述（Number and kind of packages, description of goods）：填写货物及包装的详细资料，包括货物名称、规格、数量和包装说明等内容。

（8）填写货物的毛重、净重：若信用证要求列出单件毛重、净重和皮重，应照办。按货物的实际体积填列，均应符合信用证的规定。

（9）自由处理区：位于单据格式下方，用于表达格式中其他栏目不能或不便表达的内容。

（10）出口公司落款等。

【小贴士】

（1）装箱单一般不显示收货人、价格和装运情况，对货物内容的描述一般可用统称。

（2）装箱单据着重表现货物的包装情况，内容包括：从最小包装到最大包装所有使用的包装材料、包装方式。对于重量和尺码内容，在装箱单中一般只体现它们的累计总额。

（3）包装条款一般还包括包装材料、包装方式及包装规格等。有的信用证规定“SEAWORTHY PACKING”（适于海运包装）、“PACKING SUITABLE FOR LONG DISTANT”（适于长途运输包装）或“STRONG WOODEN CASE PACKING”（坚固木箱装运）等。信用证中的这些表达方法，都应在发票及装箱单中照抄。

（4）重量单是在装箱单的基础上，详细表示货物的毛重、净重、皮重等。

（5）尺码单则需用“M^3”表示货物的体积，其他内容基本与重量单相同。

（6）装箱单、重量单或尺码单等可以出现特殊条款，但要根据信用证或合同的要求填写。如来证只要求装箱单中标明信用证号码、合同号码或特殊包装文字说明，那么就要按照信用证或合同的要求填写。

【知识链接】

制作装箱单据的注意事项

（1）单据名称必须完全符合信用证的规定，因为包装单据的内容既包括包装的商品内容，也包括包装的种类和件数、每件毛重和净重的总重量、总尺码（体积），所以无论信用证要求的包装单据是什么名称，都必须按其规定照打。

（2）信用证的特殊规定，必须在单据中充分体现出来。如信用证规定：每件装一袋、每打装一盒、每20打装一箱，则必须注明：

PACKING：

EACH PIECE IN A BAG，

EACH DOZEN IN A CARDBOARD BOX，

THEN 20 DOZENS IN A CARTON.

装箱单据一般不应显示货物的单价、总价，因为进口商在转移这些单据给实际买方时大多不愿泄露其购买的实际成本。装箱单除了用于与物流方面确认细节之外，同时也是为了让客户更加明确货物的情况。

MerloGaGa

Guangzhou Fashion Trade Co. Ltd

Add: Fl4, Tianqiu Business Center, Heyi St, Sanyuanli Ave, Baiyun District, China

Tel: +86 020 6684 6858 Phone: +86 013424751755 Contact: Miss Sophia

Web: www.aiselin.en.alibaba.com Email: sophia@merlogaga.com

PACKING LIST

Name: Buqisi-Ruux Date: NOV 10TH, 2015

Add: INV NO.: M20150914-S3

CARTON NO.	PRODUCT	QTY		CARTON SIZE	N.W.(KGS)		G.W.(KGS)		SHIPPING MARKS
CTN-1	WOMEN HIGH HEEL (RED)	20	PARIS	83*52*31CM	30.00	KGS	31.00	KGS	STYLE NO.: COLOUR: SIZE: QTY: G.W.: N.W.: MEAS:
CTN-2	WOMEN HIGH HEEL (BLUE+RED)	20	PARIS	83*52*31CM	30.00	KGS	31.00	KGS	
CTN-3	WOMEN HIGH HEEL (BLUE+SAMPLE)	18	PAIRS	83*52*31CM	30.00	KGS	31.00	KGS	
TOTAL: 3 CTNS		58	PAIRS		90.00	KGS	93.00	KGS	

THE BUYER ____________________ THE SELLER ____________________

图3－40 装箱单

项目六　客户开发与维系

一、站内客户开发工具

（一）开发信的书写

以下详细讲述书写开发信的五个要点：

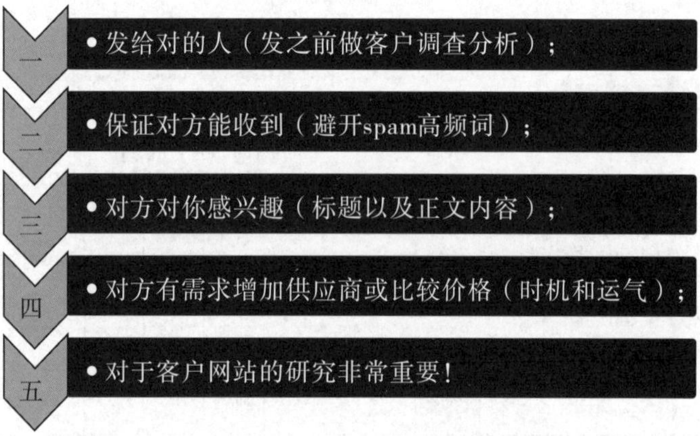

图 3－41　书写开发信的五个要点

（1）发给对的人。正确的客户背景调查能够节省很多不必要的时间。可将客户的邮件、电话、公司名称放到 Google 里面进行搜索，查看客户最近注册过的网站以及相关信息，看是否匹配，如图 3－42 所示。

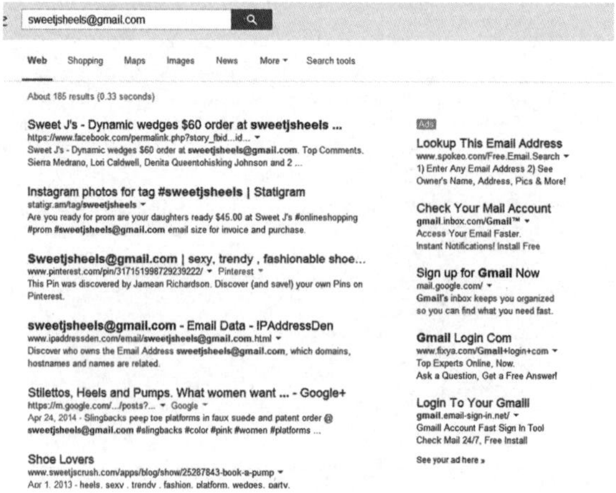

图 3－42　搜索客户信息

（2）保证对方能收到。可用 www. verify-email. org 检测客户邮箱是否有效邮箱，如图 3－43所示。

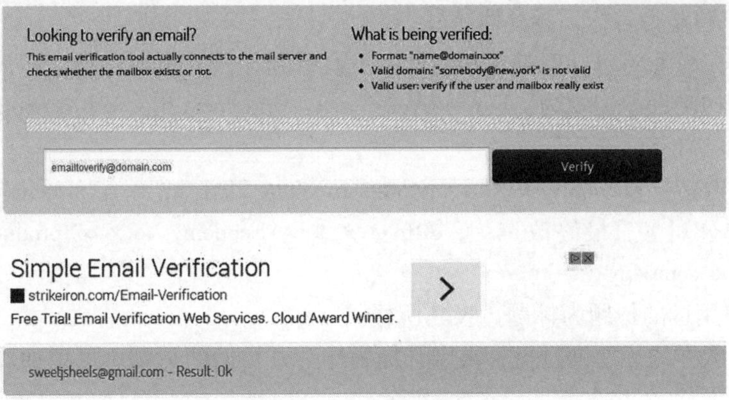

图 3－43 检测客户邮箱

也可利用 spam 词查询，可登录 http：//www. bloomtools. com/articles/spam-trigger-words-to-avoid. html，避开高频词能够避免邮件进入客户的垃圾邮箱，如图 3－44 所示。

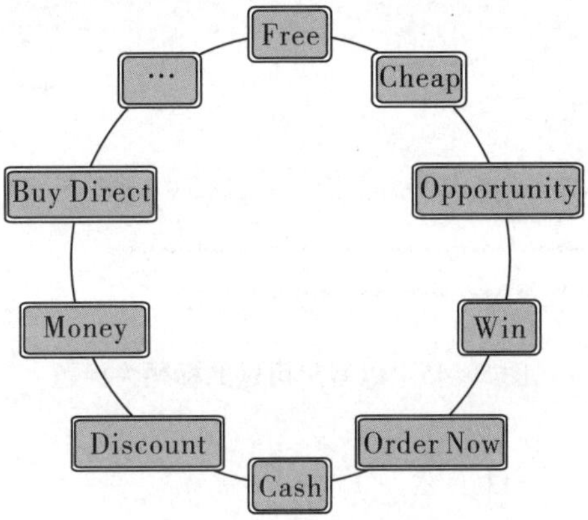

图 3－44 spam 词查询

（3）对方对你感兴趣。

①标题。

a. 在客户网站上找素材。

对口的客户不能轻易放过，不抛弃，不放弃。应看其网站上是否有公司的明显标语、核心价值（Core Value）、总裁致辞等，然后借用其内容，放在标题里，吸引对方的注意。例如，找到一个客户，经过初步调查分析，客户是真实的买方。邮件标题：Attn：×××-Professional Manufacturer-Safety vests。发后等了两天都没有回复，重新把标题改为：Attn：Purchasing-Manufacturer/Safety vests，发送后还是没有回复。这时在客户网站上看到一行大字：Secure Your Daily Work，于是把标题栏换成：Secure Your Daily Work，can we involved？结果不久，就得到了对方采购的回复！

从客户网站上找素材时可重点关注 ABOUT US、SLOGAN、CATALOG、CORE VALUE 之类的信息。

b. 以客户利益为目标，越具体越好。

比如，客户行业对口，但是在其网站上没有看到你做的这类产品，不知道对方是否做这类产品，则初步设定标题为：Expand your ××× products line with economy items-××× company。

接着进行改造：Economy ××× products-Revenue 20% up-××× company。

加上对方公司名，最终改造为：Attn：×××-Economy ××× products get Revenue 20% up-××× company。

c. 以客户用过的标题为标题，投其所好。

客户以什么样的标题询过盘，再以其标题作为开发信的标题，可增加成功概率，如图 3－45 所示。

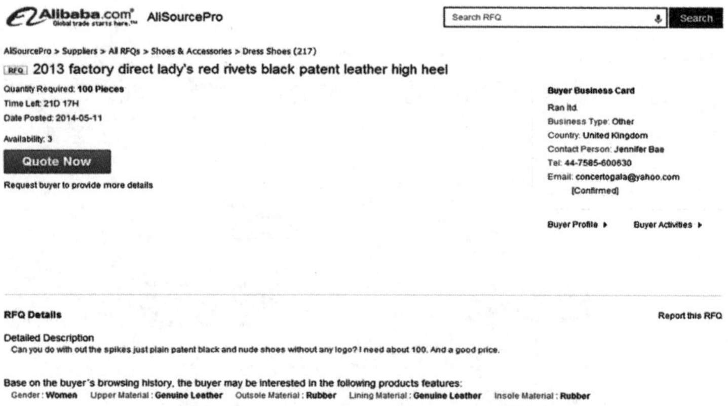

图 3－45　以客户用过的标题为标题

d. 以主打产品为标题，一目了然。

如：Attn：purchasing-××× products \ ×××-××× company。

e. 以市场信息为标题。

如：Attn：××× company：××× material rise in April。

f. 直接表明意图。

如：Attn：How could we be your possible vender? -×××。

g. 品牌客户效应＋新消息。

如：Attn：Exciting update from ×××-××× (brand) Supplier。

②内容。

开发信的内容要严谨，不需要太长，但要字字斟酌，如图 3－46 所示。

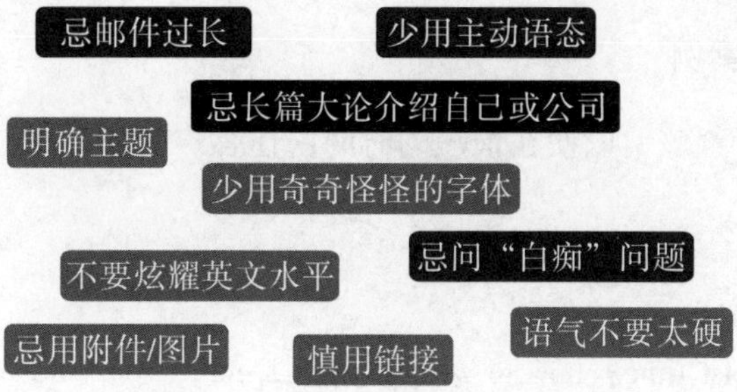

图3－46　开发信的内容要求

（4）对方有需求增加供应商或比较价格。

一般来说，客户查看一封邮件的时间是7秒，在这7秒里，只有标题关键词吸引到了客户，客户才有可能点开邮件查看，如果标题没有成功吸引到客户，那么这封开发信就失败了。

（5）对于客户网站的研究非常重要。

可登录 http：//whois. chinaz. com 查看客户的注册时间，如图3－47所示。

图3－47　查看客户的注册时间

也可登录 http：//web. archive. org 查看客户在哪个时期比较活跃，如图3－48所示。

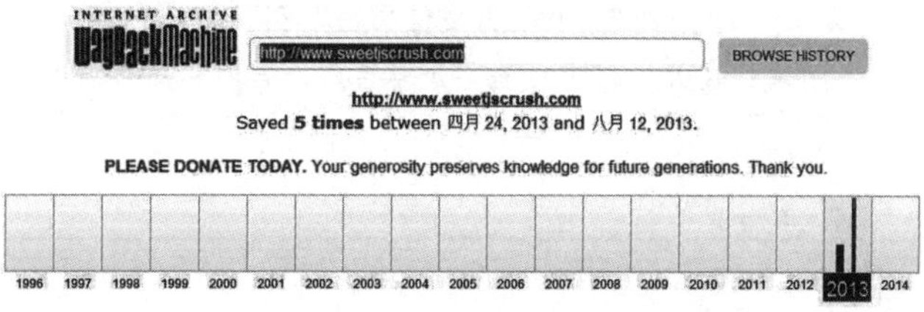

图3－48　查看客户的活跃时期

(二)开发信书写案例

开发信一定要言简意赅,以便在最短的时间内让客户明确意图。如一个外贸员的客户的建议:

Dear C,

As you mentioned last time, how to write a right E-mail, pls find my reply as follows:

1) short

2) short

3) short again

4) delete all extra words

5) make everything clear

6) that's ok, order comes, ah ~

Have a nice day!

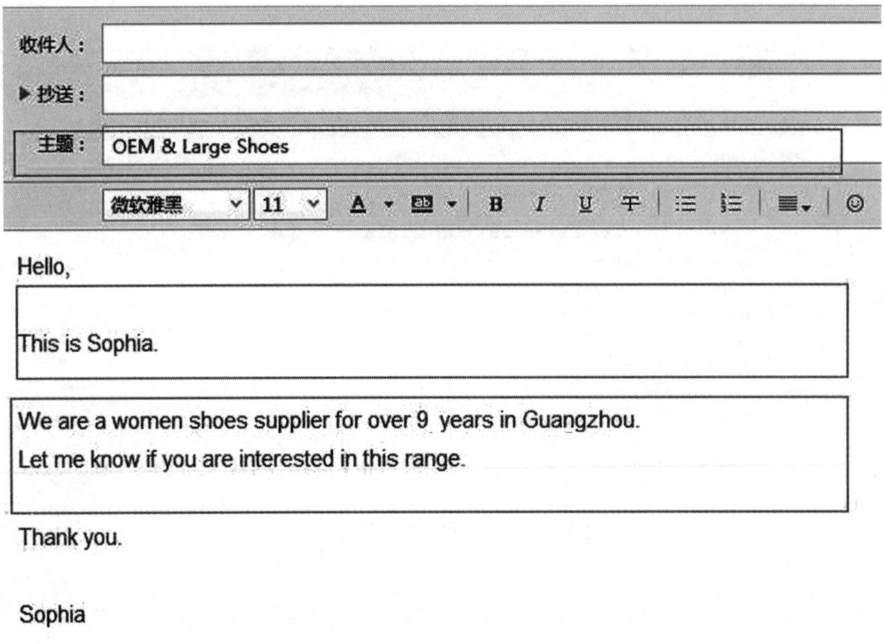

图 3-49 开发信书写案例(1)

注:在开发信中可简单介绍自己,告诉客户意图。

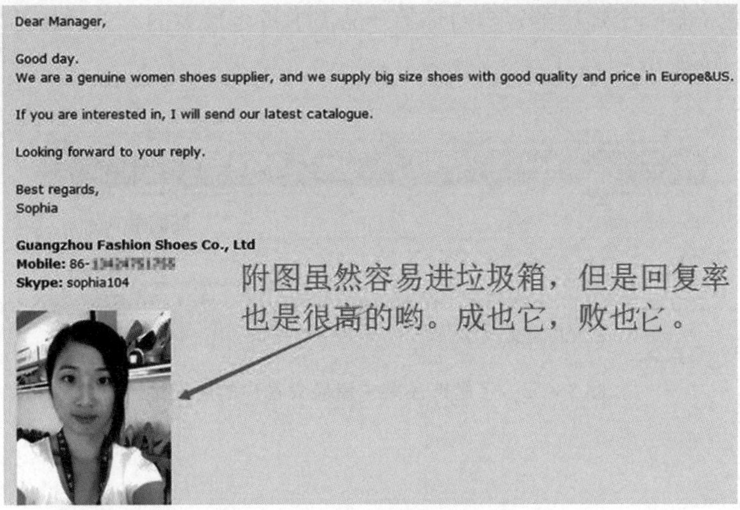
Dear Manager,

Good day.
We are a genuine women shoes supplier, and we supply big size shoes with good quality and price in Europe&US.

If you are interested in, I will send our latest catalogue.

Looking forward to your reply.

Best regards,
Sophia

Guangzhou Fashion Shoes Co., Ltd
Mobile: 86-[redacted]
Skype: sophia104

附图虽然容易进垃圾箱，但是回复率也是很高的哟。成也它，败也它。

图 3－50　开发信书写案例（2）

注：可多使用各种方式的开发信，取回复率最高的为准，但在客户开发的过程中应注意修改完善。

二、站内开发技巧

（一）阿里巴巴国际站平台开发

打开 www. alibaba. com，在搜索栏里输入自己所属产品的关键词，如图 3－51 所示，点击“Suppliers”就会出现相应产品的供应商，在“Location”处选取一个国家，查看该国在阿里巴巴国际站平台上有多少供应商，若在阿里巴巴国际站平台上有店铺的，至少说明其对国际贸易比较熟悉。然后一个一个地点进去看，进入他们的店铺，首先看一下款式是否与我们的产品类似，查看价格水平，如果发现产品差不多，价格比较高，那很可能有机会成为他们的供应商。首先从“Company Profile”下手，从这里可以得到很多有用的信息，如果有合作的可能，点击“Contact Supplier”，直接在这里给他们发一封询盘，也就是开发信，部分客户会在平台显示官网，点击官网，查看更多的公司信息，找出邮箱，发送开发信。

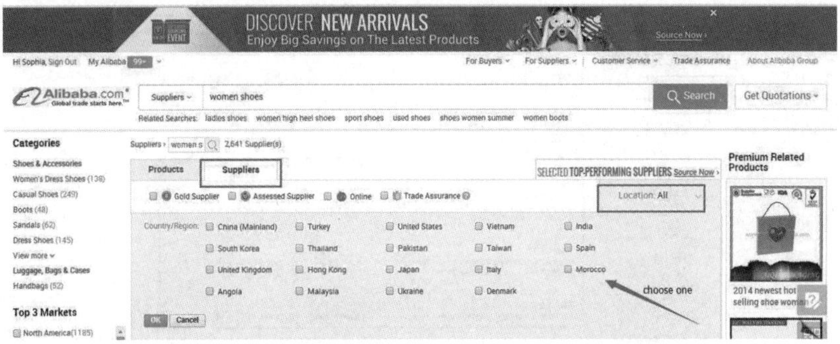

图 3－51　选择供应商所在地可更精准地找到客户

在开发前先了解哪个地区的客户对你的产品需求量是最大的，然后将开发重点放在该地区，如图 3－52 所示。

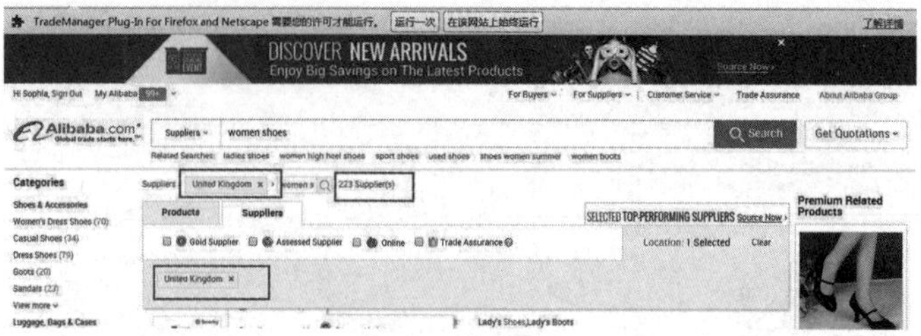

图 3－52　了解产品需求量最大客户的所在地

（二）RFQ

RFQ（Request for Quotation），意思是商家与买方自己洽谈，在阿里巴巴国际站平台中表示采购直达，在采购直达中会有需要产品的买方发布自己的需求，通过系统匹配卖方，卖方可抓住时机为买方进行报价，如报价已满，买方信息将不会完整呈现，这就要求我们在做 RFQ 时能够及时给予买方信息反馈，获取主动权。

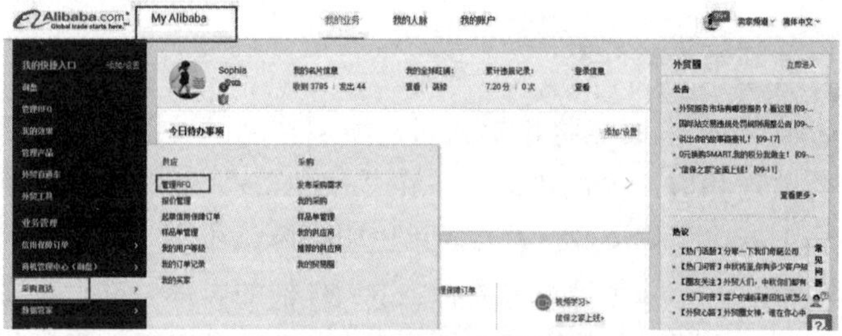

图 3－53　在阿里巴巴国际站的后台找到 RFQ

根据客户对产品的需求进行报价，可先将客户信息收回，再以开发信的形式进行客户开发。

图 3－54　根据客户的需求进行报价

三、站外开发技巧

（一）各大搜索网站

图 3－55　不同的网站可以针对不同国家及地区进行客户收集

（二）Facebook

在各种社交软件上也会存在很多信息匹配的卖方，与这些卖方联系甚至比起你在其他网站上找的会更容易洽谈。如利用 Facebook 进行搜索等。

图 3－56　利用 Facebook 搜索卖方

（三）Google +

进入 Google + 页面，输入关键词后，就会出现很多的 post，可以在 post 下发表评论，这些 post 主要是为了打广告，所以 post 的东西一般会附有链接，点击链接进入网站，找到邮箱即可发送开发信。

图 3 – 57　在搜索框中输入关键词

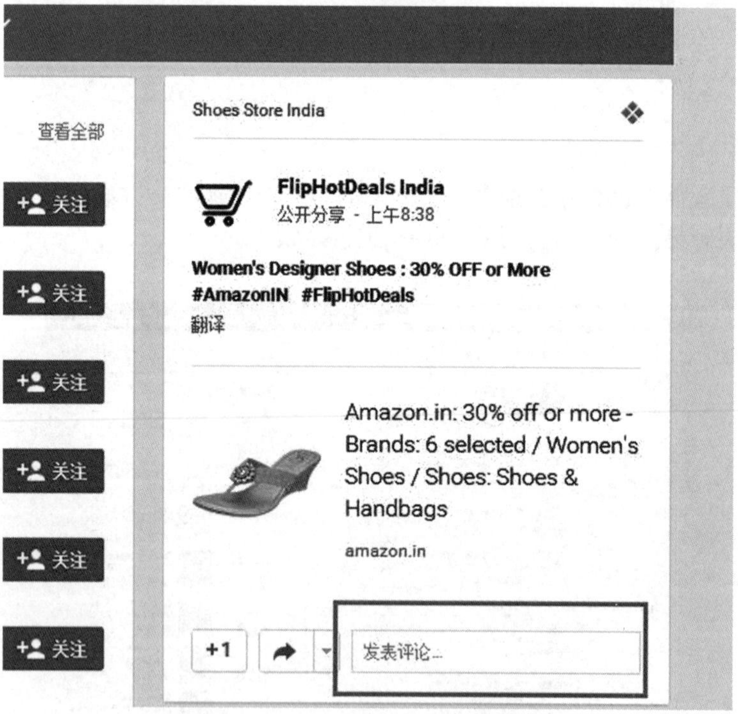

图 3 – 58　可以在 post 下发表评论

图 3－59 利用 post 找邮箱

【小贴士】

与产品匹配者，可以点击他们的名字，直接进入他们的 Google +，在个人简介里可能会有他们的详细联系方式，加他们为 Google + 好友或关注他们。以“women shoes”为例，也可以直接搜索“women shoes E-mail”，这样 E-mail 地址就可以直接被找出来。如图 3－60 所示，E-mail、name、Skype、Ins 都可以找到，这样更有利于对客户的进一步开发。

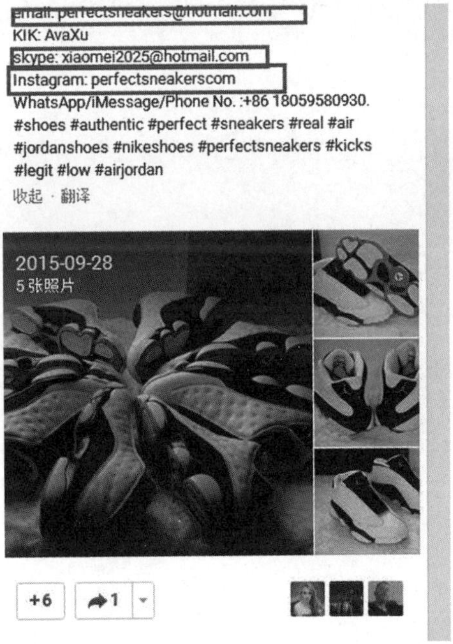

图 3－60 加 Google + 好友，搜索 E-mail 地址等

关于客户开发的方式还有很多，作为一名外贸业务员，只要专注于客户和产品，就会有动力驱使自己去发现更多更快的客户开发方法。

【技能训练】

（1）请写出至少5个开发客户的方法并作分析，根据不同的方法写出开发流程。

（2）写一封开发信：

背景：AME，广州最大的服装加工厂，可做OEM \ ODM，物美价廉，每年参加春秋两季广交会，年交易额达到400万美元；拥有多国时尚品牌客户，月生产量达到5万件。

模块四　阿里巴巴速卖通运营

【知识目标】

熟悉阿里巴巴速卖通运营过程中店铺注册的方法、店铺定位及选品、内页模板制作、关键词站内外挖掘和利用、标题设置和优化、普通产品优质发布流程、店铺装修和设计思路等方面的知识，并学会店铺运营的方法和技巧。

【技能目标】

学会阿里巴巴速卖通账号的注册流程，熟悉店铺定位及选品的操作方法，能根据产品信息挖掘关键词，制作产品标题、详情页，并编辑发布产品。

项目一　认知速卖通平台

一、认识速卖通

速卖通（Ali Express）是阿里巴巴帮助中小企业接触终端批发零售商，小批量多批次快速销售拓展利润空间而全力打造的，融订单、支付、物流于一体的外贸在线交易平台，被广大卖家称为国际版“淘宝”。全球速卖通覆盖 3C、服装、家居、饰品等共 30 个一级行业类目，其中优势行业主要有：服装服饰、手机通信、鞋包、美容健康、珠宝手表、消费电子、电脑网络、家居、汽车摩托车配件、灯具等。速卖通在俄罗斯、巴西、西班牙、法国、乌克兰、智利等国家是非常重要的购物网站。

传统外贸业务环节出现多个中间商和代销商时，商品成本会逐渐增多，而速卖通由中小企业直接接触终端批发零售商，缓解了这种局面，为广大的销售商带来更多利润的可能性。情况如图 4－1 所示。

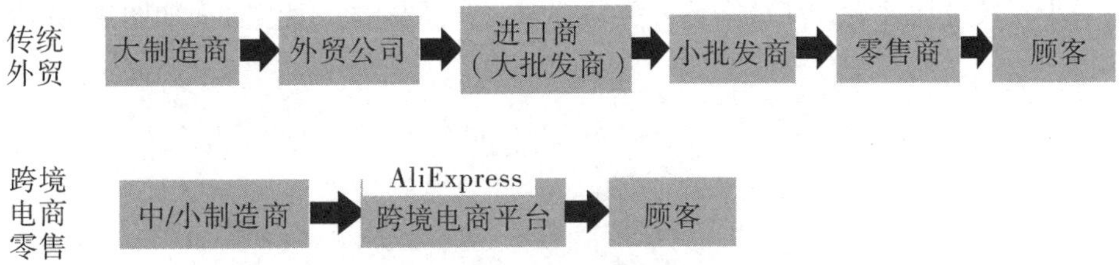

图 4－1　速卖通的核心优势

二、了解速卖通的发展趋势

阿里巴巴全球速卖通创立于 2010 年，是为全球消费者设立的跨境电商零售平台。目前，速卖通已经开通 18 个语种的站点，覆盖全球 220 多个国家和地区，海外买家数累计突破 1.5 亿，25 ~ 34 岁的人群是消费主力。在全球 100 多个国家的购物类 App 下载量中排名第一。其发展趋势如图 4 – 2 所示。

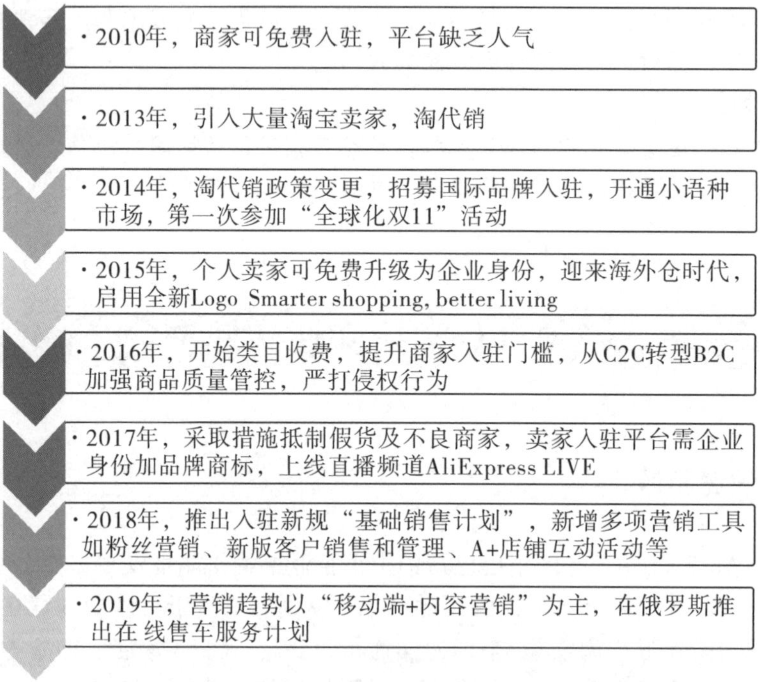

图 4 – 2　速卖通的发展趋势

三、熟知买家的采购流程

买家购物的流程：挑选—沟通—下单—付款—收货—评价。

第一步，关键词搜索，高级筛选，类目搜索，产品收藏。搜索页面如图 4 – 3 所示。

图 4－3　买家的采购流程——搜索页面

第二步，买家找到合适的产品并下单。下单页面如图 4－4 所示。

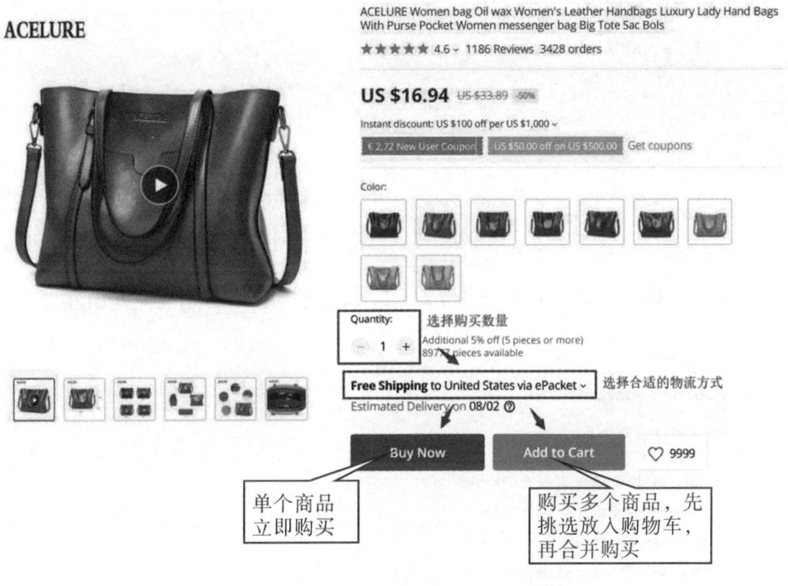

图 4－4　买家的采购流程——下单页面

第三步，买家选择合适的付款方式进行付款。付款页面如图 4－5 所示。

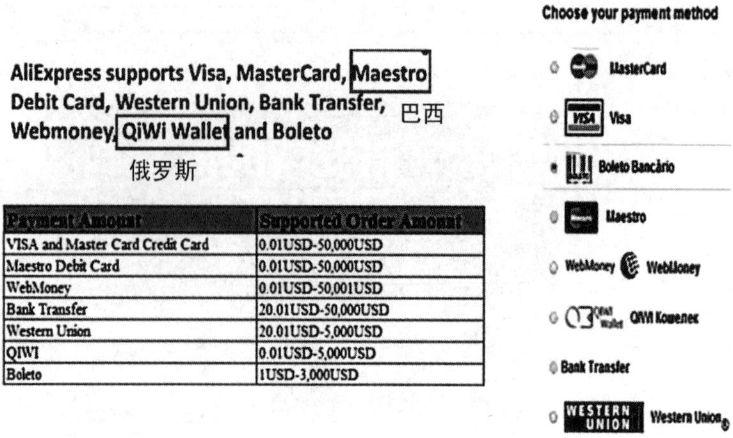

图4-5　买家的采购流程——付款页面

第四步，买家确认收货。确认收货页面如图4-6所示。

图4-6　买家的采购流程——确认收货

第五步，买家根据订单情况进行评价。买家评价页面如图4-7所示。

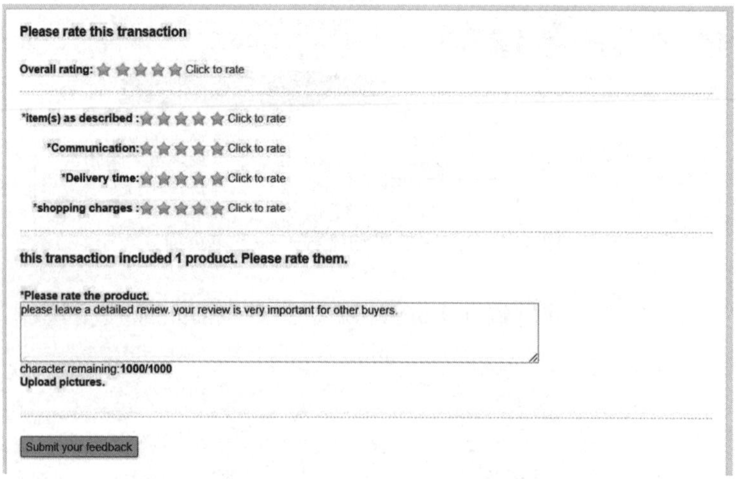

图4-7　买家的采购流程——买家评价页面

四、学会速卖通店铺开店流程

（一）全球速卖通开店流程 Step1：申请账号

第一步，进入全球速卖通卖家频道，点击右上角“注册”按钮进行注册，如图4－8所示。

图4－8　店铺注册流程——点击注册

第二步，设置用户名，输入电子邮箱（邮箱账号最好是没有注册过淘宝、天猫、1688和支付宝的），拖动滑块验证，勾选下方选项并点击下一步，如图4－9所示。

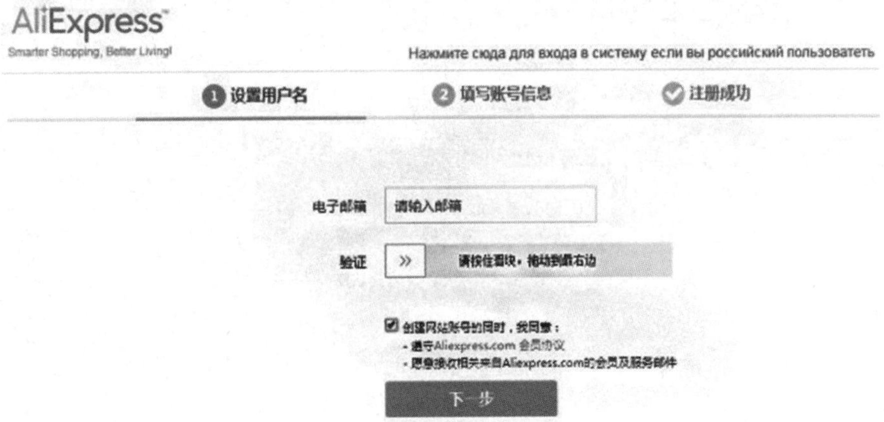

图4－9　店铺注册流程——输入电子邮箱

第三步，邮箱验证，点击“完成注册”按钮，如图4－10所示。

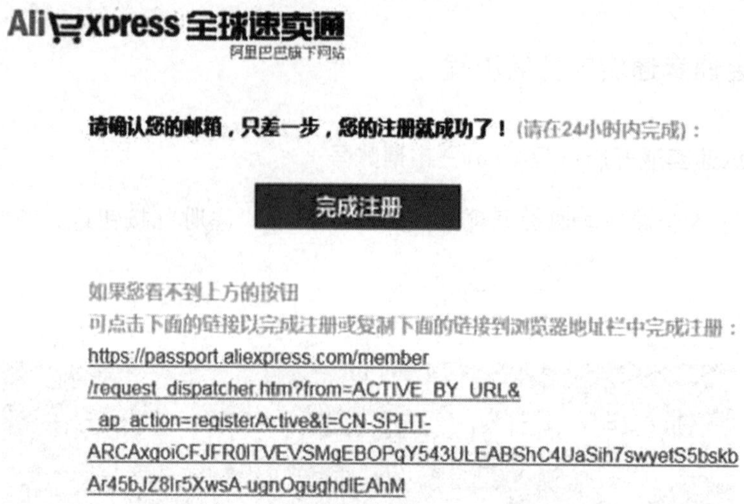

图 4－10　店铺注册流程——邮箱验证

第四步，设置登录密码，输入基本信息，有经验的可以勾选对应的经验选项，如图 4－11所示。（勾选后手机会收到一条验证码信息，输入验证码信息会进入全球速卖通页面。注册用到的电子邮箱和密码一定要记住，因为这个邮箱就相当于你的账户。）

图 4－11　店铺注册流程——设置登录密码、输入基本信息

第五步，企业认证。企业认证要求注册企业支付宝，注册企业支付宝需要有企业营业执照、法人身份，而对公账户则可以不需要。注册过企业支付宝的可以继续进行企业认证，也就是登录已注册的企业支付宝就可以了。

（二）全球速卖通开店流程 Step2：提交入驻资料

第一步，产品清单。进入招商准入系统后，点击“我要入驻”按钮，选择想要的经营大类，下载产品清单后填写完整并上传，等待系统审核通过。

第二步，类目资质。在招商准入系统里提交经营类目和店铺类型等相关类目材料，继续等待平台审核通过，不同行业的材料需求有所不同，可以在全球速卖通官网进行查询，如图 4－12 所示。

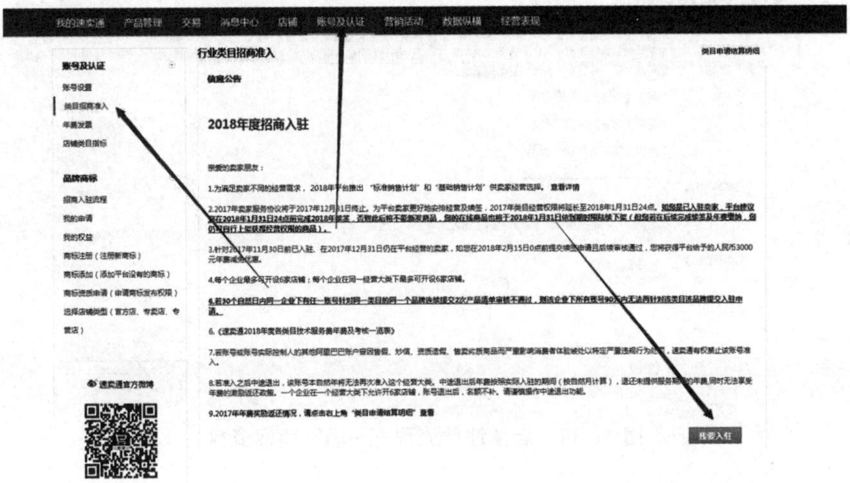

图 4－12　店铺注册流程——类目资质申请

第三步，商标资质。在招商准入系统里申请商标资质，并等待平台的审核结果。如果在商标资质申请页面查询不到，需要在系统内添加商标，如图 4－13 所示。

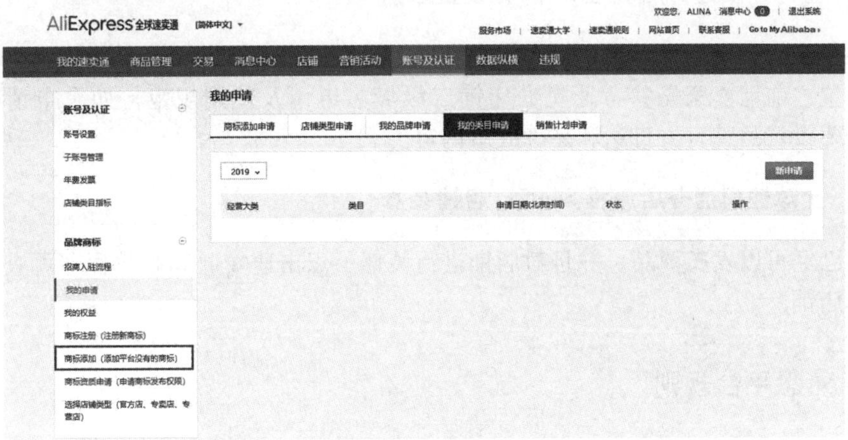

图 4－13　店铺注册流程——添加商标

第四步，填写商标资料。在招商准入系统里填写商标资料，如图 4－14 所示。

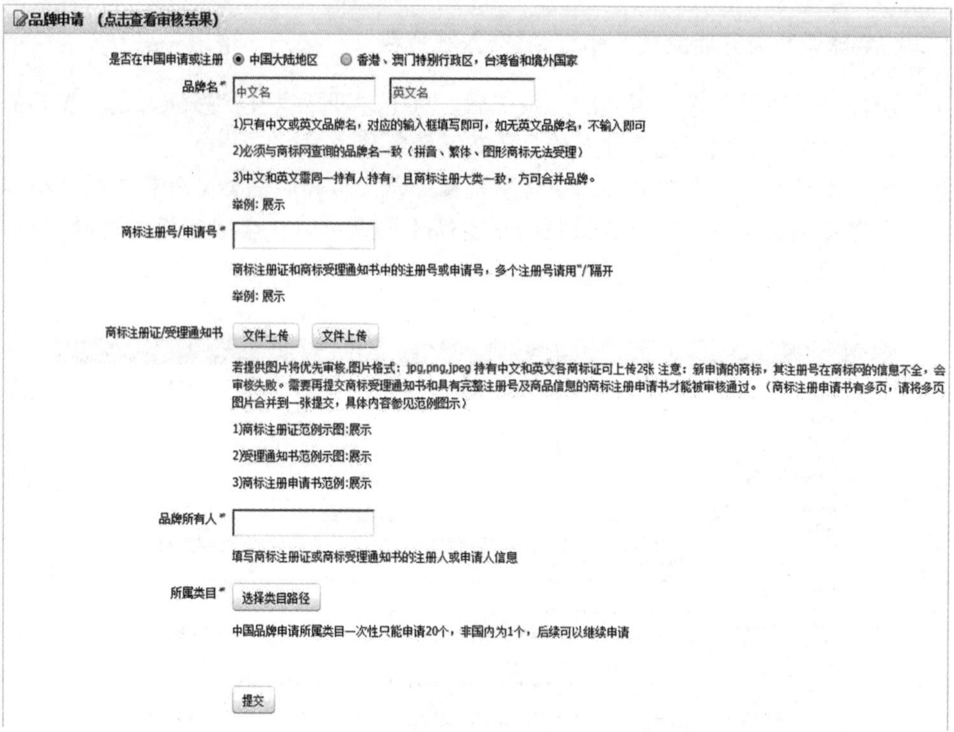

图 4－14　店铺注册流程——填写商标资料

（三）全球速卖通开店流程 Step3：缴纳年费

全球速卖通开店如今需要缴纳 1 万元甚至更高的年费，年费根据类目的不同而不一样。详见 https：//sell. aliexpress. com/zh/_ _ pc/mivKVp2cfQ. htm。

（四）全球速卖通开店流程 Step4：设置店铺

在付费之后，卖家可以进入卖家后台—店铺—店铺资产管理页面设置店铺名称和二级域名，设置之前请卖家先参考速卖通店铺二级域名申请及使用规范，如果申请的是官方店，还需要设置品牌官方直达和品牌故事内容。

（五）全球速卖通开店流程 Step5：店铺装修

此时已经可以发布商品，并且对店铺进行装修，点击速卖通装修教程即可查看如何装修速卖通店铺。

五、熟悉平台规则

熟悉平台规则是顺利运营速卖通店铺的基本保证，只有在熟悉规则的情况下，才能不断规避风险，优化运营效果。基本情况如图 4－15 所示。

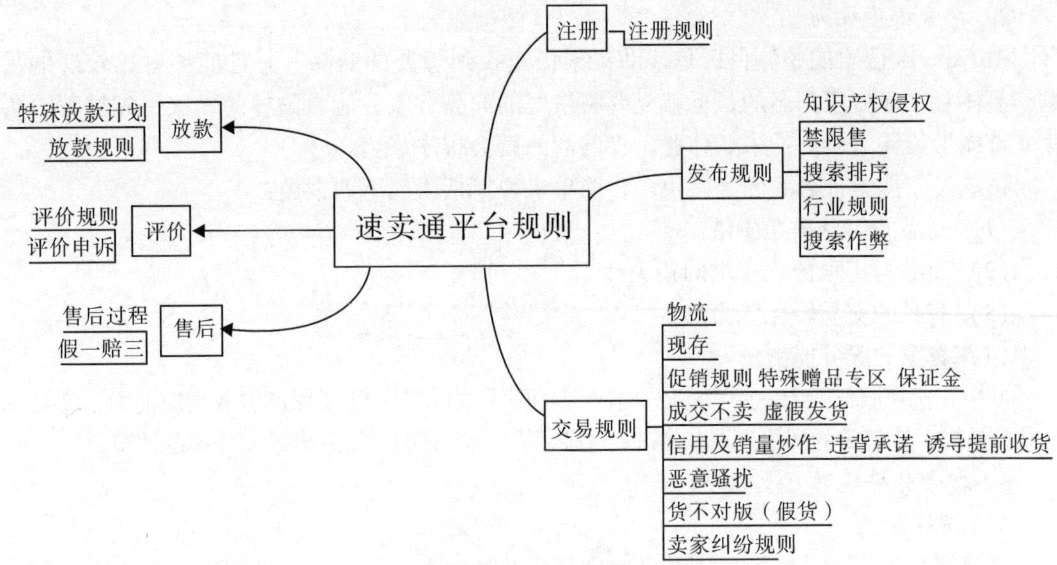

图 4－15 速卖通平台规则

(一) 发布类规则

1. 禁限售规则

禁止销售商品一般包括枪支弹药，毒品，易燃易爆的危险品、药品、医疗器械，色情暴力低俗及催情用品等，违规的店铺会受到严重扣分，甚至关闭账户。

处罚依据	行为类型	违规行为情节/频次	其他处罚
《禁限售规则》	发布禁限售商品	严重违规：48分/次（关闭账户） 一般违规：0.5～6分/次（1天内累计不超过12分）	（1）退回/删除违规信息 （2）若核查到订单中涉及禁限售商品，速卖通将关闭订单，如买家已付款，无论物流状况均全额退款给买家，卖家承担全部责任。

积分类型	扣分节点	处罚
知识产权禁限售违规	2分	严重警告
	6分	限制商品操作3天
	12分	冻结账号7天
	24分	冻结账号14天
	36分	冻结账号30天
	48分	关闭

图 4－16 禁限售违规处理

2. 搜索排序规则

AliExpress 搜索的整体目标是帮助买家快速找到想要的商品，并且能够有比较好的采购交易体验，而搜索排名的目标就是要将最好的商品、服务能力最好的卖家优先推荐给买家，谁能带给买家最好的采购体验，谁的商品就会排序靠前。

影响卖家搜索排名的因素有很多，简单来说概括为以下四大类：

（1）商品的信息描述质量。

（2）商品与买家搜索需求的相关性。

（3）商品的交易转化能力。

（4）卖家的服务能力。

其中，卖家服务能力主要考察以下几个方面服务的表现：①卖家的服务响应能力；②订单的执行情况；③订单的纠纷、退款情况；④卖家的 DSR 评分情况；⑤搜索作弊的情况。

3. 搜索作弊规则

（1）类目错放。

类目错放是指商品实际类别与发布商品所选择的类目不一致，导致买家无法搜索到卖家的产品。

类目查找技巧：可在线上通过商品关键词查看此类商品的展示类目作为参考；或根据发布的商品逐层查看系统推荐类目层级；或参考使用商品关键词搜索推荐类目，从而选择最准确的类目。

案例展示：

手机壳错放到化妆包“Cosmetic Bags & Cases”中，如图 4－17 所示：正确的类目应该为：电话和通信（Phones & Telecommunications）>手机配件和零件（Mobile Phone Accessories & Parts）>手机包/手机壳（Mobile Phone Bags & Cases）。

图 4－17 类目错放

（2）属性错选。

属性错选是指发布商品时，类目正确，但选择的属性与商品的实际属性不一致，造成错误曝光，影响该产品的成交转化。此时要明确所售商品物理属性和营销属性，也可在线上通过商品关键词查看此类商品的展示属性，避免出现遗漏或者多选属性的情况。

案例展示：

从图4－18可以明显看出，该商品为“short sleeve”，但是在商品发布时卖家选择了属性“Sleeve Length”的“Full”属性值，即在前台导航时，当用户选择了“Full”，则被展示出来，属于错误曝光的一种，影响了这件商品的成交转化。如图4－18所示。

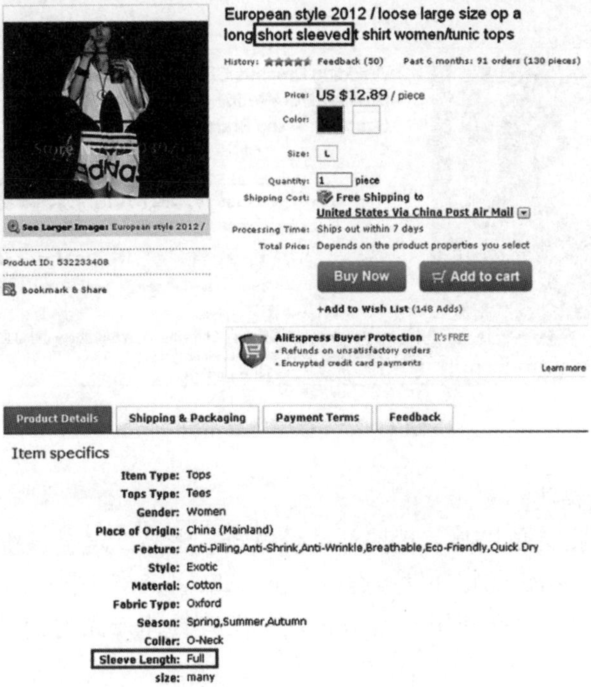

图4－18 属性错选

（3）标题滥用和堆砌。

标题滥用和堆砌是指在商品标题中出现与实际销售商品不符的商品词或出现同一关键词使用多次的行为。出现的情况可能是：商品的描述使用相同或者相近的关键词多个；标题中出现与发布商品属性不符的关键词。

案例展示：关键词“wig”重复使用多次，如图4－19所示。

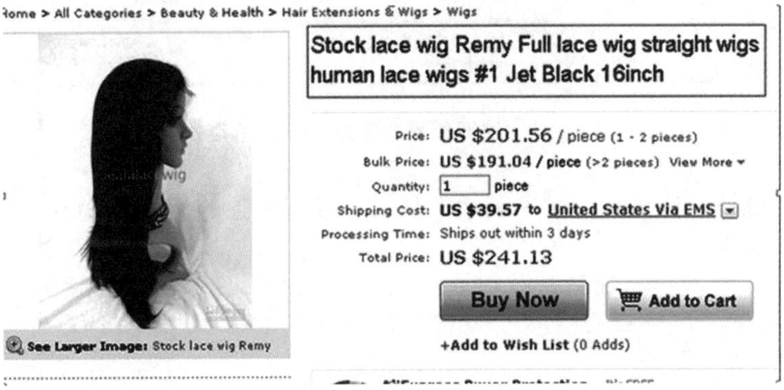

图4－19 标题堆砌

（4）标题类目不符。

标题类目不符是指在商品类目或者标题中部分关键词与实际销售产品不相符。

案例展示：

标题中出现与实际销售产品不符的关键词。实际商品属性词应该是“Wedding Dress”，但是标题中却出现了“Flower Girl Dress”，如图4－20所示。

图4－20　标题类目不符

（5）黑五类商品错放。

黑五类商品错放指订单链接、运费补差价链接、赠品、定金、新品预告五类特殊商品，没有按规定放置到指定的特殊发布类目“special category”中。

案例1：订单链接。卖家利用产品信息发布没有具体产品的商品链接，如图4－21所示。

图4－21　黑五类商品错放——订单链接

案例2：运费补差价链接。卖家利用产品信息发布单独的运费链接，如图4－22所示。

图 4－22　黑五类商品错放——运费补差价链接

案例 3：赠品。赠品内容不能直接当成单独的产品发布，如图 4－23 所示。

图 4－23　黑五类商品错放——赠品

案例 4：定金。定金产品内容不能直接当成单独的产品发布，如图 4－24 所示。

图 4－24　黑五类商品错放——定金

案例 5：新品预告。预告产品内容是可直接进行交易的产品链接，如图 4－25 所示。

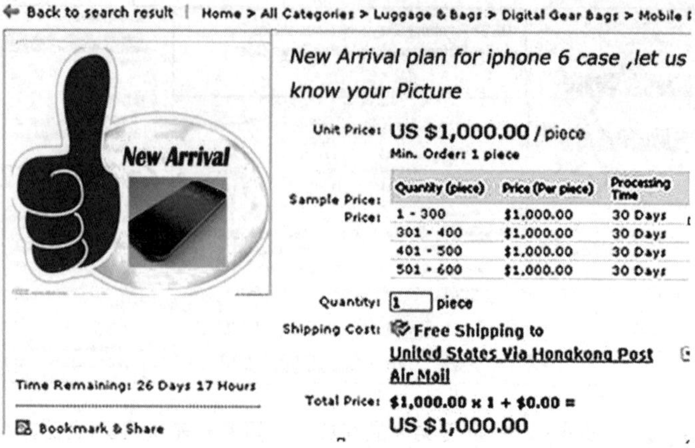

图 4－25　黑五类商品错放——新品预告

（6）重复铺货。

重复铺货的情况有：①商品主图完全相同，且标题、属性雷同；②商品主图不同（如同件商品的不同角度拍摄等），但标题、属性、价格高度雷同。

重复铺货特殊情况说明：当商品主图、标题、属性均雷同，但若有合理的展示需求时，不视为重复信息，如同个商品设置不同的打包方式。发布商品数量不能超过三个，多余的商品将被视为重复铺货处理。

（7）描述不符。

描述不符指标题、图片、属性、详细描述等信息之间明显不符，信息涉嫌欺诈。

（8）计量单位作弊。

计量单位作弊指发布商品时，将计量单位设置成与商品常规销售方式明显不符的单位；或将标题、描述里的包装物亦作销售数量计算，并将产品价格平摊到包装物上，误导买家的行为。

（9）价格作弊。

价格作弊是指以商品超低价或超高价发布产品，其目的是在默认和价格排序时，吸引买家注意，骗取曝光。

商品超低价指卖家以较大偏离正常销售价格的低价发布商品；商品超高价指卖家以较大偏离正常销售价格的高价发布商品。

（10）运费作弊。

运费作弊指卖家以超低或不合理的价格发布商品，吸引买家注意的同时，相应调高运费价格补给成本；或在标题及运费模板等处设置的运费低于实际收取的运费的行为。

（11）SKU 作弊。

SKU（Stock Keeping Unit，中文含义是“库存量单位”）作弊指卖家以刻意规避商品 SKU 设置规则，滥用商品属性（如套餐、配件等）设置过低或者不真实的价格，使商品排序靠前（如价格排序）的行为，或者在同一个商品的属性选择区放置不同商品的行为。

（12）更换商品。

更换商品是指通过对原有商品的标题、价格、图片、类目、详情等信息的修改，发布其他商品（含产品的更新换代，新产品应选择重新发布），对买家的购买造成误导；但如修改只涉及对原有产品信息的补充、更正，而不涉及产品更换，则不视为“更换商品”的行为。

（13）信用及销量炒作。

信用及销量炒作是指通过非正常交易手段提高商品销量及信用的行为，借此以获得更高的曝光，对正常经营的卖家造成不正当竞争，同时也对海外买家选购产生误导，严重扰乱市场秩序。平台对于此类行为是零容忍的，情节严重的直接关闭账号。

（14）搜索作弊的违规处罚方式，如表4－1所示。

表4－1 搜索作弊违规处罚

违规行为类型	处罚方式
类目错放 属性错选 标题堆砌 标题类目不符 黑五类商品错放 重复铺货 描述不符 计量单位作弊 商品超低价 商品超高价 运费作弊 SKU作弊 更换商品 信用及销量炒作	（1）违规商品给予搜索排名靠后或下架删除的处罚。 （2）系统核查到搜索作弊商品将在产品管理—商品诊断中展示，请卖家关注并整改。同时在商品诊断统计中展示的6类违规行为（类目错放、属性错选、重复铺货、描述不符、标题类目不符、标题堆砌）纳入商品信息质量违规积分体系，根据违规商品数系统自动进行每日扣分。 违规商品数在［1，50）之间，不扣分； 违规商品数在［50.500），扣0.2分/天； 违规商品数在500及以上，扣0.5分/天。 （3）在系统自动扣分基础上，根据卖家搜索作弊行为的严重程度对整体店铺给予搜索排名靠后或屏蔽的处罚；同时情节特别严重的，平台将依据严重扰乱市场秩序规则保留扣分冻结或直接关闭的处罚。 注：对于更换商品的违规行为，平台将增加清除该违规商品所有销量记录的处罚。

（二）知识产权规则

1. 定义

未经授权，不得销售他人品牌产品，且不使用他人品牌信息，包括：产品标题、描述、组名或店铺名称等；不使用他人品牌名称或衍生词；产品图片中不含有他人品牌名称或衍生词、Logo或相似Logo；不发布含有模仿他人品牌代表性图案、底纹或款式的疑似产品；不用其他方式使用他人品牌信息。平台会随机对商品（包含下架商品）信息进行抽查，若涉嫌侵权，信息会被退回或删除。投诉成立或者信息被退回/删除，卖家会被扣以一定的分数，一旦分数累计达到相应节点，平台会执行处罚。具体如表4－2所示。

表 4－2　全球速卖通知识产权规则

侵权类型	定义	处罚规则
商标侵权	严重违规：未经注册商标权人许可，在同一种商品上使用与其注册商标相同或相似的商标	三次违规者关闭账号
	一般违规：其他未经权利人许可使用他人商标的情况	（1）首次违规扣 0 分 （2）其后每次重复违规扣 6 分 （3）累达 48 分者关闭账号
著作权侵权	严重违规：未经著作权人许可复制其作品并进行发布或者销售，包括图书、电子书、音像作品或软件等	三次违规者关闭账号
	一般违规：其他未经权利人许可使用他人著作权的情况	（1）首次违规扣 0 分 （2）其后每次重复违规扣 6 分 （3）累达 48 分者关闭账号
专利侵权	外观专利、实用新型专利、发明专利的侵权情况（一般违规或严重违规的判定视个案而定）	（1）首次违规扣 0 分 （2）其后每次重复违规扣 6 分 （3）累达 48 分者关闭账号 （严重违规情况，三次违规者关闭账号）

备注：

（1）速卖通会按照侵权商品投诉被受理或速卖通平台抽样检查时的状态，根据相关规定对相关卖家实施适用处罚；

（2）同一天内所有一般违规，包括所有投诉成立（即被投诉方被某一知识产权投诉，在规定期限内未发起反通知；或虽发起反通知，但反通知不成立）及速卖通平台抽样检查，扣分累计不超过 6 分；

（3）同三天内所有严重违规，包括所有投诉成立（即被投诉方被某一知识产权投诉，在规定期限内未发起反通知；或虽发起反通知，但反通知不成立）及速卖通平台抽样检查，只会作一次违规计算；三次严重违规者关闭账号，严重违规次数记录累计不区分侵权类型；

（4）违规处罚包括但不限于退回商品/信息及/或删除商品/信息；

（5）每项违规行为由处罚之日起 365 天内有效；

（6）当用户侵权情节特别显著或极端时，速卖通有权对用户单方面采取解除速卖通商户服务协议及免费会员资格协议、直接关闭用户账号及速卖通酌情判断与其相关联的所有账号，及/或采取其他为保护消费者或权利人的合法权益或平台正常的经营秩序，由速卖通酌情判断认为适当的措施。该等情况下，速卖通除有权直接关闭账号外，还有权冻结用户关联国际支付宝账户资金及速卖通账户资金，其中依据包括为确保消费者或权利人在行使投诉、举报、诉讼等救济权利时，其合法权益得以保障；

（7）速卖通保留以上处理措施等的最终解释权及决定权，也会保留与之相关的一切权利；

（8）本规则如中文和非中文版本存在不一致、歧义或冲突，应以中文版为准。

2. 注意事项

(1) 全球速卖通平台按照产品提交时间的先后顺序依次进行审核。一般情况下，发布的产品将在72小时内审核完毕。若信息涉及违反相关法律法规或者涉嫌侵犯第三方知识产权的，审核速度会比正常产品有延迟。

(2) 平台会对产品进行抽样审核，也会对通过审核的产品进行抽查，一旦涉嫌侵犯他人知识产权，若产品本身涉嫌侵犯他人知识产权，则不论时间先后顺序，都有可能不通过。

(3) 如何避免品牌侵权。

①了解所发布的产品是否为他人品牌产品，参考链接：

http://seller.aliexpress.com/education/rule/product/brand.html。

②了解品牌信息，可以通过以下网站进行查询。参考链接：

中国商标局：http://sbj.saic.gov.cn/?spm=5261.8132987.0.0.QHccNL。

美国TESS：https://www.uspto.gov/?spm=5261.8132987.0.0.y5Lso0。

世界知识产权组织（WIPO）：http://www.wipo.int/branddb/en/?spm=5261.8132987.0.0.zB7Ejy。

（三）交易类规则

1. 全球速卖通“严重扰乱平台秩序”规则

指严重扰乱平台秩序，干扰平台管理，损害其他用户或平台的合法权益的行为。其形式为：①恶意规避平台规则或监管措施的行为；②通过恶意违规等方式干扰其他用户正常交易的行为；③其他严重扰乱平台秩序的行为。

2. 全球速卖通“不法获利”原则

指卖家违反速卖通规则，涉嫌侵犯他人财产权或其他合法权益的行为。其形式为：①卖家在交易中，诱导买家违背速卖通正常交易流程操作获得不正当利益；②卖家通过发布或提供虚假的或与承诺严重不符的商品、服务或物流信息，骗取交易款项；③卖家违反速卖通规则被关闭账户后仍注册，或直接或间接控制、使用其他账户或其他方式进行交易。

3. 全球速卖通“成交不卖”原则

指买家对订单付款后，卖家逾期未按订单规定时间发货，或买家取消订单并选择“卖家原因”导致付款未发货。其形式为：①买家对订单付款后，卖家未在其设置的发货期内发货导致订单关闭；②买家对订单付款后，在卖家发货前申请取消订单，同时选择“卖家原因”。

订单关闭原因是基于买卖双方协商达成一致取消订单，同时买家选择取消订单的原因是买家下错单或者买家重复下单，则该订单不会记录为成交不卖。若发现商品包装信息、商品价格、交货时间、物流设置等内容填写错误，请及时修改，避免因为价格、备货期填写错误而无法按时发货。

4. 全球速卖通“虚假发货”规则

指在规定的发货期内，卖家填写的货运单号无效或虽然有效但与订单交易明显无关，或卖家申明发货（即完成“填写发货通知”）5个工作日后运单无物流上网信息，误导买家或全球速卖通平台的行为。对于虚假发货行为，平台会采取处罚措施，具体如表4-3所示。

表4-3　全球速卖通"虚假发货"处罚规则

违规情形	处罚措施
虚假发货一般违规	2分/次
虚假发货严重违规	12分/次
虚假发货情节特别严重	48分/次
说明： 速卖通平台将根据卖家违规行为情节严重程度进行扣分或直接关闭账号的判定，被平台认定虚假发货的，平台将采取包括但不限于取消海外仓发货权限，虚假发货订单关闭退款、商品发布权限、在线商品下架、关闭账号等限制措施。	

5. 全球速卖通"不正当竞争"规则

不正当竞争分为不正当竞争一般违规和不正当竞争严重违规。指用户不当使用他人权利的行为，包括卖家在所发布的商品信息或所使用的店铺名、域名等中不当使用他人的商标权、著作权等权利的行为；卖家通过自身或利用其他会员账户对其他卖家进行恶意下单、恶意评价、恶意投诉，影响其他卖家声誉与正常经营的行为。对于不正当竞争行为，平台会采取处罚措施，具体如表4-4所示。

表4-4　全球速卖通"不正当竞争"处罚规则

违规情形	处罚措施
不正当竞争一般违规	3分/次
不正当竞争严重违规	12分/次
不正当竞争情节特别严重	48分/次

注：同时平台有权对造成不正当竞争的商品信息、店铺装修等信息进行删除处理。

6. 全球速卖通"违背承诺"规则

违背承诺，指卖家未按照承诺向买家提供服务，损害买家正当权益的行为。对于违背承诺行为，平台会采取处罚措施，具体如表4-5所示。

表4-5　全球速卖通"违背承诺"处罚规则

违规情形	处罚措施
违背承诺一般违规	1分/次
违背承诺严重违规	3分/次
违背承诺情节特别严重	48分/次

7. 全球速卖通“信用及销量炒作”规则

指通过不正当方式提高账户信用积分或商品销量，妨害买家高效购物权益的行为。对于被平台认定为构成信用及销量炒作行为的卖家，平台将删除其违规信用积分及销量记录且给予搜索排序靠后处罚，对信用及销量炒作行为涉及的订单进行退款操作，并根据其违规行为的严重程度，分别给予 6 分/次、12 分/次、24 分/次、48 分/次或直接清退的处罚。

（四）纠纷及其他类规则

1. 定义

纠纷指在交易过程中产生了误会或者一方刻意隐瞒，从而无法使交易圆满完成。纠纷的重要指标有“裁决提起率”以及“卖家责任裁决率”。裁决提起率指一定周期内提交至平台进行裁决的订单数与发货订单数之比。卖家责任裁决率指一定周期内提交至平台进行裁决且最终被判为卖家责任的订单数与发货订单数之比。

2. 计算方法

（1）裁决提起率 = 过去 30 天提交至平台进行裁决的纠纷订单数/过去 30 天买家确认收货订单数 + 确认收货超时订单数 + 买家提起退款（dispute）并解决订单数 + 提交到速卖通进行裁决（claim）的订单数。

（2）卖家责任裁决率 = 过去 30 天提交至平台进行裁决且最终被裁定为卖家责任的纠纷订单数/过去 30 天买家确认收货订单数 + 确认收货超时订单数 + 买家提起退款（dispute）并解决订单数 + 提交到速卖通进行裁决（claim）并裁决结束的订单数。

2014 年 5 月 29 日，平台取消买家纠纷率指标的考核，相关的纠纷率指标的展示全部下线，加强裁决提起率、卖家责任裁决率两个指标的考核。处罚细则如表 4 – 6 所示。

表 4 – 6　纠纷及其他类规则处罚细则

指标	考核点	处罚措施
纠纷率	卖家被提起纠纷的情况	影响卖家的产品曝光
裁决提起率	卖家未解决的纠纷提交到全球速卖通的情况	严重影响卖家的产品曝光，比率过高会导致卖家的产品一段时期内无法被买家搜索到
卖家责任裁决率	速卖通裁决的卖家责任纠纷订单的情况	

3. 纠纷种类

买家在交易中提起退款申请时有两个大类，分别是未收到货物（运单无效、发错地址、物流途中、海关扣关、包裹退回等）及收到货物与约定不符（货物与描述不符、质量问题、货物减损、短款、销售假货），具体解决流程详见图 4 – 26。

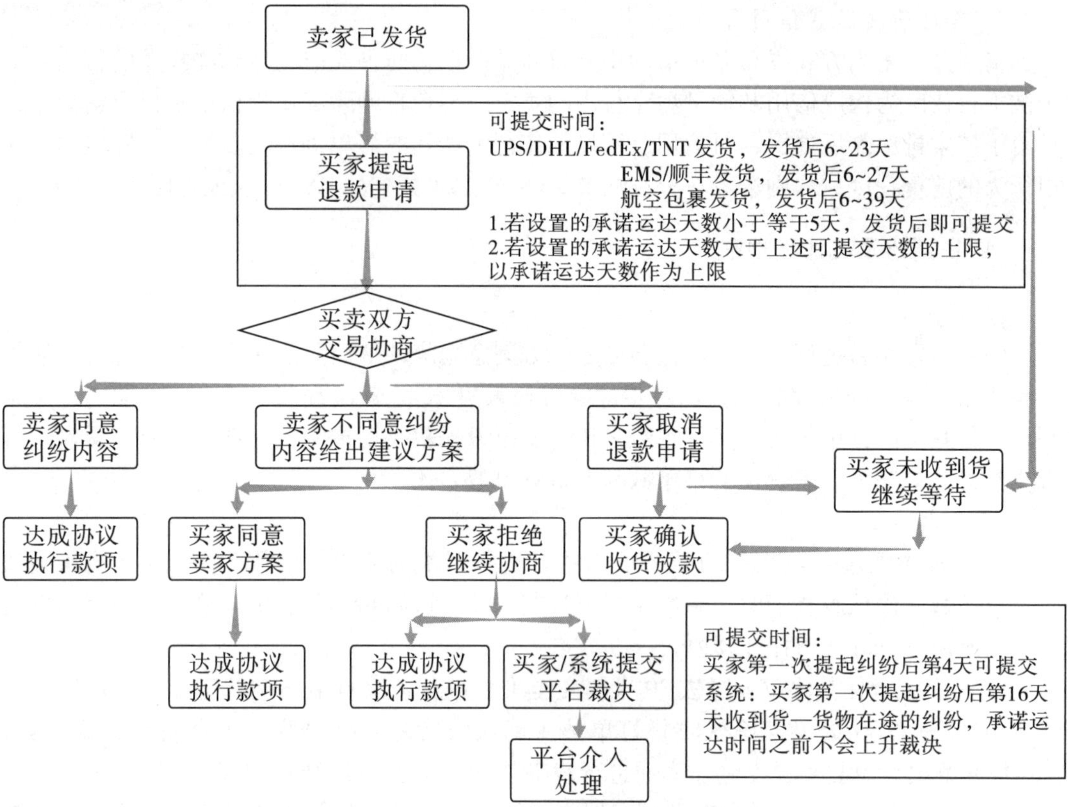

图 4－26　纠纷及其他类规则解决流程

（1）买家未收到货物类纠纷。

海关扣关，指进口国限制订单货物的进口或关税过高，买家不愿清关或订单货物属假货、仿货、违禁品，直接被进口国海关销毁或货物申报价值与实际价值不符等，导致买家须在进口国支付罚金或卖家无法出具进口国需要的卖家应提供的相关文件或买家无法出具进口国需要的买家应提供的相关文件。货物被进口国海关扣留时，常见物流状态为：handed over to customs（EMS）；clearance delay（DHL）；Dougne（法国，会显示妥投，但是签收人是 Dougne）。速卖通在接到纠纷裁决之日起 2 个工作日内，会提醒买家或卖家 7 天内提供海关扣关原因信息和证据，根据信息和证据确定责任进行裁决。物流显示货物在运输途中，交易订单的纠纷提交到速卖通进行裁决时，包裹在物流公司官方网站的物流追踪信息介于“收寄”和货物“妥投”之间的情形，包括但不限于以下几种情形：离开中国、发往某地、到达××邮局、未妥投：

①包裹原件退回，交易订单的货物因为买家收货地址有误/不完整无法妥投或因买家原因无法清关，导致包裹被直接退回给卖家。

②包裹被寄往或妥投在非买家地址，由于卖家填写错了买家的收货地址，或邮局误将包裹寄往了非买家地址，导致买家无法正常签收包裹。

③物流信息显示货物已经妥投，但是买家以未收到货提起了退款申请，并且未与卖家达成一致意见，提交到速卖通进行裁决。建议卖家货物发出前核查收货信息，确保信息正

确；货物发出后及时关注物流状态，遇异常情况及时主动与买家和物流公司沟通并尽快解决。

④物流信息查不到或者异常，卖家在速卖通针对交易订单填写的运单号在物流公司的网站查不到物流信息，或者物流信息与买家收货地址不符，如买家收货地址在美国，但运单号的对应物流信息显示货物被寄往俄罗斯。建议卖家货物发出前核查收货信息，确保信息正确；货物发出后及时关注物流状态，遇异常情况及时主动与买家和物流公司沟通并尽快解决。

⑤买家拒签，包括有理由拒签和无理由拒签。有理由拒签，即当货物递送至买家（包括买家代表）时，买家发现货物存在肉眼可见的货物损坏或与订单不符的情况，如货物破损、短装、严重货不对版等情况，买家当场拒绝签收；无理由拒签，即货物递送到买家（包括买家代表）时，买家无任何理由拒绝签收。建议卖家发货之前充分检查货物状态及包装，交易过程中及时与买家沟通并且解决问题。

（2）买家收到货物与约定不符类纠纷。

①货物与描述不符类，指买家收到的货物与卖家在网站相应的产品 detail 页面的描述，存在颜色、尺寸、产品包装、品牌、款式/型号等方面的差距。若买卖双方在纠纷结案前，达成退货退款的协议，平台将支持双方的协议，要求买家退货。对于产品的确存在货不对版问题的案件，建议卖家承担运费退回。

②质量问题，指买家所收到的货物出现品质、使用方面的问题，如电子设备无法工作、产品的质地差等。

③销售假货，指买家收到货物后因货物为侵权假冒产品或涉嫌侵权假冒产品而提起退款。根据平台的规则及核查结果，分为两种情况：轻微销售假货：卖家所销售的侵权假冒产品或涉嫌侵权假冒的产品不涉及平台已经公布的知名品牌名录；严重销售假货：卖家所销售的侵权假冒产品或涉嫌侵权假冒的产品涉及平台已经公布的知名品牌名录。若买家投诉产品为假冒侵权产品，卖家将承担全部风险，即使买家在知情的情况下购买也将由卖家承担所有责任。

④虚拟产品，指无实物交易的产品，如 software key。一旦买家投诉卖家销售的产品为虚拟产品，订单将被取消，并将全额退款给买家，同时阿里巴巴有权根据全球速卖通平台发布不适宜本平台的产品管理规则及其他适用平台规则对卖家进行处罚。

⑤货物短装，指买家所收到的货物数量少于订单上约定的数量。卖家应保留发货时的重量证明，如称重拍照或视频记录等。发布产品时注意销售方式，切勿混淆 piece 和 lot 的区别。

⑥货物破损，指买家所收到的货物存在不同程度的外包装［限产品自身包装（如手机产品的外包装），且邮局、卖家使用的外包装除外］或产品本身有损坏的情况。建议卖家发货之前充分检查货物状态及包装，交易过程中及时与买家沟通并且解决问题。

⑦买家收到货物后退货，指买家收到货物后，经买卖双方达成协议后退货，或者买家未与卖家协商即自行退货。建议卖家在速卖通账号中及发货单上留下有效退货地址和信息，确保在退货的时候能够收到货物，避免损失。

⑧卖家私自更改物流方式，指卖家未经买家允许，更改买家下单时选择的物流方式。

若因卖家私自更改物流方式，导致买家延迟收到货物，亦属于卖家责任，速卖通平台将按照具体的延迟日期计算退款金额。

⑨卖家强行发货（违约），指因卖家延迟发货，而不能满足买家要求发货或者到货的时间点，买家在下单后提起取消订单（需确认买家是否有在系统中取消过订单）/或者买家提起退款时间是在卖家所提供运单号显示第一条物流信息之前的，卖家仍坚持发货，之后买家因卖家强行发货提起的纠纷。

4. 平台纠纷仲裁新规则

当纠纷订单同时满足以下两个条件时，速卖通平台将认定该笔纠纷订单存在物流异常的状况（例如：丢包、未出境等）：买家以“未收到货”发起的纠纷；订单物流信息不全或在承诺运达时间内，无法查询到妥投信息。

卖家针对这类纠纷案件，需在平台给到的响应期内，登录投诉举报平台，提供物流妥投或买家实际已收到货物的凭证。若限期内无法提供，速卖通平台将直接按照买家申请的金额退款并关闭该纠纷案件。

当个别国家或地区在一段时间内遇到因某些不可抗力（如洪水、暴雪等灾害性天气）引起的包裹派送大面积延误时，速卖通平台会视情况做措施上的应变，并在第一时间告知买卖双方。

项目二　店铺定位及选品

一、店铺前期定位的定义与分类

1. 定义

店铺运营前期，对于店铺的发展需要进行明确的规划。一般来说，店铺定位可按照下面的情况进行划分，具体店铺运营定位参照图4－27。

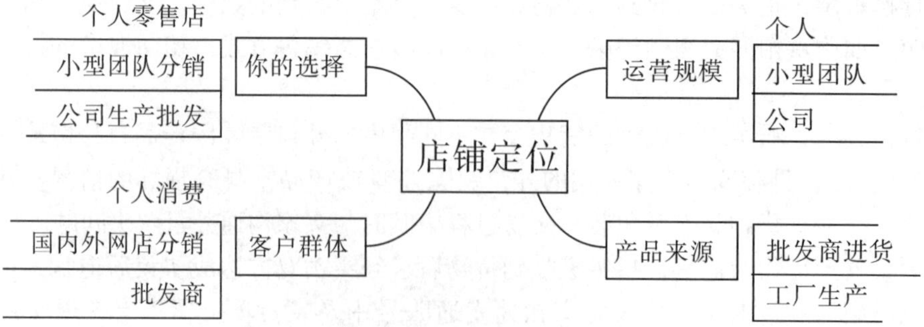

图4－27　店铺运营定位

2. 分类

个人零售网店大多数的客户群体为个体消费者，大部分的产品来源于批发商进货。如果是专门的公司运营团队定位则为国外的分销商等，主要货源相对稳定，具体看产品定位和市场情况。

二、熟悉店铺选品思路和技巧

（一）速卖通选品渠道

速卖通的选品渠道一般分成线上和线下两种，两种渠道的对比主要从货源类型、价格以及产品的同质性的角度出发，详见图 4－28。

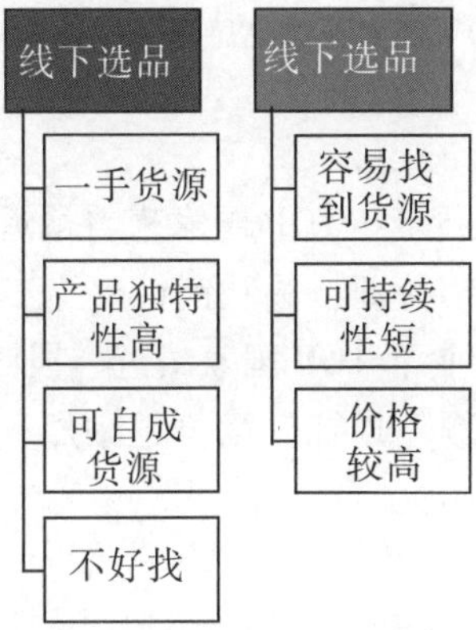

图 4－28　速卖通选品渠道

（二）选品思路和技巧

平台产品数据是我们应该重点挖掘的宝库，我们可以在速卖通后台—“数据纵横”—“行业情报”中了解市场前景，并从“选品专家”获取热销以及热搜产品数据。

1. 从行业情报中获取

（1）关键解读：指标占比指的是统计时间内行业的访客数/浏览量/支付金额/支付订单数占上级行业同类指标的比例。供需指数指的是在统计时间段内行业下商品指数/流量指数。供需指数越小，竞争越小。行业情报如图 4－29 所示。

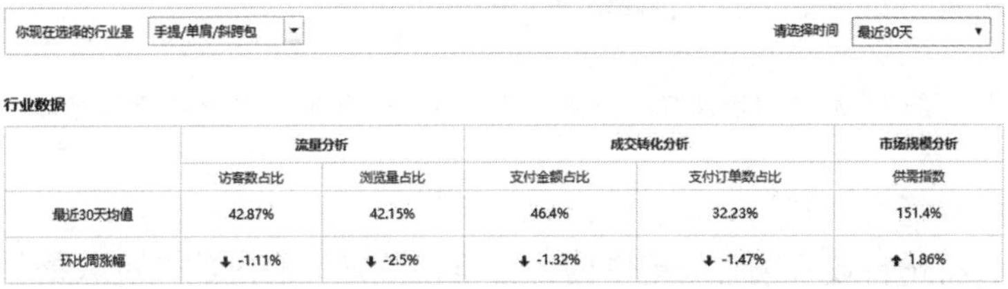

你现在选择的行业是 手提/单肩/斜跨包　　请选择时间 最近30天

行业数据

	流量分析		成交转化分析		市场规模分析
	访客数占比	浏览量占比	支付金额占比	支付订单数占比	供需指数
最近30天均值	42.87%	42.15%	46.4%	32.23%	151.4%
环比周涨幅	↓ -1.11%	↓ -2.5%	↓ -1.32%	↓ -1.47%	↑ 1.86%

图 4－29　速卖通选品思路——行业情报

（2）示例："手提包、双肩背包和钱包"，如图 4－30 所示。

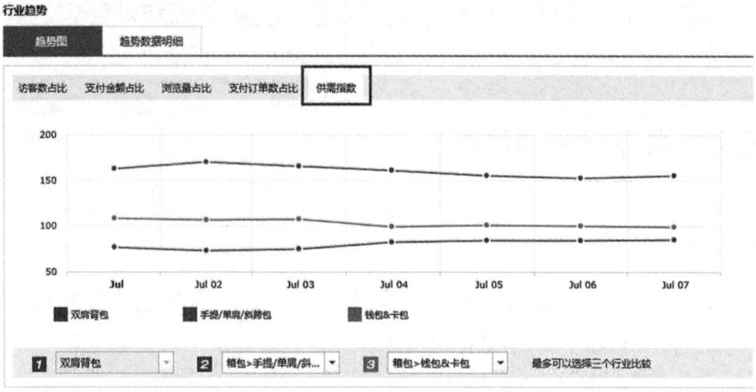

图 4－30　速卖通选品思路——行业情报示例

2．从选品专家中获取

（1）选品专家—热销，将从行业、TOP 国家来看最近主要市场的热销品类，这些品类的热销属性，以及这些品类的热销特征，关联销售。

·行业 TOP 热销产品词，行业下 TOP 国家最近一段时间 TOP 热销的品类，圆圈越大，销量越高。颜色代表竞争情况，颜色越红，竞争越激烈；颜色越蓝，竞争越小，如图 4－31 所示。

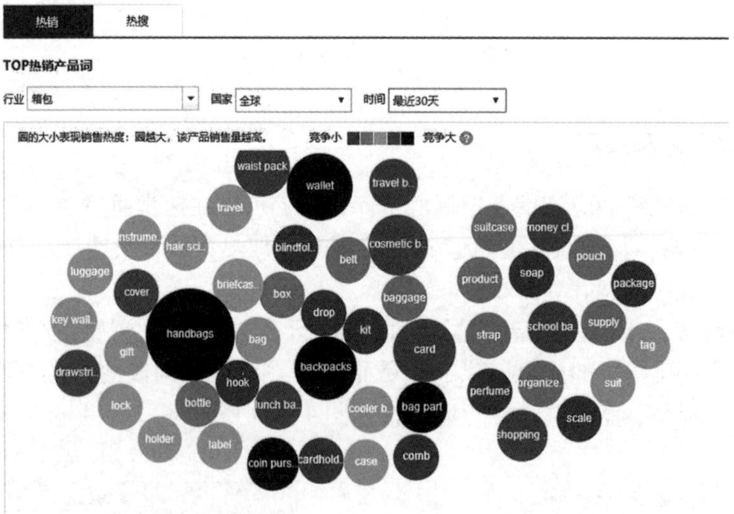

图 4－31　速卖通选品思路—选品专家—行业 TOP 热销产品词

·专业术语解释

搜索指数：所选行业所选时间范围内，搜索该关键词的次数经过数据处理后得到的对应指数。搜索指数不等于搜索次数，指数越大搜索量越大。

搜索人气：所选行业所选时间范围内，搜索该关键词的人数经过数据处理后得到的对应指数。搜索人气不等于搜索人数，人气越大搜索人越多。

购买率排名：所选行业所选时间范围内，该关键词购买率排名。

竞争指数：所选行业所选时间范围内，关键词对应的竞争指数。指数越大，竞争越激烈。

关键解读：圆圈大，较红，表示行业竞争大；圆圈小，较红，表示行业饱和度高；圆圈大，较蓝，表示市场机会大；圆圈小，较蓝，表示市场小。圈子越大，搜索热度就越高。

· 行业 TOP 关联产品，买家同时浏览、点击、购买的商品。连线越粗，产品与产品间的关联越强，即买家同时浏览、点击、购买的人越多。圆圈越大，销量越高；颜色表示竞争情况，颜色越红，竞争越激烈；颜色越蓝，竞争越小，如图 4－32 所示。

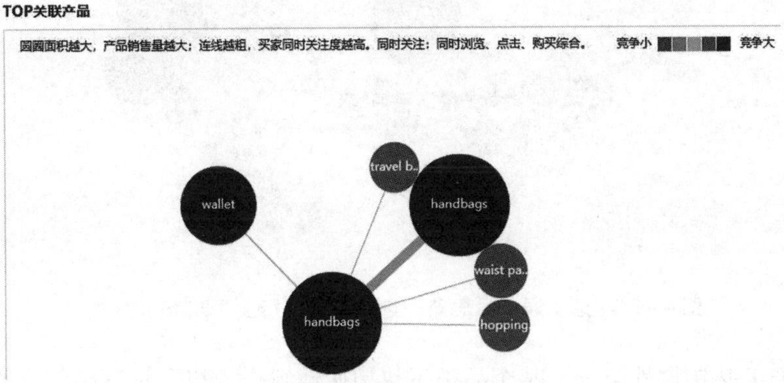

图 4－32　速卖通选品思路—选品专家—行业 TOP 关联产品

· 行业 TOP 热销属性，某个品类下热销的属性。点击＋号可以展开 TOP 热销的属性值，点击－号可以收起属性值。点开后属性值的圈越大表示销量越高；同一类颜色在此图只作属性分类用，如图 4－39 所示。

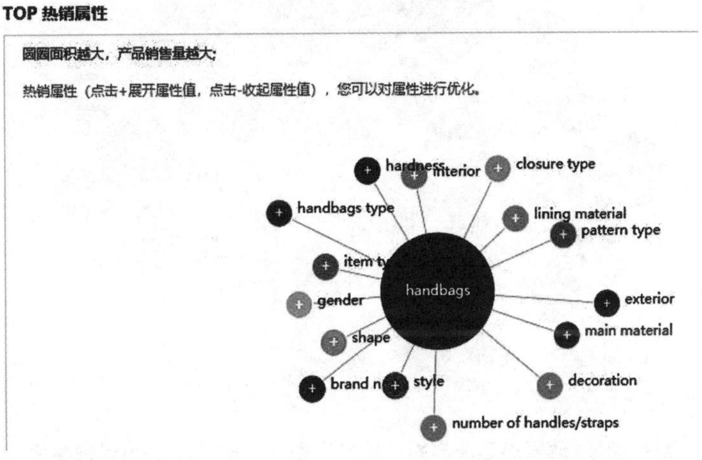

图 4－33　速卖通选品思路—选品专家—行业 TOP 热销属性

例如：handbags 热销的属性，点击 + 号展开后可以看到。手提包的款式：时尚类手提包最热销；闭合方式：拉链的最热销；坚硬程度：柔软皮革的最热销；消费人群：女士用手提包最热销，如图 4 – 34 所示。根据以上热销属性，再结合自己商品的特征，优化商品属性，提高买家找到自己商品的机会。同时也可以了解到目前热销的属性，方便选品。

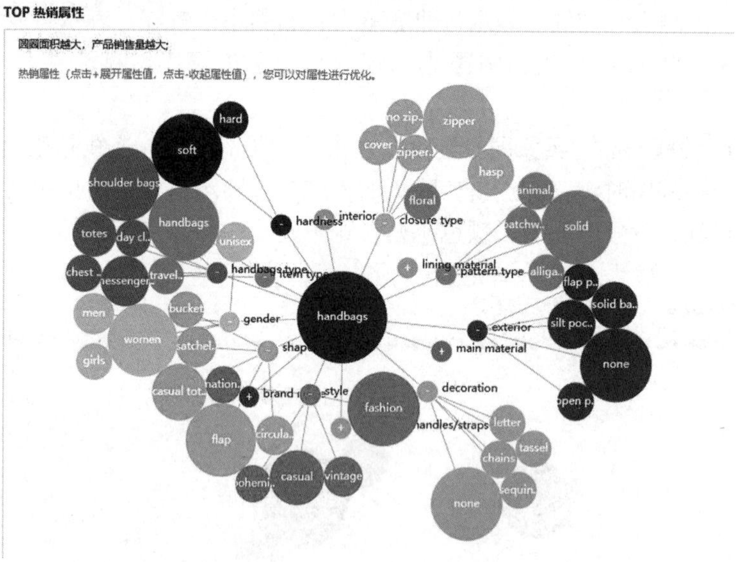

图 4 – 34 速卖通选品思路—选品专家—行业 TOP 热销属性

· 行业 TOP 热销属性组合，某个品类下热销属性组合，相同颜色代表一类商品，圈越大销量越多，如图 4 – 35 所示。

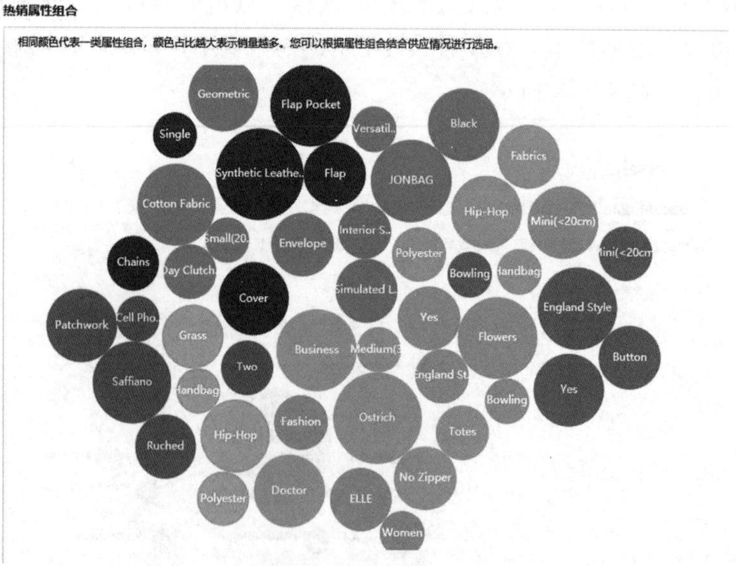

图 4 – 35 速卖通选品思路—选品专家—行业 TOP 热销属性组合

点击圆圈，可以查看属性组合详情。例如：点击橙色圆圈，弹出下面属性组合详情框。这类商品特征：嘻哈风、聚酯纤维、纤维、手提包，如图 4－36 所示。

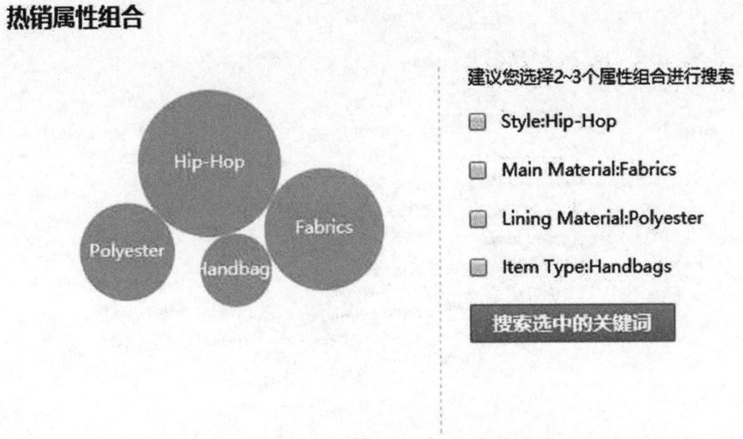

图 4－36　速卖通选品思路—选品专家—行业 TOP 热销属性组合详情

选择属性组合查看在平台上此类商品特征。同时您也可以在其他网站搜索来看这类商品特征，如图 4－37 所示。

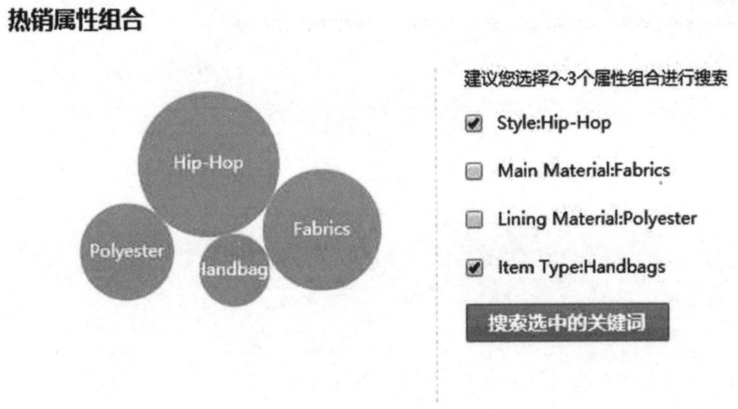

图 4－37　速卖通选品思路—选品专家—行业 TOP 热销属性组合特征选择

（2）选品专家—热搜，将从行业、TOP 国家来看最近主要市场的热搜的品类，这些品类的热搜属性，关联销售，帮助您看清买家在搜索什么产品。

· 行业 TOP 热搜产品词，行业下 TOP 国家最近一段时间 TOP 热搜的品类，圆圈越大，热搜量越大，如图 4－38 所示。

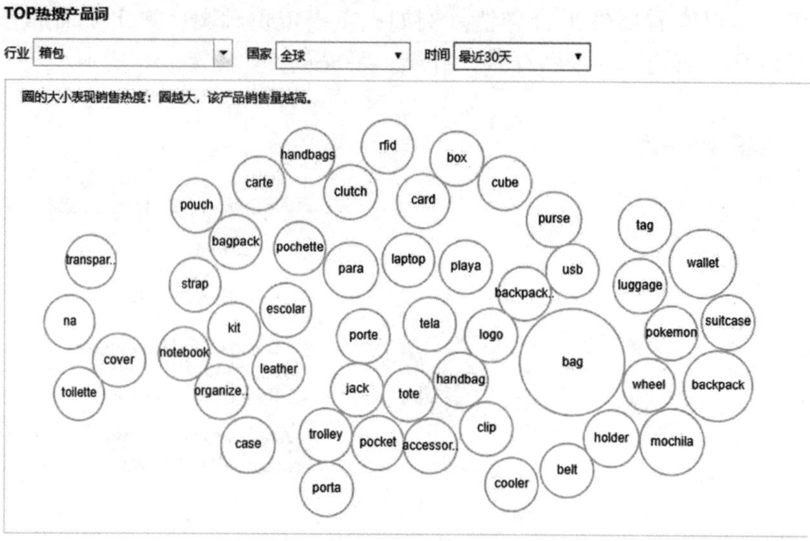

图 4－38　速卖通选品思路—选品专家—行业 TOP 热搜产品词

·行业 TOP 关联产品，连线越粗，表示搜索关键词 A，又搜索关键词 B 的买家越多。圆圈越大，销量越高，如图 4－39 所示。

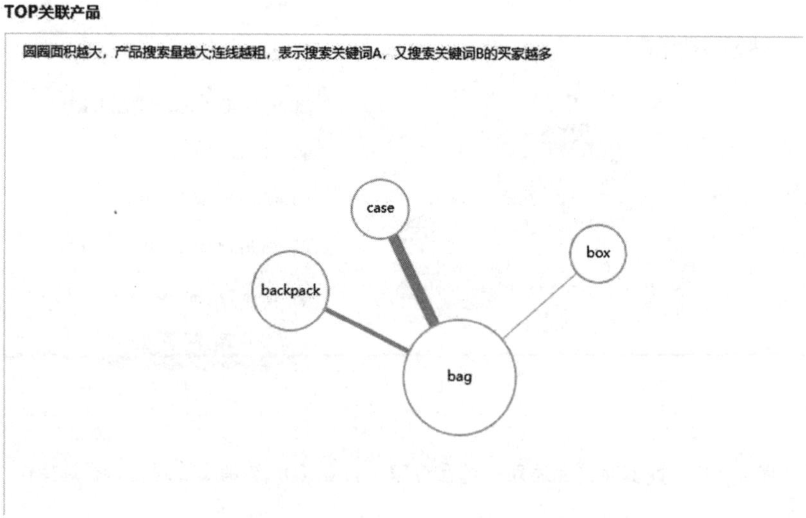

图 4－39　速卖通选品思路—选品专家—行业 TOP 关联产品

·行业 TOP 热搜属性，某个品类下热搜的属性。点击 + 号可以展开 TOP 热搜的属性值，点击 - 号可以收起属性值，如图 4－40 所示。点开后属性值的圈越大表示搜索量越高；同一类颜色在此图只作属性分类用，如图 4－41 所示。

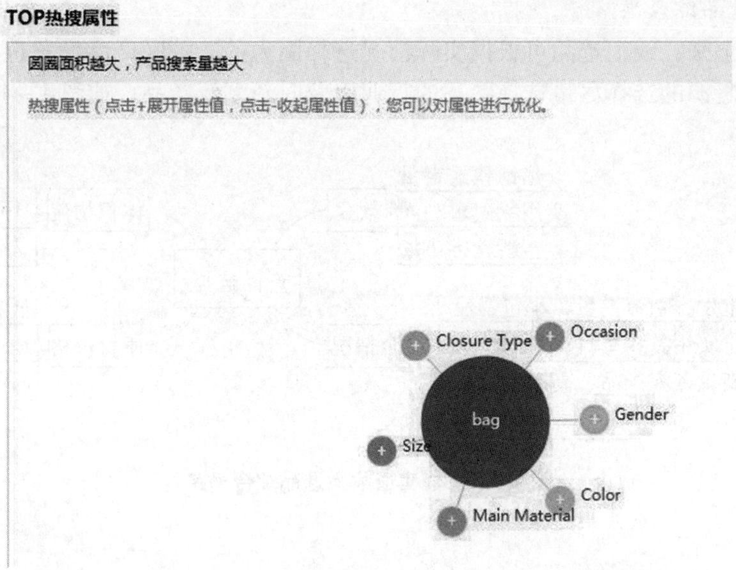

图 4－40　速卖通选品思路—选品专家—行业 TOP 热搜属性（1）

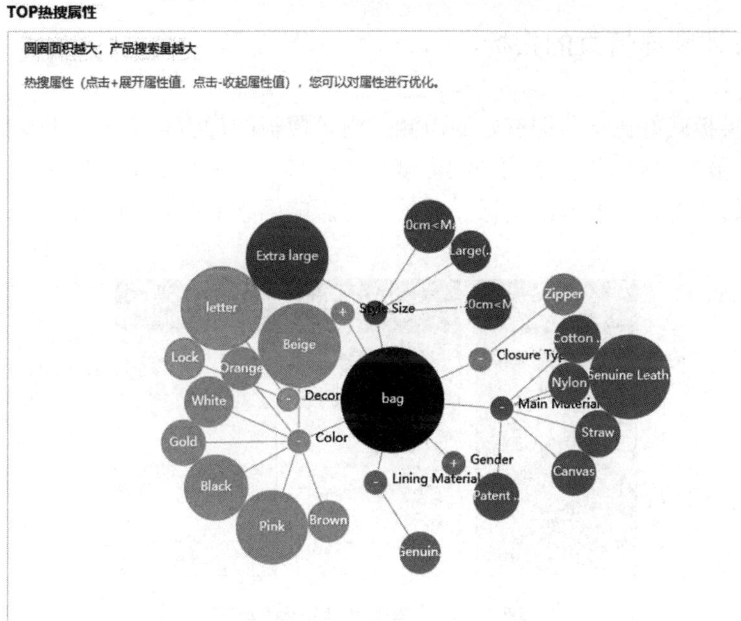

图 4－41　速卖通选品思路—选品专家—行业 TOP 热搜属性（2）

· 从图 4－41 可以看出，目前包包的热搜属性特征如下：

装饰—字母；颜色—米色；款式—加大；材质—真皮；闭合方式—拉链。

3. 线上选品综合思路

综合考虑下来，线上选品可根据实际情况选择圈大的，关联产品设置也应优先选择关联大圈。对于货源的选择尽量选择熟悉的行业以及时新潮流产品，如图 4－42 所示。

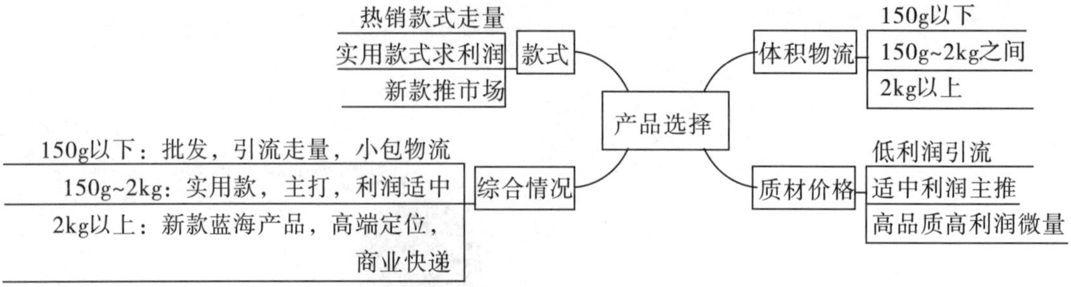

图 4－42　速卖通线上选品综合思路

项目三　内页模板制作

一、熟悉评判详情页的指标

好的内页模板就好比产品拥有好的内涵。内页模板的优劣是由产品本身的转化率（成交用户数/访客数）、客单价、平均访问深度、跳失率以及平均页面停留时间这五个指标来评判的，其中转化率是最核心的指标。它的主要影响因素如图 4－43 所示。

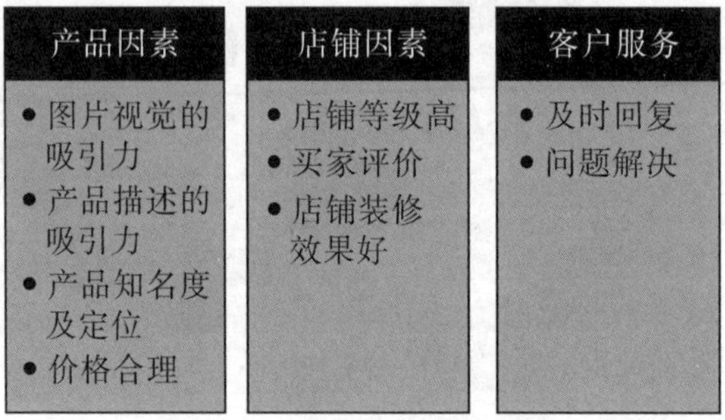

图 4－43　评判详情页的指标

二、熟悉详情页的原则及分类

详情页的编排需要明确如图 4 – 44 所示的原则并分清不同的详情功能分类，方便自身定位。

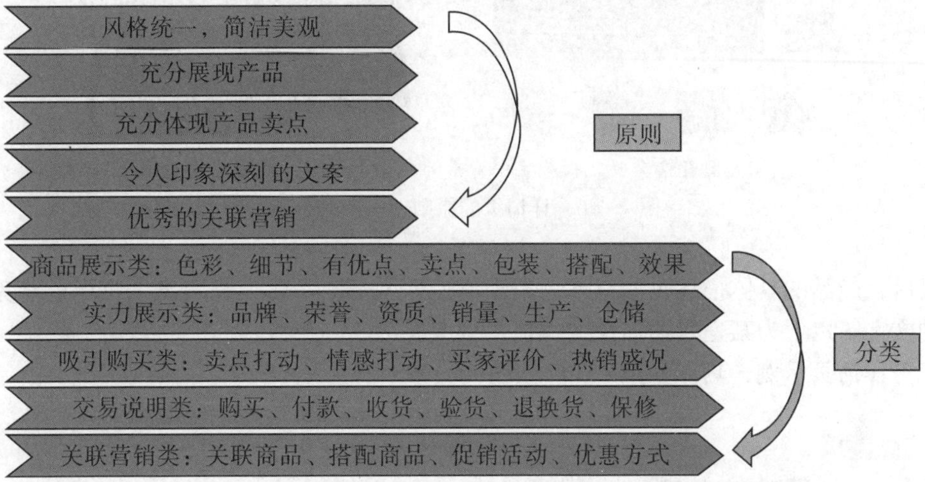

图 4 – 44　详情页的原则

首先，价格是大部分买家优先考虑的重要因素之一。它会直接影响产品的点击率、排序和买家的重复购买次数。

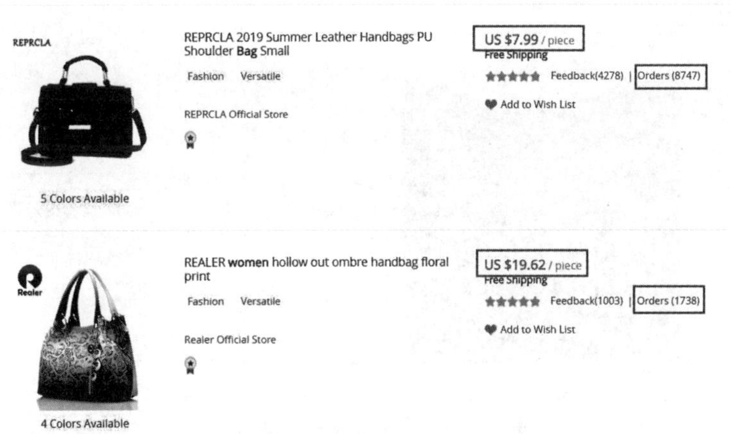

图 4 – 45　详情页的原则——价格因素

再者，产品的主图效果、标题及内页是影响买家的第一视觉体验的重要武器。

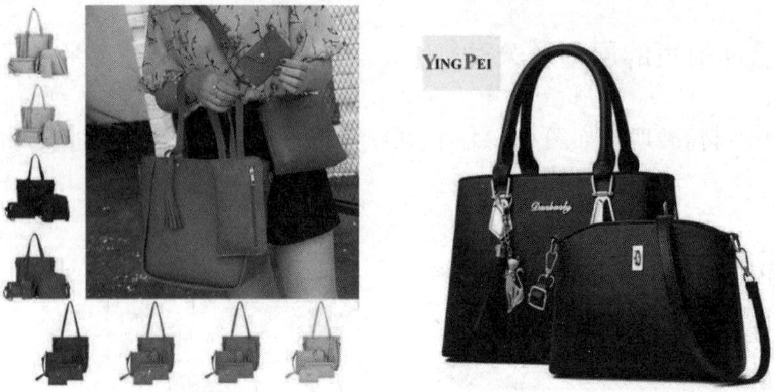

（主图背景杂乱、模糊主图背景为纯色、清晰、产品突出）

图 4－46　详情页的原则——产品展示

最后，产品的具体描述页面应该是条理清晰，风格统一，主题突出，应尽量避免使用生硬的文字。以下为某速卖通店铺的详情页截图展示。

优秀详情页示例，具体如图 4－47、4－48、4－49 所示。

广告图展示

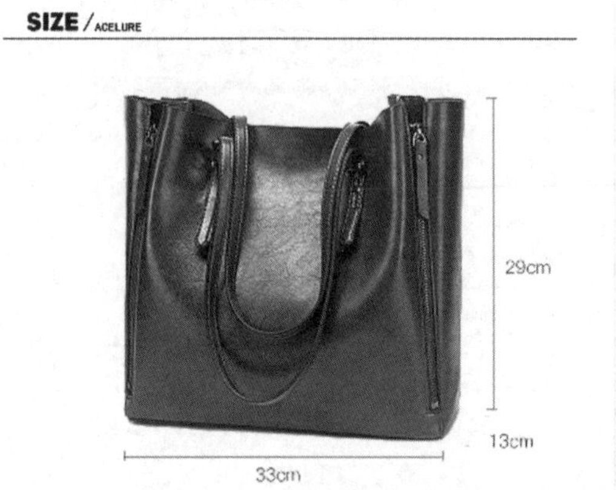

尺码展示

图 4－47　优秀详情页示例（1）

图 4－48　优秀详情页示例（2）

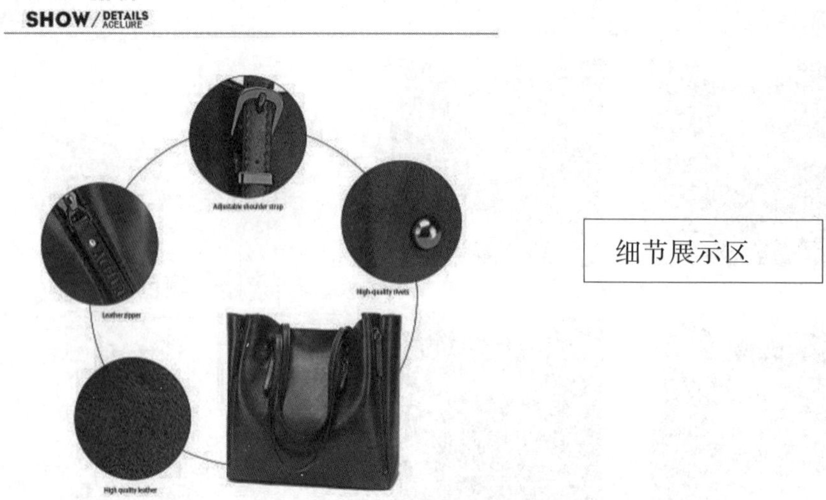

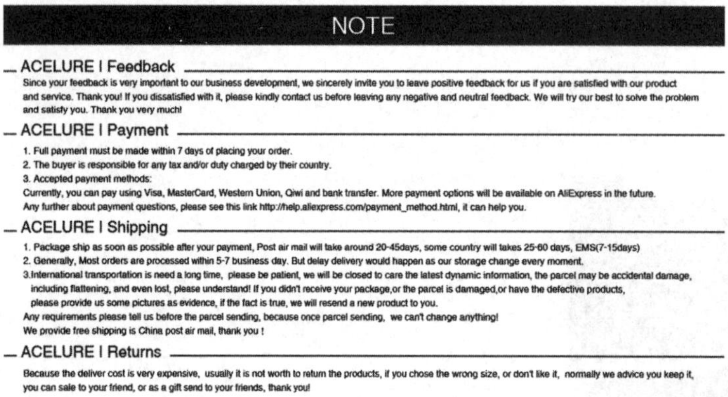

NOTE

ACELURE I Feedback

Since your feedback is very important to our business development, we sincerely invite you to leave positive feedback for us if you are satisfied with our product and service. Thank you! If you dissatisfied with it, please kindly contact us before leaving any negative and neutral feedback. We will try our best to solve the problem and satisfy you. Thank you very much!

ACELURE I Payment

1. Full payment must be made within 7 days of placing your order.
2. The buyer is responsible for any tax and/or duty charged by their country.
3. Accepted payment methods:

Currently, you can pay using Visa, MasterCard, Western Union, Qiwi and bank transfer. More payment options will be available on AliExpress in the future.
Any further about payment questions, please see this link http://help.aliexpress.com/payment_method.html, it can help you.

ACELURE I Shipping

1. Package ship as soon as possible after your payment, Post air mail will take around 20-45days, some country will takes 25-60 days, EMS(7-15days)
2. Generally, Most orders are processed within 5-7 business day. But delay delivery would happen as our storage change every moment.
3.International transportation is need a long time, please be patient, we will be closed to care the latest dynamic information, the parcel may be accidental damage, including flattening, and even lost, please understand! If you didn't receive your package,or the parcel is damaged,or have the defective products, please provide us some pictures as evidence, if the fact is true, we will resend a new product to you.

Any requirements please tell us before the parcel sending, because once parcel sending, we can't change anything!
We provide free shipping is China post air mail, thank you !

ACELURE I Returns

Because the deliver cost is very expensive, usually it is not worth to return the products, if you chose the wrong size, or don't like it, normally we advice you keep it, you can sale to your friend, or as a gift send to your friends, thank you!

图 4-49　优秀详情页示例（3）

三、学会制作优秀详情页

产品的详情页描述是让买家全方位了解商品并形成意向下单的重要因素。一个优秀的产品详情页能够打消买家对于网上购物的不信任感，给买家良好的视觉体验，增强买家的购买欲望。卖家应按照与产品关联性的强弱程度，将需要展示的模块有条理地编排，必定会带来高曝光、高点击率以及高反馈。

优秀详情页应包含如图 4－50 所示几个方面。

区域布局	图片类型
广告区	**欢迎图（广告图）**
	关联产品模块
产品描述区（文字+产品图片）	尺码表、产品图
	摄像图
	细节图
	效果图
与产品相关的图片区	特点介绍图
	真假对比图
	消费者分享图
	包装图
售后服务区	网购流程图
	物流示意图
	售后赔付图
	请给好评图
	FAQ常见问题解答
	公司图

图 4－50　详情页的编排

项目四　站内外关键词的挖掘和利用

一、学会站内关键词的挖掘和利用

（一）关键词的定义

关键词源于英文“keywords”，特指单个媒体在制作使用索引时，所用到的词汇。关键词搜索是网络搜索索引主要方法之一，是用户在使用搜索引擎时输入的能够最大程度概括用户所要查找的信息内容的文字或者词，是信息的概括化和集中化，如图 4－51 所示。

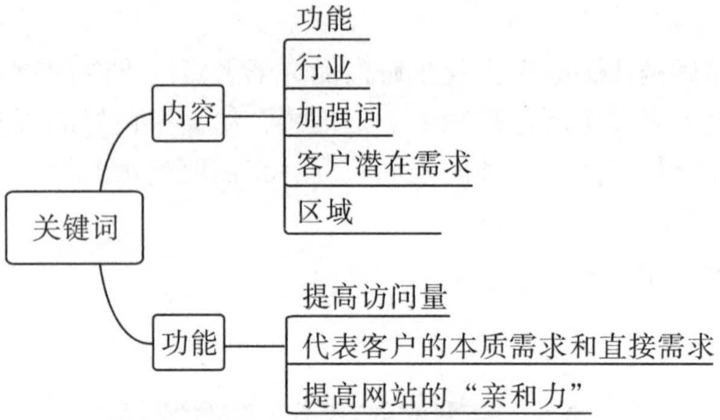

图 4－51　关键词的定义

（二）买家进入商品页面的渠道

买家进入商品页面可以通过以下四种渠道：第一，接近 70% 的客户直接使用关键词搜索；第二，15% 的客户利用“搜索＋属性”的方式查找；第三，10% 的客户会在促销页面上筛选喜欢的商品；第四，5% 的客户直接类目筛选。

（三）站内关键词的渠道

1. *买家在搜索界面搜索关键词*

买家可在搜索界面使用关键词搜索商品，如图 4－52 所示。

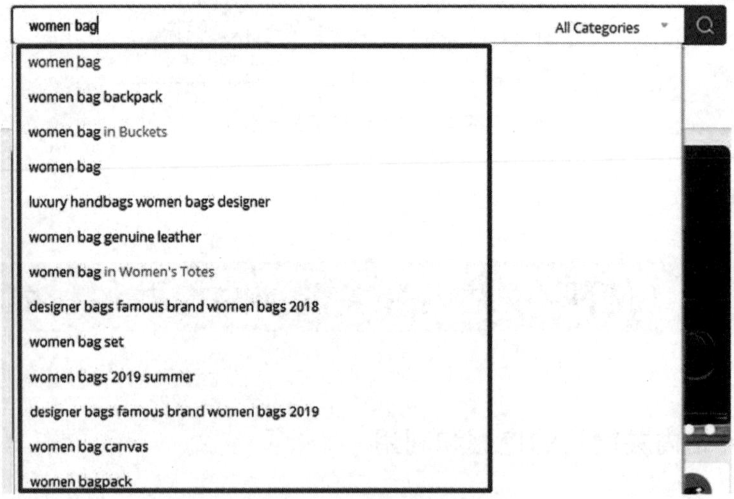

图 4－52　买家搜索界面的关键词

2. 类目关键词

买家可通过平台类目关键词对商品进行筛选，如图 4－53 所示。

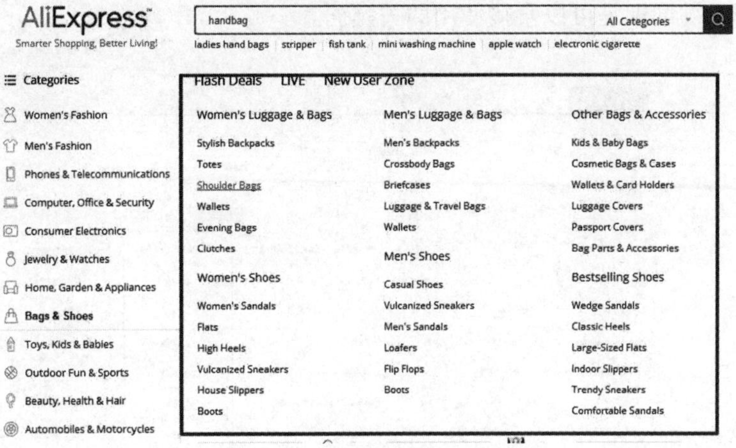

图 4－53　平台类目的关键词

3. “More To Love” 推荐产品用到的关键词

买家可在 “More To Love” 的推荐页面中使用关键词对商品进行筛选，如图 4－54 所示。

图 4－54　商品的相关搜索页面的关键词

4. 后台数据纵横选择关键词

后台数据纵横搜索词分析是速卖通卖家最大的关键词资源库。买家直接下载关键词原始数据之后，首先应排除品牌词汇，接着排除与自身商品定位无关的词汇，然后按照自身商品行业选择关键词即是可以直接使用的关键词。

搜索词		是否品牌原词	搜索指数	搜索指数飙升幅度	曝光商品数增长幅度	曝光卖家数增长幅度
сумка женская	查看商品	N	3,408,173	-1.26%	9.18%	3.67%
рюкзак	查看商品	N	2,638,397	-4.77%	-4.86%	-4.40%
кошелек женский	查看商品	N	1,672,485	7.03%	2.27%	-1.06%
рюкзак женский	查看商品	N	1,447,703	-7.03%	-1.09%	-4.98%
backpack	查看商品	N	1,344,340	7.45%	1.22%	4.68%
wallet	查看商品	N	1,185,561	11.98%	4.85%	6.66%
bag	查看商品	N	1,142,369	13.22%	-1.37%	2.81%
сумки женские	查看商品	N	963,012	1.21%	-7.60%	-4.01%
косметичка	查看商品	N	791,220	1.95%	-3.43%	-5.19%
bolsa feminina	查看商品	N	737,500	12.76%	14.88%	5.12%

图 4－55　后台数据纵横——搜索词分析的关键词

5. 直通车推广关键词工具

在直通车后台选择优化工具下的关键词工具，选择所属行业、推广渠道、推荐理由，系统会推荐相关词汇，如图 4－56、4－57 所示。

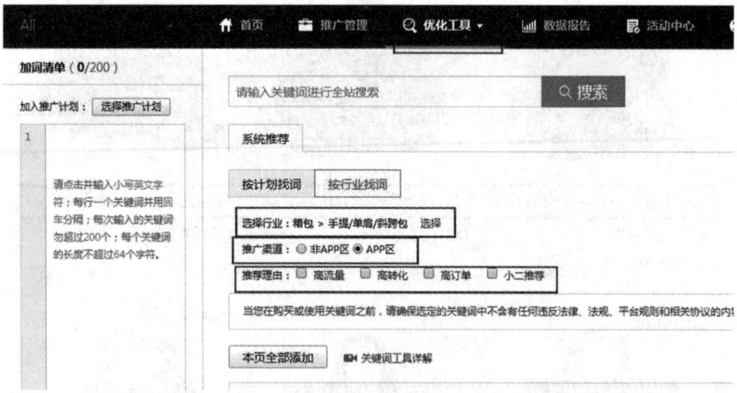

图 4－56　直通车推广——优化工具

行业相关度	推荐理由	30天搜索热度	竞争度	市场平均价
[redacted]		58	12	¥0.10
[redacted]		22	5	¥0.10
[redacted]	高流量	68	13	¥0.11
[redacted]		19	1	¥0.10
[redacted]		26	578	¥0.21
[redacted]		31	150	¥0.10

图 4－57　直通车推广——关键词工具的关键词

(四) 站外关键词的挖掘

主要是利用最直接的方式对客户在当地网站等搜索该商品的词进行整合。

1. 其他 B2C 平台——亚马逊

亚马逊买家搜索页面的关键词同样是平台根据近期买家搜索过的词汇，进行推荐，如图 4－58 所示。

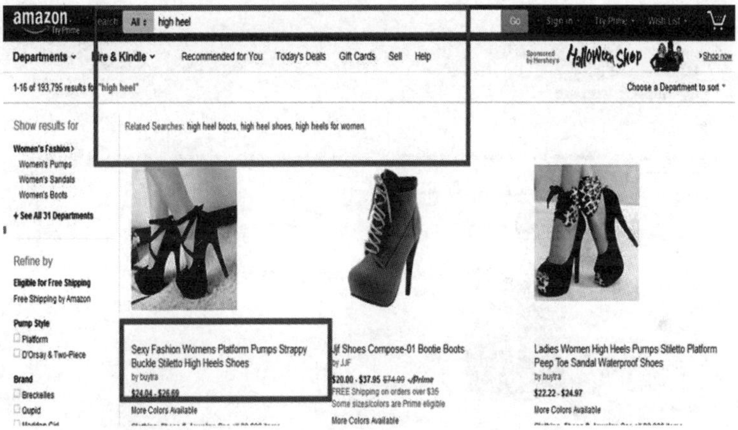

图 4－58　其他 B2C 平台——亚马逊的关键词

2. 其他 B2C 平台——eBay

eBay 买家搜索页面的关键词同样是平台根据近期买家搜索过的词汇，进行推荐，如图 4－59 所示。

图 4-59 其他 B2C 平台——eBay 的关键词

3. 其他 B2C 平台——敦煌网

敦煌网买家搜索页面的关键词同样是平台根据近期买家搜索过的词汇，进行推荐，如图 4-60 所示。

图 4-60 敦煌网的关键词

4. 站外关键词工具

主要利用外国本地的搜索引擎收集的关键词数据，直接查找后可以适当地分类加入到商品的关键词描述中去。

（1）Wordtracker 关键词分析工具的一些功能：相关关键词功能，只要你输入一个关键词，系统就会为你扩充到 100 个相关关键词，并支持 Excel 输出，如图 4-61 所示。

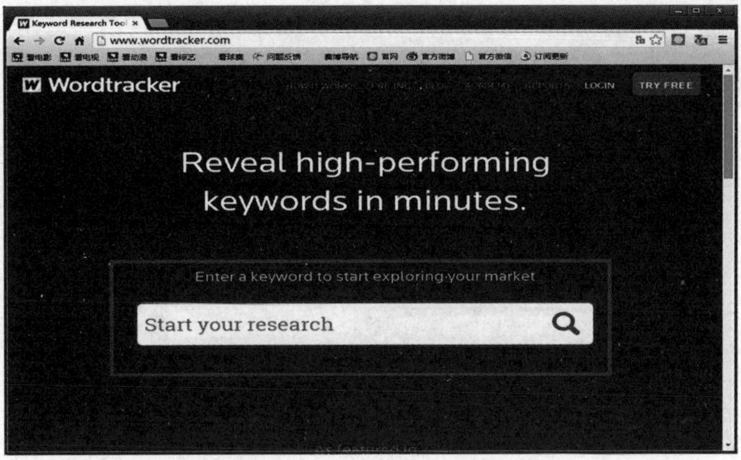

图 4 - 61　Wordtracker 的关键词

（2）Keyword Discovery 也算是一个老牌网站，同样输入查找的词即可，如图 4 - 62 所示。

图 4 - 62　Keyword Discovery 的关键词

（3）Keyword Spy 也是一个可以免费尝试使用的网站，但是如果需要更为全面的使用功能是需要付费的，如图 4 - 63 所示。

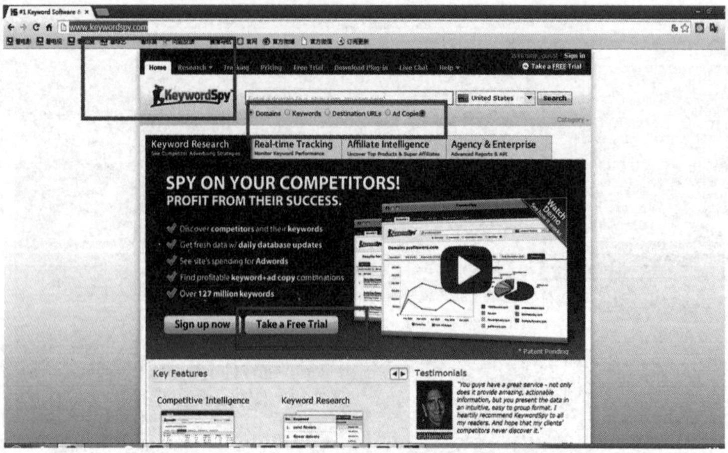

图 4－63　Keyword Spy 的关键词

项目五　标题设置和优化

一、熟悉标题设计思路

标题是对商品主要特点的集中描述，标题中不仅要包括买家常用搜索该类产品的词，还要有商品属性特征的描述，以便让买家能够更好地了解商品。标题的好坏直接关系到买家能否看到商品，优质标题能使商品得到更多的曝光。

（一）标题的作用

标题的主要作用在于让买家找到商品，也是为了提高商品的点击率。为了提升曝光率，买家搜索的词需要设置到标题中去。商品标题的作用主要有以下几个方面，如图 4－64 所示。

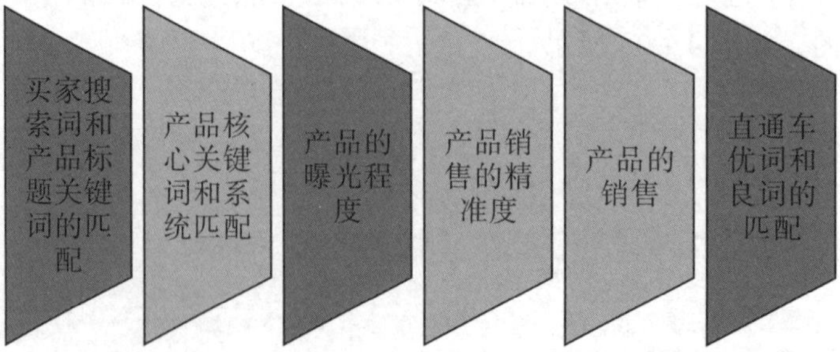

图 4－64　标题的作用

（二）标题的设计思路规则

（1）标题的总字符数为 128 个，尽量用完所有的字符。
（2）标题应尽可能反映商品真实属性。
（3）标题尽量符合商品定位买家的语法习惯。
（4）标题应不堆砌关键词以免影响商品排序。
（5）商品标题的重点关键词应放在前半部。

二、掌握并学会运用标题优化的技巧

标题制作的基本思路是收集数据（数据纵横）、分析数据（分析词表）、设置标题，如图 4－65 所示。

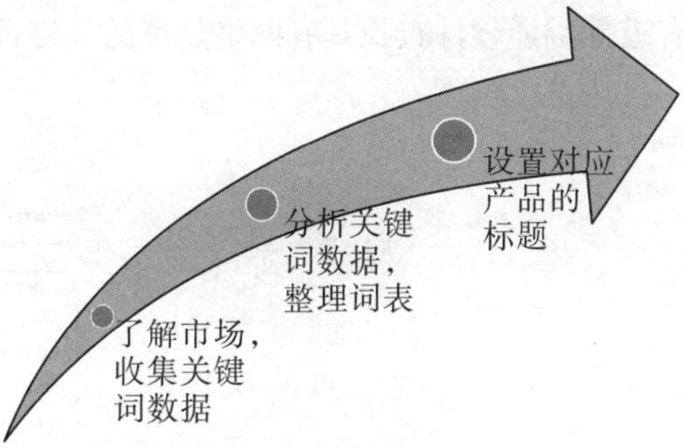

图 4－65　标题制作的基本思路

1．标题制作思路一

首先，买家搜索栏利用关键词查找；然后，查看搜索结果页面，对比销量好的买家标题进行分析；最后，根据标题选择需要的关键词。这里具体以女包为例。

（1）根据商品发布系统推荐找到正确的类目词，如图 4－66 所示。

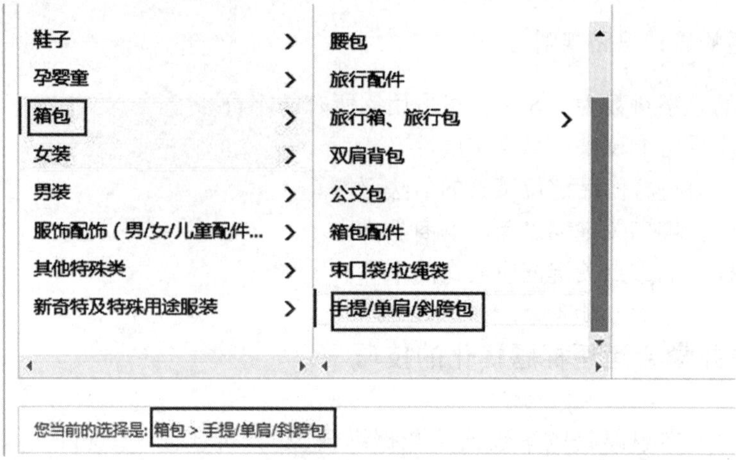

图 4 – 66　根据商品发布系统推荐找到正确的类目词

（2）利用 Google 及有道等翻译软件查找具有网络热度的关键词，如图 4 – 67 所示。

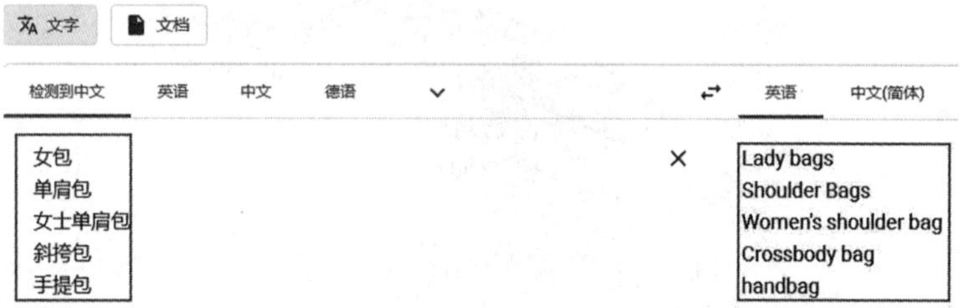

图 4 – 67　查找具有网络热度的关键词

（3）在搜索词分析中挑选出一两个高搜索热度、较低竞争度的商品匹配词，在标题设置中充当核心关键词的成分，如图 4 – 68 所示。

图 4 – 68　挑选产品匹配词充当核心关键词

（4）查看首页排名较前的同行卖家用的关键词后，准备设置标题，如图 4 – 69 所示。

图 4－69　查看同行卖家所用的关键词

可以得出以下数据：

核心关键词 1：women handbag　　　　　买家搜索页面的商品数：1 666 038

核心关键词 2：Shoulder Bags For Women　买家搜索页面的商品数：2 105 556

核心关键词 3：women shoulder bag　　　　买家搜索页面的商品数：1 221 374

那设置的商品标题是：Solid Color Shoulder Bags For Women Soft Pu Leather Casual women handbag For Female All-Match Ladies High-Capacity Handbags

2．标题制作思路二

首先，找到选品专家后下载最近 30 天的数据，这里还是以女包为例筛选出表格中成交指数高、购买率排名高、竞争指数相对较小的关键词，如图 4－70 所示。

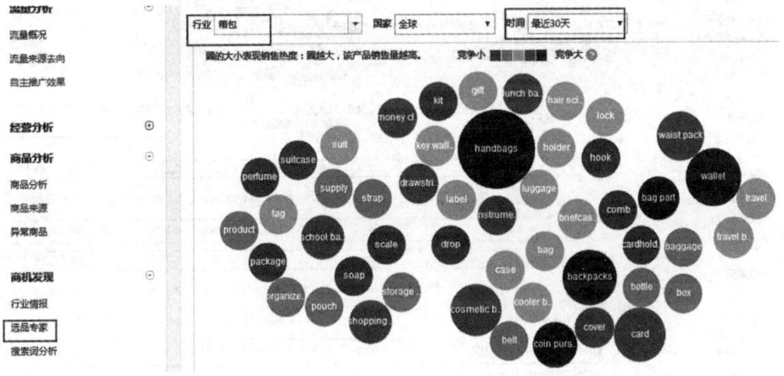

图 4－70　下载数据

其次，筛选出选品专家 30 天数据表格中数据相对较好的关键词进行利用，如图 4－71 所示。

A	B	C	D	E	F
行业	国家	商品关键词	成交指数	支付转化率	竞争指数
箱包	全球	handbags	38210	7	3.16
箱包	全球	wallet	20415	3	2.31
箱包	全球	backpacks	19375	13	1.92
箱包	全球	card	17032	1	1.33
箱包	全球	cosmetic bag	14343	2	1.42
箱包	全球	waist pack	9553	4	0.99
箱包	全球	school bag	7140	9	1.13
箱包	全球	coin purse	7140	5	2.21
箱包	全球	shopping bag	4926	6	1.18
箱包	全球	bag part	4257	12	2.61
箱包	全球	travel bag	3087	18	0.77
箱包	全球	travel	2490	10	0.37
箱包	全球	lunch bag	2053	8	1.66
箱包	全球	key wallet	1711	15	0.79
箱包	全球	cover	1039	20	0.76
箱包	全球	label	1006	16	0.22
箱包	全球	drawstring bag	976	25	0.83
箱包	全球	bag	950	22	0.16

图 4－71　筛选数据截图

再次，按照同样的思路下载搜索词分析近 30 天的数据，重点对搜索人气、搜索指数、点击率以及成交（支付）转化率这四个指标进行筛选形成关键词表，如图 4－72 所示。

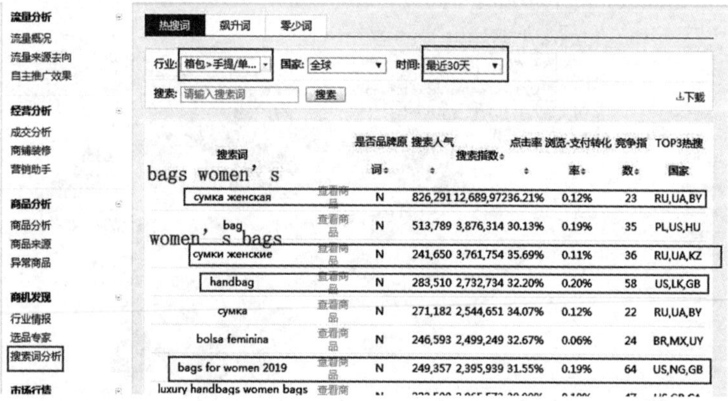

图 4－72　形成关键词表

以下内容为词表下载下来之后的情况，重点看搜索人气、搜索指数、点击率、成交（支付）转化率几个指标，如图 4－73 所示。

B	C	D	E	F	G	H	I
搜索词	是否品	搜索人气	搜索指数	点击率	支付转化率	竞争指数	TOP3热搜国家
сумка женская	N	826,291	12,689,972	36.21%	0.12%	23	RU,UA,BY
bag	N	513,789	3,876,314	30.13%	0.19%	35	PL,US,HU
сумки женские	N	241,650	3,761,754	35.69%	0.11%	36	RU,UA,KZ
handbag	N	283,510	2,732,734	32.20%	0.20%	58	US,LK,GB
сумка	N	271,182	2,544,651	34.07%	0.12%	22	RU,UA,BY
bolsa feminina	N	246,593	2,499,249	32.67%	0.06%	24	BR,MX,UY
bags for women	N	249,357	2,395,939	31.55%	0.19%	64	US,NG,GB
luxury handbags	N	223,500	2,065,573	30.99%	0.10%	47	US,GB,CA
женские сумки	N	118,303	1,839,868	36.49%	0.13%	58	RU,UA,BY
сумка мужская	N	164,680	1,727,344	38.53%	0.31%	20	RU,UA,BY
bags	N	176,706	1,339,229	30.62%	0.18%	43	US,NG,GB
сумки	N	132,833	1,335,130	34.18%	0.10%	32	RU,UA,KZ
сумка женская	N	92,175	1,327,101	35.55%	0.15%	48	RU,UA,BY
bolso mujer	N	115,329	1,261,846	34.64%	0.20%	45	ES,CL,CO
sac main femme	N	109,640	1,186,720	34.07%	0.27%	39	FR,MA,BE
women bag	N	117,801	1,171,900	32.64%	0.20%	86	US,RU,HU
purse	N	161,606	1,155,694	29.40%	0.17%	29	US,CA,GB
crossbody bags	N	85,933	912,060	32.95%	0.26%	73	US,NL,CZ
пляжная сумка	N	79,872	883,964	40.96%	0.26%	23	RU,UA,BY
torebki damskie	N	62,078	869,675	30.18%	0.17%	33	PL,DE,GB
beach bag	N	110,874	846,811	33.82%	0.34%	44	US,PL,IL
çanta	N	73,101	766,027	29.27%	0.07%	16	TR,AZ,BG
bolsos mujer de	N	65,214	715,097	31.77%	0.12%	50	ES,CL,CO
ladies hand bag	N	69,310	714,842	31.41%	0.17%	75	LK,NG,US
клатч женский	N	46,532	706,711	38.21%	0.13%	42	RU,BY,UA
женская сумка	N	44,098	692,745	37.34%	0.14%	79	RU,UA,BY

图 4－73　分析关键词表截图

最后，按照标题制作的“三段法”，即核心词＋属性词＋流量词，释义如下：核心词，行业热门词（影响排行、点击率）；属性词，例如长度、颜色等（影响排行、点击率）；流量词，能带来流量的词。

例如，某产品在搜索词分析中获得的核心词：baby girls dress，girl’s cotton dress；产品的属性词（卖点）：yellow，lace up，soft cotton；流量词：baby clothing；营销词（通用型）：brand new，quality。则产品的标题内容为：quality baby girls dress yellow soft girl’s cotton dress lace up baby clothing brand new。

项目六　普通产品的优质发布流程

商品发布后的排序规则主要是由“相关性得分＋商业得分”分析得出的，相关性得分系统主要判断商品所在类目和搜索词的关系远近以及商品的标题在语义上和搜索词的相关性高低。商业得分系统会考虑卖家的服务能力，是否有搜索作弊现象以及商品的可成交性。

相关性的五重匹配指的就是类目、属性、标题、关键词、详情页描述。其中，关键词和标题是最重要的。

一、商品发布流程

以下将按照速卖通新版的商品发布流程来描述商品发布的过程。

（一）选择商品类目的方式

选择正确的类目能更好地让商品被买家发掘，同时与商品信息质量的评分有着密不可分的联系。一般选择商品类目有以下几种方式：

1. 类目逐级查看

在速卖通平台的“商品管理”下可进行类目逐级查看，如图 4－74 所示。

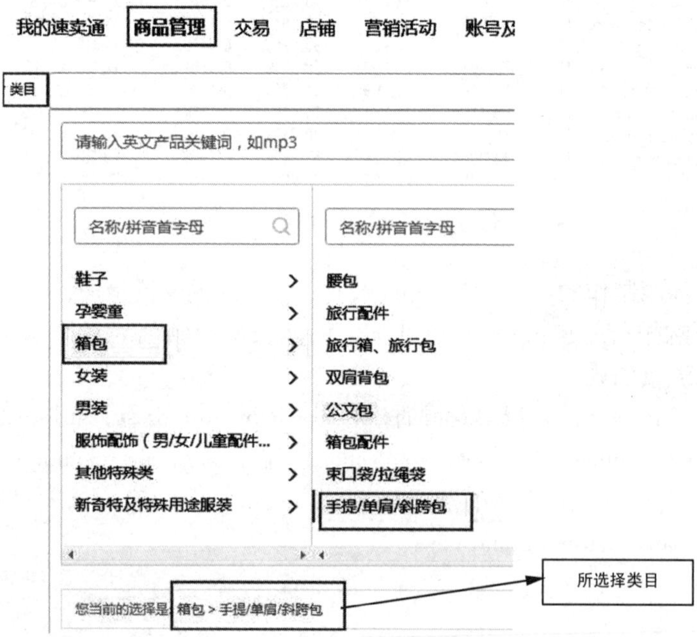

图 4－74　类目逐级查看

2. 后台发布界面关键词搜索查找

在商品发布界面的类目搜索栏输入核心关键词 women handbag，点击“搜索”，会出现推荐的类目，选择合适的类目发布商品，如图 4－75 所示。

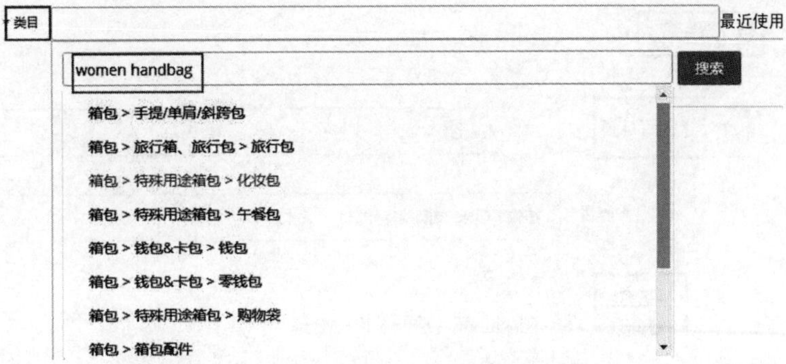

图 4－75　后台发布界面关键词搜索查找

3. 买家界面关键词搜索查找

在搜索栏输入核心关键词，找到类似商品，查看平台推荐的相关类目，选择最合适的作为商品发布的类目，如图 4－76 所示。

图 4－76　买家界面关键词搜索查找

（二）填写商品基本信息

商品基本信息包括商品标题、商品图片和商品属性，商品属性分成基本属性及自定义属性，好的商品必须有充分正确的属性，属性填写率在 100%。选择好商品类目以后就进入了商品基本信息填写界面，如图 4－77 所示。

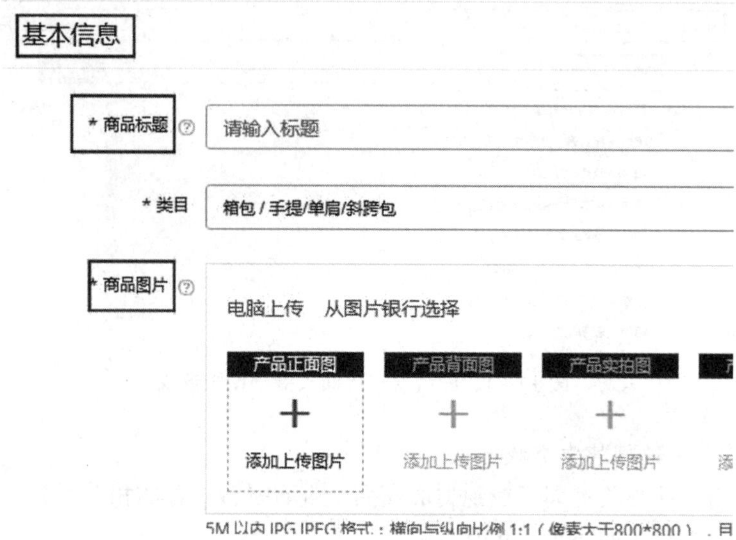

图 4－77　商品的基本信息

如果商品有营销视频，在基本信息的商品图片下面可以上传视频，如图 4－78 所示。

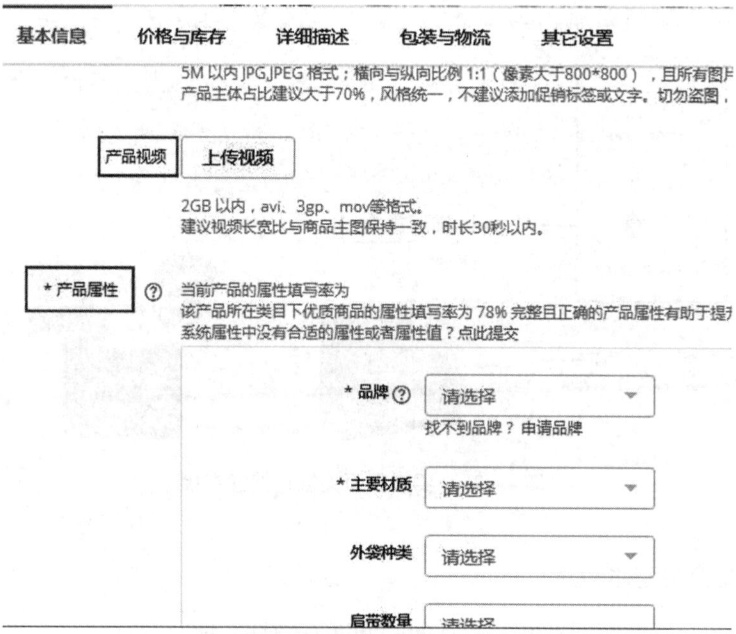

图 4－78　上传视频信息

对于商品自定义属性应尽量利用到位，主要设置应围绕标题重要关键词的重复，保证相关性。同时，也可利用 Top 热销属性进行属性填写，如图 4－79 所示。

图 4－79　商品的自定义属性

（三）价格与库存

商品的价格与库存模块主要包括商品的最小计量单位、销售方式、零售价及库存，如图 4－80、4－81 所示。为了完整商品信息，商品的颜色尺寸也要填写完整。商品定价是关乎商品自身点击率高低的重要因素，设定合适的商品价格，包含进价、运费以及利润，设置 30% 左右利润空间的促销活动可以增加买家购买欲望。

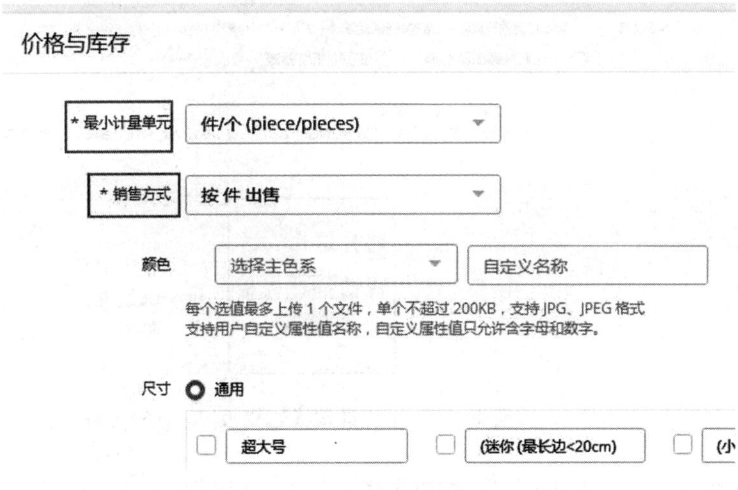

图 4－80　商品的价格与库存（1）

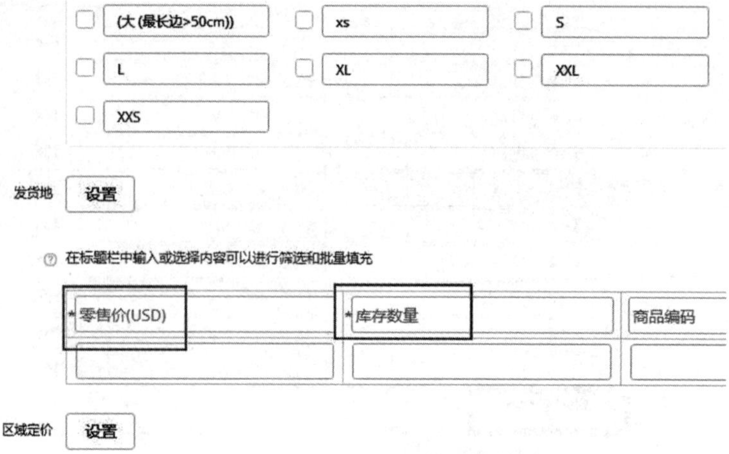

图 4-81　商品的价格与库存（2）

（四）详细描述

速卖通新版的详情描述首先要选择一个合适模板，然后再设置详情描述内容，如图 4-82所示。

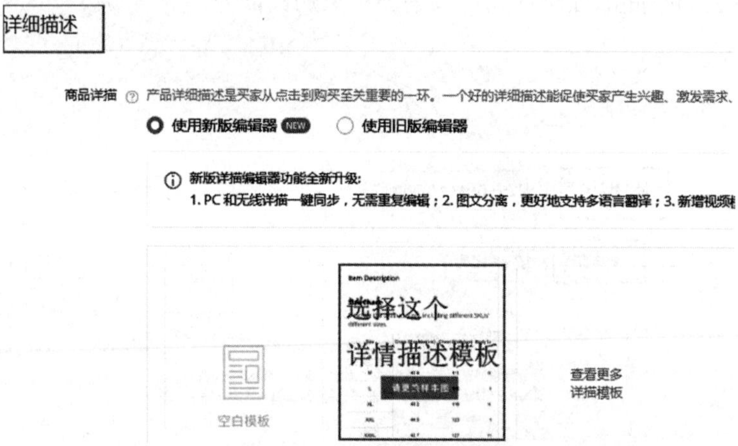

图 4-82　选择详情描述模板

选好商品模板以后，根据商品需要选择合适的模块编辑商品详情页，如图 4-83 所示。

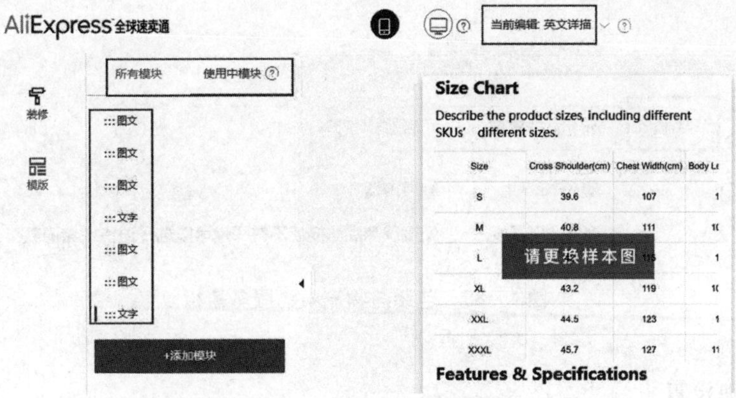

图 4－83　选择合适模块编辑

（五）包装与物流

包装与物流模块主要是设置商品发货期（一般 3～5 天）、物流重量、物流尺寸以及选择合适的物流模板，如图 4－84 所示。跨境电商物流费用比较高，因此准确填写物流重量和物流尺寸非常重要，这两个指标直接关系着物流费用的高低，关系到选择哪个物流模板，进而影响商品价格和商品转化。

图 4－84　包装与物流模块

除了以上内容外，包装与物流模块还有一个服务模板，一般卖家会选择新手服务模板，企业也可以根据自己需要设置，如图 4－85 所示。

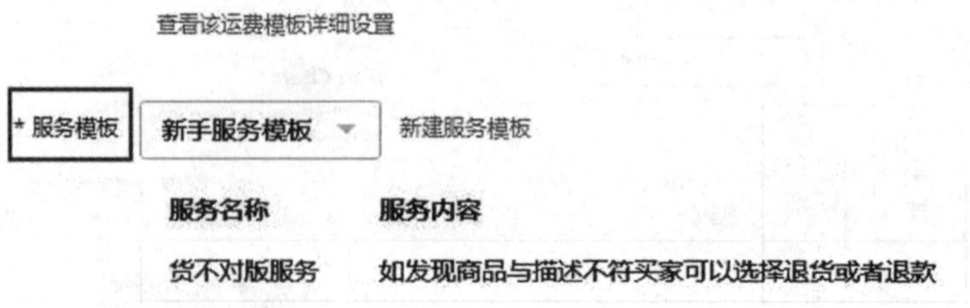

图 4－85　包装与物流中的服务模板

（六）其他设置

详情页编辑的最后是其他设置项目，主要包括商品分组、库存扣减方式以及商品发布条款，如图 4－86 所示。商品分组是为了更方便做活动，库存扣减方式一般企业会选择付款减库存的方式。

图 4－86　其他设置

二、物流模块的设置

速卖通平台的主要物流类型有经济物流、简易物流、标准物流、快速物流。其中邮政物流、专线物流以及商业快递这三种物流方式的差异性如图 4－87 所示。

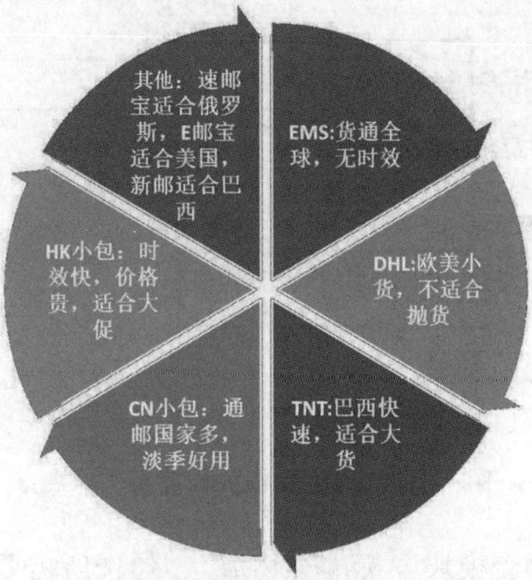

图 4－87　平台的主要物流方式比较

物流模块的设置包括新增运费模板和选择运费模板。

1. 新增运费模板

第一步，点击“商品管理”—“运费模板”—“新增运费模板”，进行模板设置，如图 4－88 所示。

图 4－88　新增运费模板

第二步，为该运费模板设置一个名字（不能输入中文），如果有海外仓可以选择海外仓发货权限，选好以后保存，进入设置界面，如图 4－89 所示。

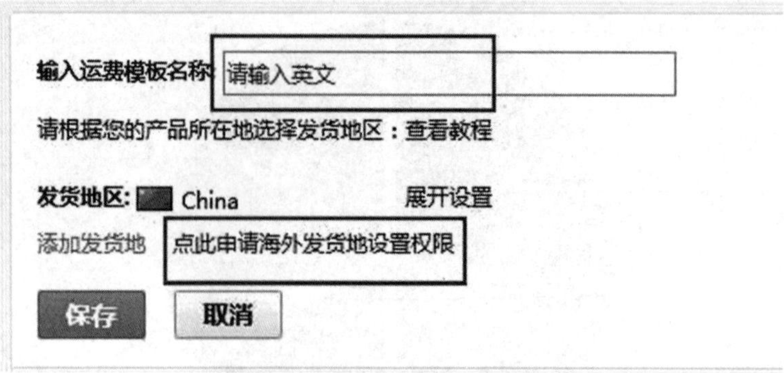

图 4-89　为运费模板设置英文命名

第三步，选择合适的物流模块“标准类物流”，勾选所需要的物流方式“菜鸟大包专线”，选择“自定义运费”设置，如图 4-90 所示。

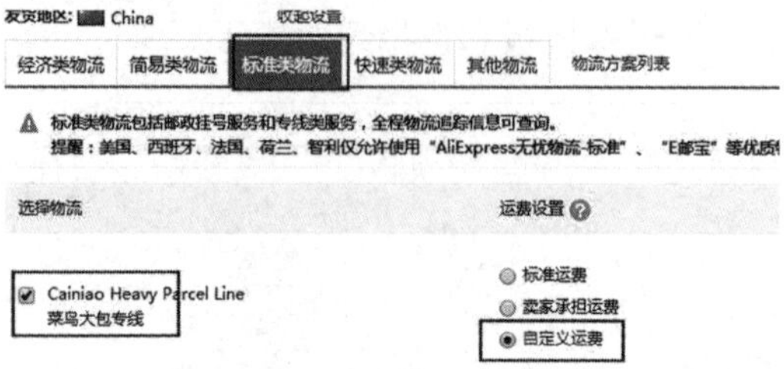

图 4-90　选择物流方式

第四步，添加运费组合选择“自定义运费”—“添加一个运费组合”，如图 4-91 所示。

图 4-91　添加运费组合

第五步，选择这些国家是发货还是不发货，如果发货选择运费类型“标准运费/卖家承担运费/自定义运费”，然后设置“运费减免率”，点击“确认添加”，如图 4－92 所示。

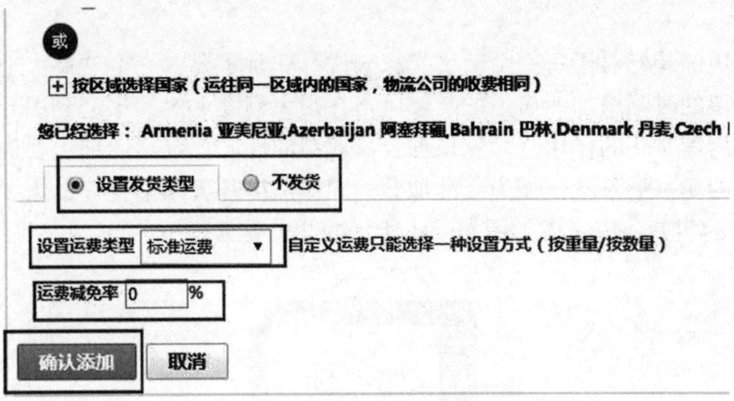

图 4－92 添加运费模板

2. 选择运费模板

在发布商品的时候选择适当的运费模板，如图 4－93 所示。

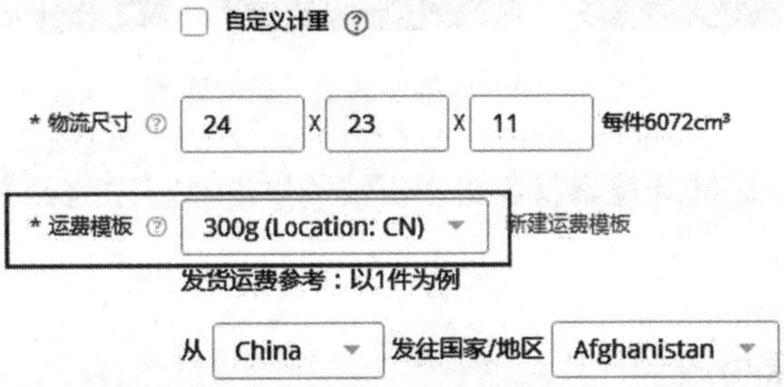

图 4－93 发布时运费模板选择

注意：商品提交成功后，可以打开“商品管理”—“管理商品”页面，在“正在销售”状态栏下查看和编辑通过审核的商品。并且，定时检查商品的排名，查看商品的销量。

项目七　店铺装修和设计思路

速卖通的店铺装修对于每一个新手卖家来说都非常重要，一个“高大上”的店铺会让买家在页面停留的时间增加。店铺的装修风格在很大程度上对买家起到引导产品、宣传产品甚至是宣传店铺文化的作用。卖家根据自身产品的性质，定出店铺主要的装修风格和色调。一个优质的卖家形象不仅能为店铺加分，同样是提升买家信任度的重要途径。构造一个“高大上”的店铺，应考虑如图 4－94 所示的几个要素。

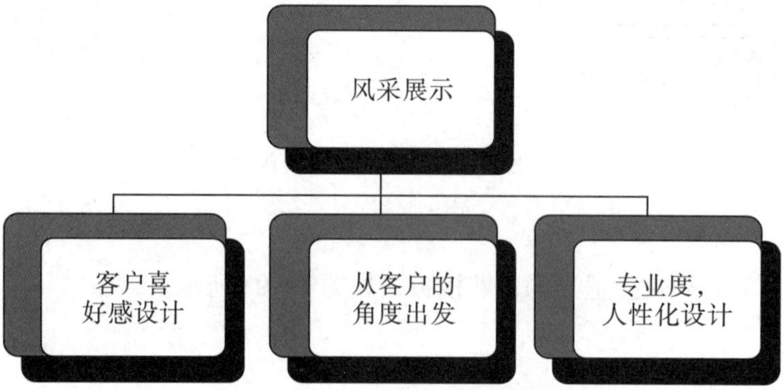

图 4－94　店铺装修应遵循的要素

店铺装修主要包含店铺装修素材收集和店铺装修模块制作两大方面的内容。具体操作如下：

一、店铺装修素材收集

（一）根据主营产品确定店铺的主色调

1. 规则

色彩搭配应有主次、对比，色系控制在三种以内，多采用中间颜色；尽量突出产品本身，符合本身行业的特性。将买家最想看到的，如新品上市以及折扣商品信息优先呈现在买家面前，尽可能地吸引买家的眼球。引导买家进一步浏览店铺，提高买家下单的概率。

2. 示例

示例一：以粉红和粉蓝为底色，结合童装的特点，给人天真烂漫的感觉，如图 4－95 所示。

图 4－95 示例一

示例二：采用莫兰迪色为底色，底色和衣服为临近色系，简单时尚，如图 4－96 所示。

图 4－96 示例二

（二）收集设计素材

通过搜索引擎（如百度、360、我图网等）、店铺装修模板市场等素材渠道搜集图片素材及速卖通装修模板素材。图片素材搜集渠道如图 4－97 所示。

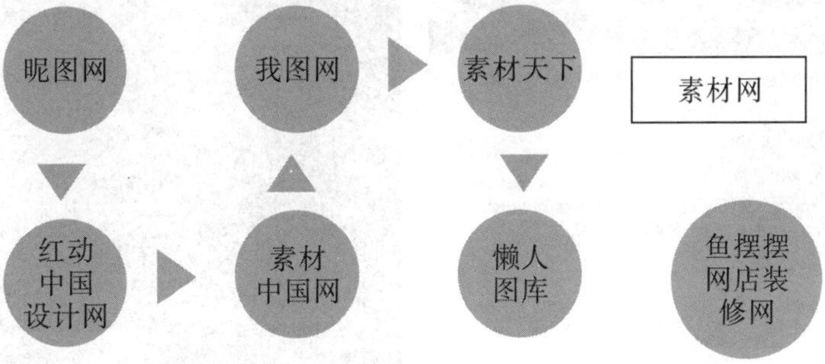

图 4－97 图片素材搜集渠道

二、店铺装修模块制作

（一）店铺装修模板参考——适用鞋包产品

图 4－98　店铺装修模板（1）

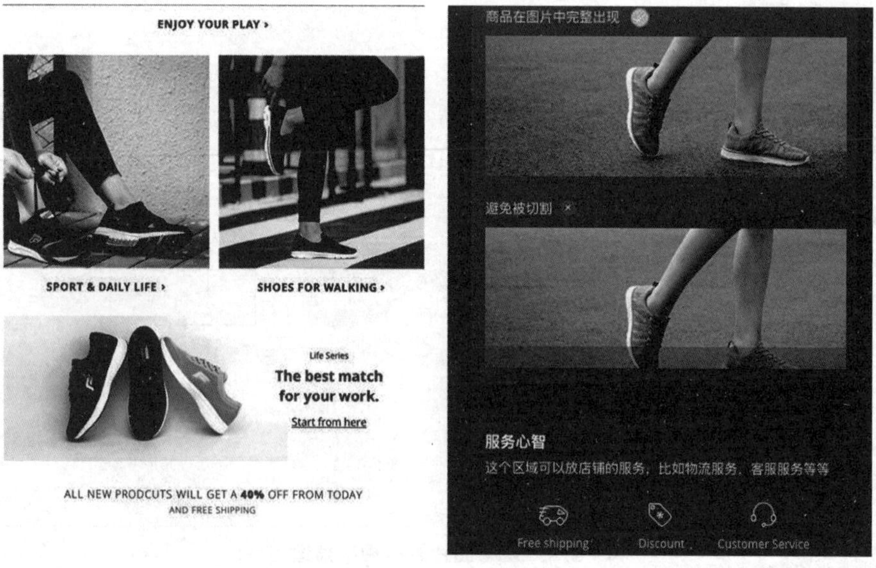

图 4－99　店铺装修模板（2）

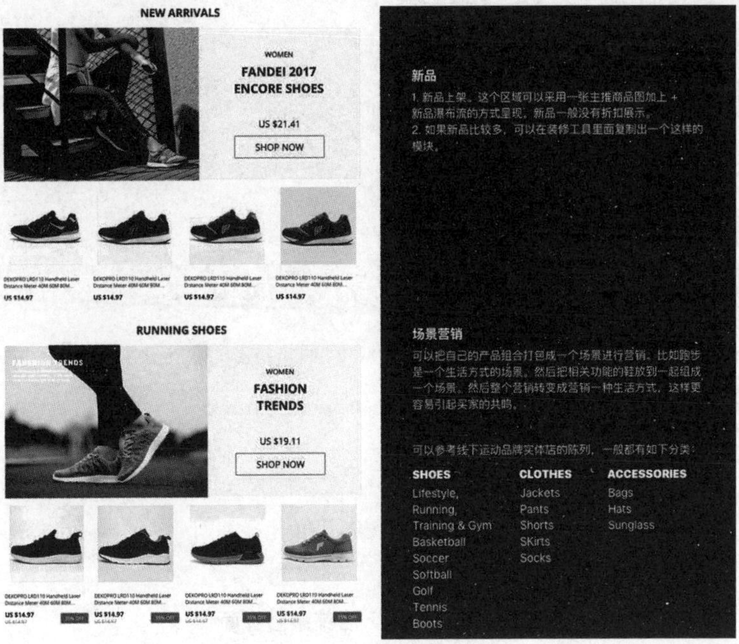

图 4－100　店铺装修模板（3）

图 4－101　店铺装修模板（4）

（二）店铺装修的步骤

1．登录速卖通后台

点击“店铺”—“店铺装修及管理”—“进入装修”，如图4－102所示。

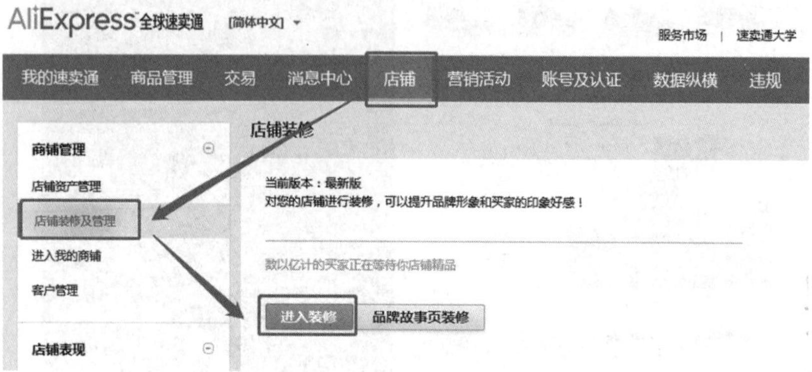

图4－102　进入店铺装修页面

2．进入装修页面

装修页面，分为无线端和PC端。PC端页面与无线端页面需要分别独立编辑，除初始模板模块构成相同外，增减模块、调整顺序、模块填充均需独立进行，如图4－103、4－104所示。

图4－103　无线端首页

图4－104　PC端首页

3．页面管理与装修模块

（1）店铺装修模块介绍。

店铺装修分为四大类型，分别是图文类模块、营销类模块、产品类模块和预置模块。

图文类模块包括轮播图、文本、单列图文、双列图文、热区图文；产品类模块包括产品列表；预置模块包括店招。

（2）轮播图模块。

点击“轮播图”，拖拽到装修页面，上传图片，对图片进行适当裁剪，添加图片链接并保存，如图 4－105 所示。

图片数量：可选择图片 1～5 张，如图 4－106 所示。

图片尺寸：PC 端的宽度为 1 920 固定值，高度为 640～750 区间值，无线端的宽度为 750 固定值，高度为 0～960 区间值，如图 4－107 所示。可通过模块右侧工具进行图片填充以及图片顺序调整，所有图片高度默认以第一张图片高度为准。

图片链接：填写 aliexpress. com 域名下 https 协议的链接，如图 4－108 所示。

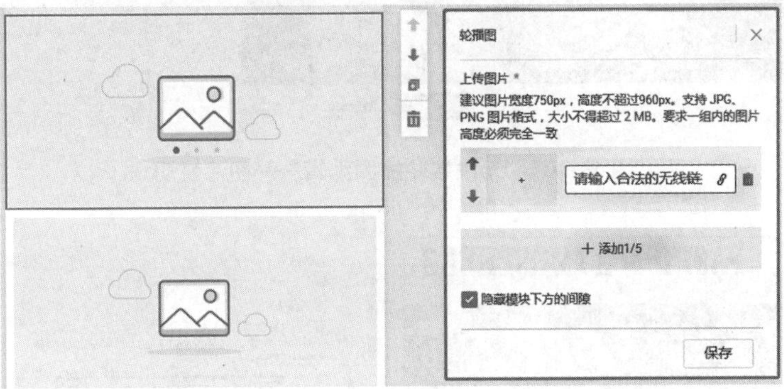

图 4－105　无线端轮播图编辑——上传图片

图 4－106　无线端轮播图编辑——选择文件

图 4－107　无线端轮播图编辑——图片裁切

图 4－108　无线端轮播图编辑——添加图片链接并保存

（3）热区图文模块。

点击“热区图文”，拖拽到装修页面，如图 4－109 所示。热区可添加图片，支持在图片上设置链接，双击可新增热区模块，热区模块也可支持任意拉大拉小，如图 4－110 至图 4－112 所示。

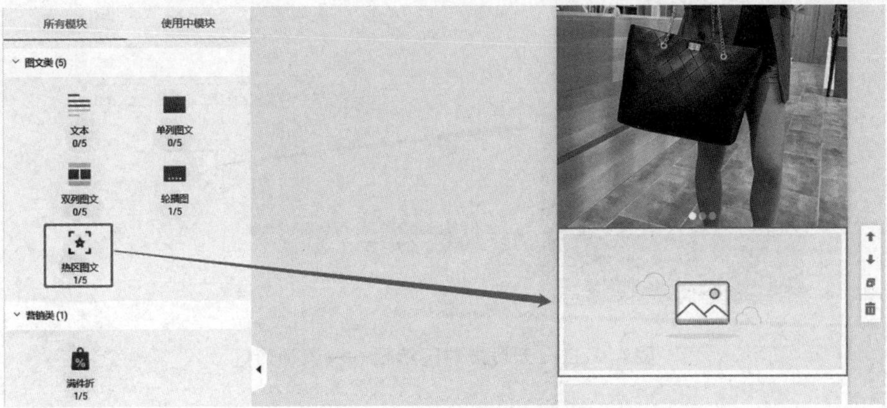

图 4－109　无线端热区编辑——拖拽热区图文

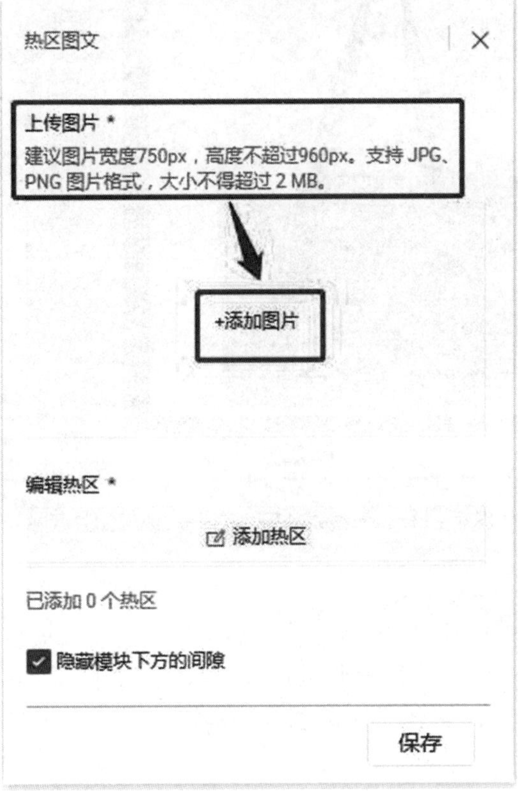

图 4－110　无线端热区编辑——添加图片

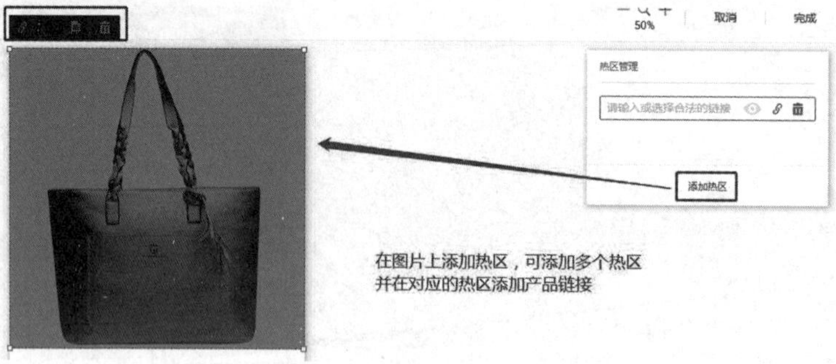

图 4－111　无线端热区编辑——添加热区

图 4－112　无线端热区编辑——裁切图片尺寸

（4）图文模块。

图文模块分为单列模块及双列模块，点击后可拖拽到装修页面。根据需要选择单列图片或双列图片，选择相应图片（图片张数最多 1 张），并输入文本内容（长度不限），添加产品链接（aliexpress. com 域名下 https 协议的链接），如图 4－113 所示。

图 4－113　双列图文编辑

（5）文本。

文本数量：图片 1～3 张。

样式：大标题、中标题、正文三种文字样式；四种背景颜色。

链接：可以不填写链接直接保存。

如图 4－114 所示。

图 4－114　文本编辑

（6）产品模块。

产品数量：可以展示 2～4 个商品。

产品排布：PC 端一排 4 个商品/1 排 3 个/一排 2 个；无线端一排 2 个。

智能选品：支持自动选品和手动选品，支持分组选择商品，智能排序（热卖宝贝在前/新发宝贝在前/最低售价在前/最高售价在前）。

如图 4－115、4－116 所示为无线端产品模块编辑。

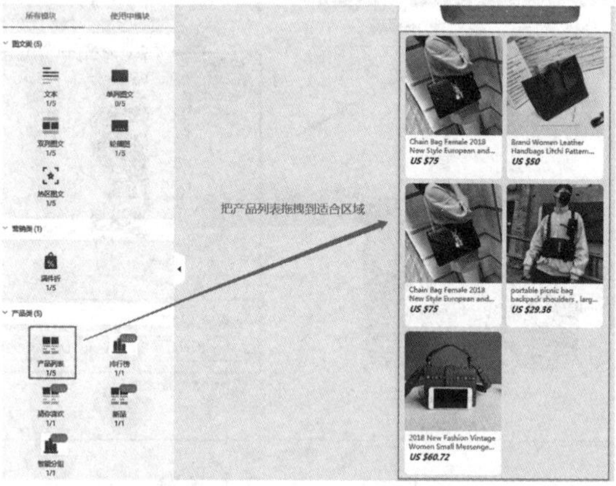

图 4－115　无线端产品模块编辑——添加产品模块

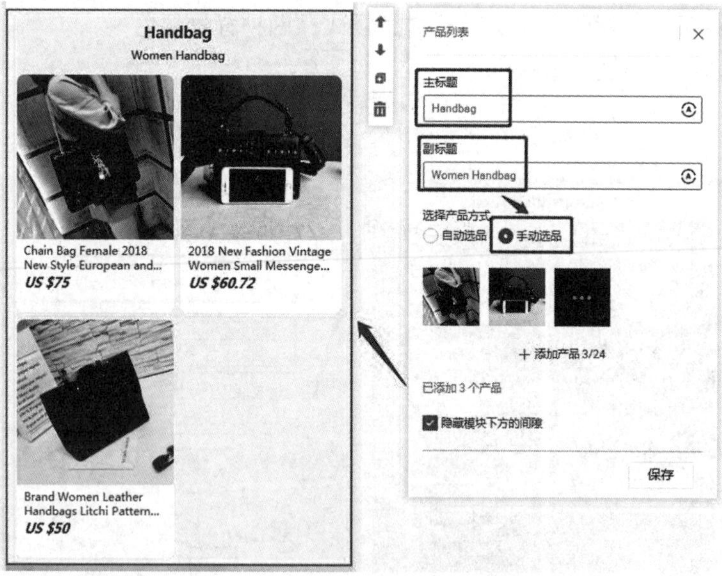

图 4－116　无线端产品模块编辑——输入主副标题并选品

（7）布局管理。

以上图文类模块和产品类模块，可利用模块右侧小工具进行调整顺序、复制、删除等操作，如图 4－117 所示。

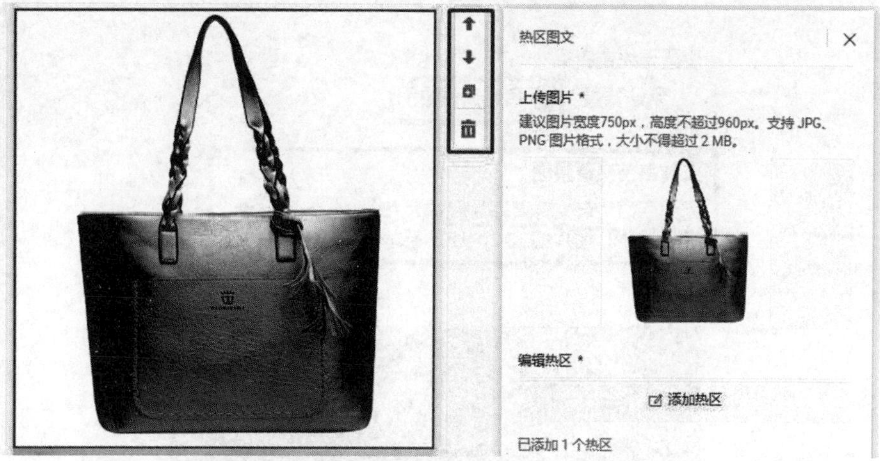

图 4－117　模块调整

（8）店招。

店招属于默认模块，在页面编辑器预置，位于商铺顶部。PC 端和无线端的店招要分开设置。

①无线店招，可以使用默认背景，也可以自定义背景图，如图 4－118、4－119 所示。

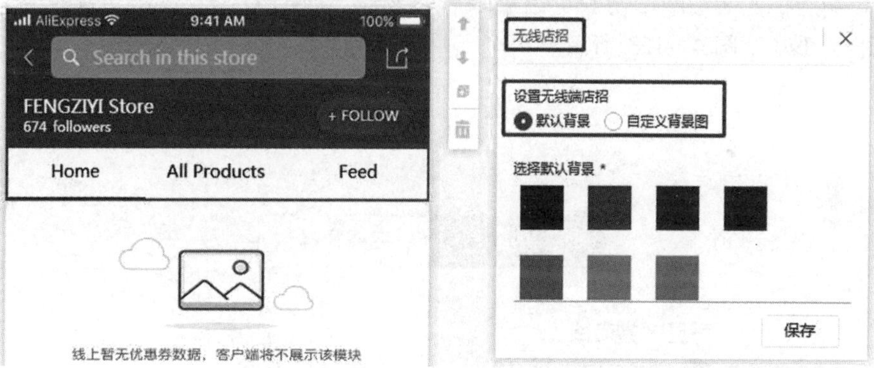

图 4－118　无线店招默认背景

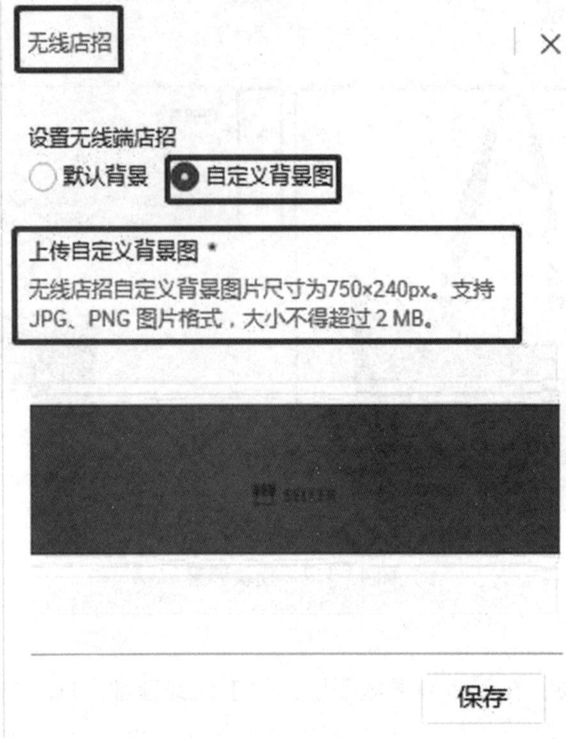

图 4－119　无线店招自定义背景图

②PC 端店招比无线端丰富，可以编辑店铺名称、店铺 Logo、自定义背景图和店铺导航，如图 4－120 至图 4－123 所示。

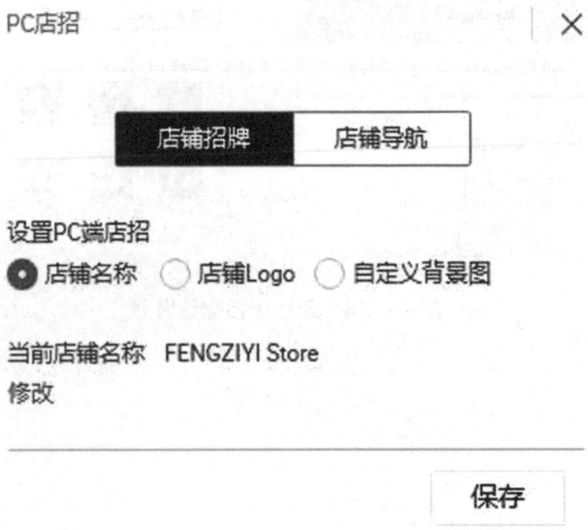

图 4－120　PC 店招店铺名称

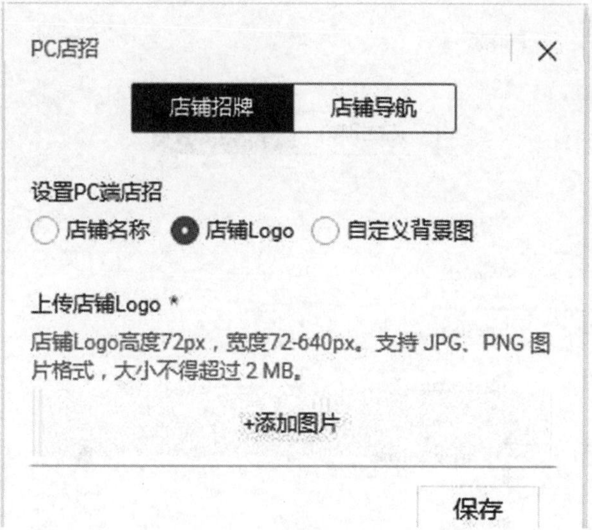

图 4－121　PC 店招店铺 Logo

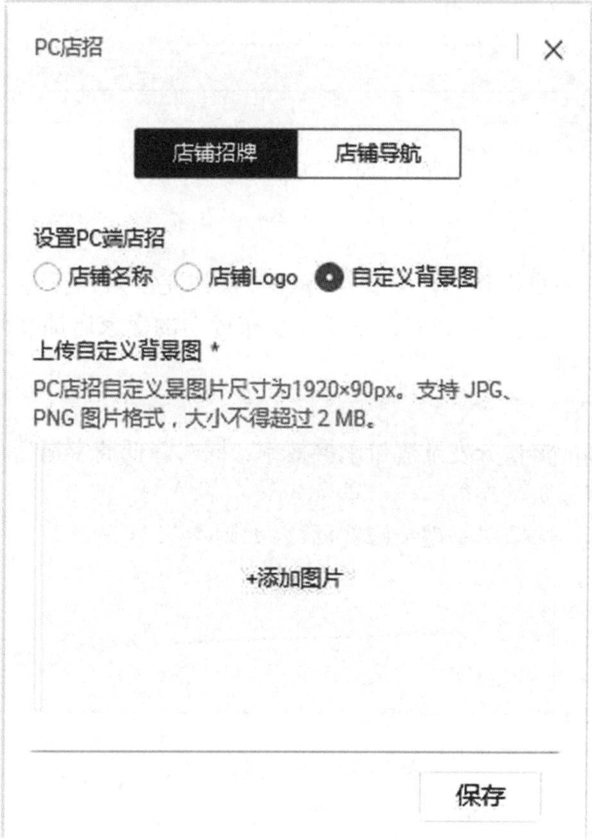

图 4－122　PC 店招自定义背景图

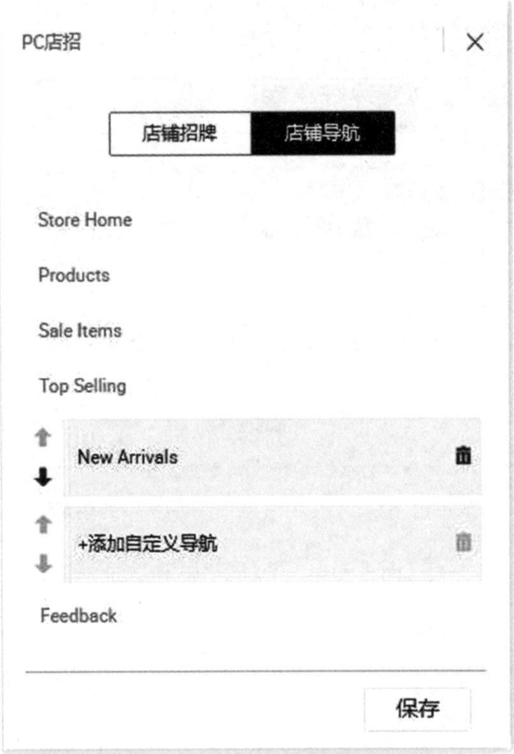

图 4－123　PC 店招店铺导航

（9）页面预发布。

每一次页面任何编辑操作，注意保存操作，操作完毕后请预览店铺页面，然后点击“发布”页面，可选择定时发布或立即发布。发布成功的卖家店铺装修页面需 5～10 分钟生效，买家端方可看到。

4. 一键装修首页

为提升商家店铺的流量分发及流量承接效率，同时降低商家运营成本，装修后台为商家提供一键智能装修首页的功能。

（1）点击 PC 端，选择“一键装修首页”，如图 4－124 所示。

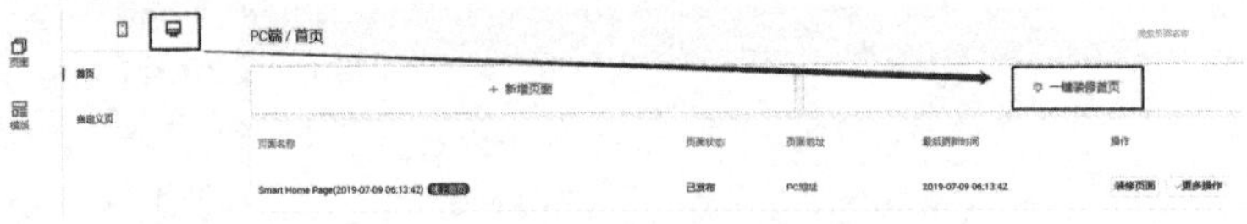

图 4－124　一键装修首页

（2）进入装修页面，如图 4－125 所示。

图 4－125　PC 端装修首页

（3）智能首页介绍。

智能首页中包含经过算法优化的智能模块以及部分营销组件，对店内的热销产品进行主推，同时按照宝贝分类及新品维度对用户浏览进行引导。同时商家还可以在智能首页的基础上对首页进行再编辑添加所需的装修模块。

智能页面结构包括优惠券、排行榜、满件折、智能分组、新品和猜你喜欢，如图 4－126 至图 4－129 所示。

图 4－126　智能组件——排行榜

图 4－127　智能组件——智能分组

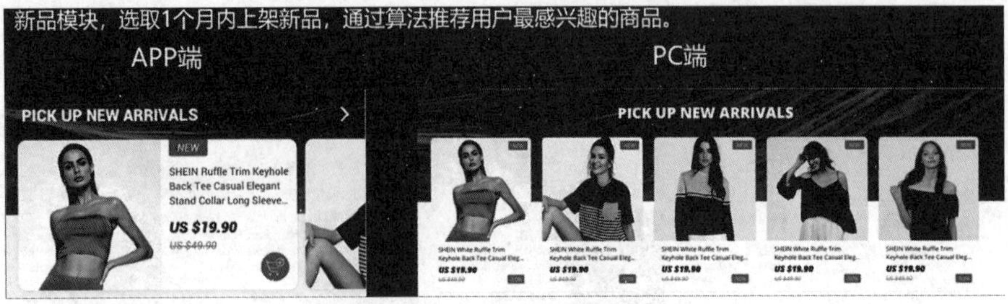

图 4－128　智能组件——新品

图 4－129　智能组件——猜你喜欢

（三）店铺装修应注意的问题

1. 用好店招和图片轮播的窗口

店招是店铺招牌的简称，其展示在商铺的顶部，是向买家展示商铺的 Logo、品牌特色的窗口，也是顾客进入店铺浏览的主要区域。店招的图片在商铺内所有的页面都会展示，但是只能设置一张图片，PC 端店招尺寸为 1920×90px，无限端店招尺寸为 750×240px。

图片轮播是卖家在商铺内向用户展示一组图片的区域，可以设置 1～5 张图片（若设置一张图片则无轮播），并且为所有的图片分别指定超链接，在商铺前台实现图片轮流播放的效果。图片轮播的高度范围需要在 100～600px（像素），并且同一组轮播的图片最好宽度和高度保持一致，这样会给买家带来更好的体验。

店招及图片轮播上传的图片会自动保存在图片银行之中。如图 4－130 所示，第一张和第三张图片分别展示了店铺主营的产品类型，比较醒目，第二张则相对比较简单，只是单纯的店铺名称及二维码等。

图 4－130　店招及图片轮播展示

2. 广告图设计要着重吸引买家眼球

广告图高度一般是 100～600px（像素），宽度是 960px（像素）。主要形式可以是店铺新品造势、主推产品折扣或者是店铺活动等信息。

示例 1 广告图（见图 4－131）为皮包造势，用粉红色做背景衬托出甜美活泼的感觉，用红色显眼的字体突显产品名称，主次分明，画面和谐，容易吸引买家眼球。

图 4－131　广告图设计示例 1

示例 2 广告图（见图 4－132）背景元素过多，虽然突出了中间的促销信息，但是皮包颜色和背景颜色对比不强烈，画面颜色过多，缺乏美感。

图 4－132　广告图设计示例 2

3. 产品信息陈列

产品信息陈列应根据店铺的主营产品类型进行划分，清晰化，分类化，让买家一眼就可以看到自己想要的产品类型，如图 4－133 所示。

图 4－133　产品信息陈列

4. 利用其他信息模块提升卖家形象

在店铺放置与公司相关的图片内容，不仅可以体现诚信专业的服务态度，同时能给予买家更多的信赖感，如图 4－134 所示。

图 4－134　其他信息模块

项目八　店铺自主营销

为优化店铺的自主营销，速卖通推出限时限量折扣、全店铺满立减、店铺优惠券、全店铺打折四款王牌营销工具，还有辅助营销的产品互链工具以及数据纵横工具，为店铺自主营销提供了便利的营销条件。

一、四款店铺自主营销工具

（一）全店铺打折营销设计

1. 全店铺打折营销的概念

全店铺打折是一款可根据商品分组对全店商品批量设置不同折扣的营销工具，可帮助卖家短时间内快速提升流量和销量。卖家可根据不同分组的利润率设置不同的折扣力度，10% OFF 以上的商品更易出单。其优势在于：①全店铺商品主图批量折扣标识；②买家搜索页面 Sale Items 额外曝光；③买家购物车及收藏夹折扣提醒。

2. 设置全店铺营销分组的作用

用更加自由的折扣设置将产品分类，帮助买家更方便地找到商品，也便于卖家根据折扣率的需要将商品进行分组，细化产品的管理，方便后续在买家页面强化展示，如图 4－135 所示。

图 4－135　设置全店铺营销分组的作用

3. 设置营销分组的步骤

（1）创建活动。登录“我的速卖通”，点击“营销活动”，在“店铺活动”中选择“全店铺打折”，点击“创建活动”，如图 4－136 所示。

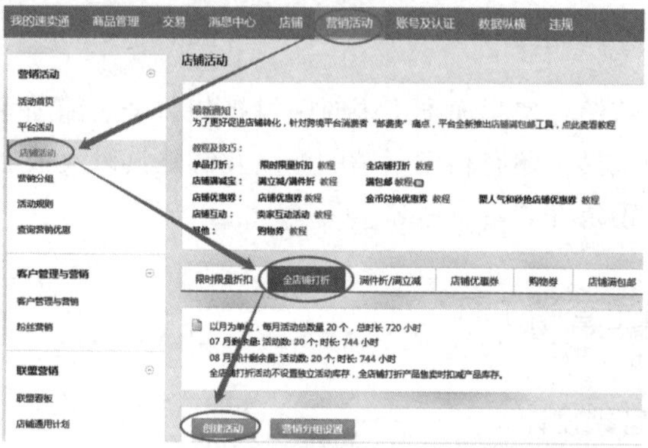

图 4－136　全店铺打折活动创建（1）

（2）填写活动的基本信息以及活动商品组信息。在“活动名称”一栏内填写对应的活动名称，如 10% OFF，买家端不可见；在“活动开始时间”以及“活动结束时间”内设置活动对应的开始时间以及活动结束时间，如图 4－137 所示。

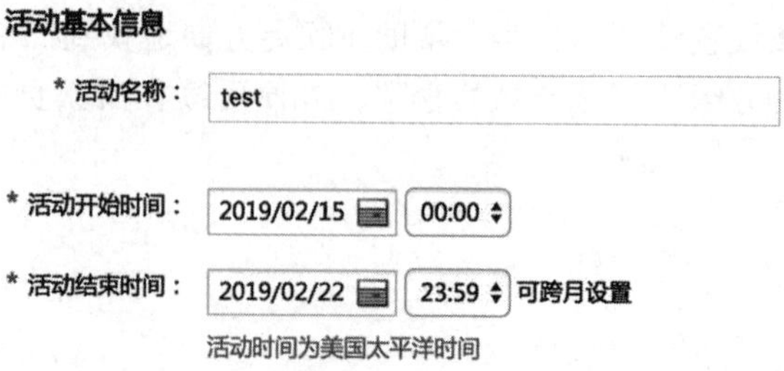

图 4－137　全店铺打折活动创建（2）

（3）全店铺打折可以根据不同的产品组设置不同的折扣，未分组产品的折扣为“Other”组的折扣。点击“提交”后，活动创建完成，如图 4－138 所示。

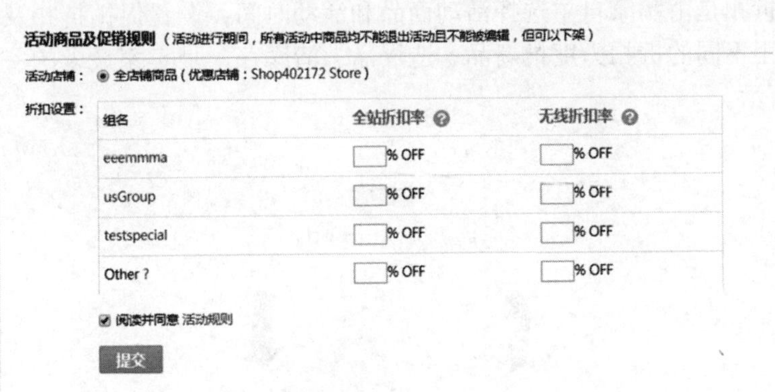

图 4－138 全店铺打折活动创建（3）

4. 设置全店铺打折营销应注意的问题

（1）全店铺打折活动的折扣上限调整为 50% OFF（部分行业会有所不同）。

（2）全店铺打折的分组使用营销分组来进行打折，所有没有放到营销分组中的商品都会出现在营销分组的“Other”组中。

（3）除在大促期间，全店铺打折活动不再要求所有营销分组必须打折，只需要最少设置一个分组的折扣即可成功提交。

（4）当活动处于“等待展示”状态时，产品无法编辑修改。

（5）活动时间是美国太平洋时间，创建活动需 24 小时后开始。

（6）全店铺打折的商品在创建活动时不会立刻被锁定，在活动正式开始前 24 小时才会被锁定，无法编辑，只能下架。

总而言之，不同产品所采用的营销工具或手段是需要根据店铺反映的数据进行效果对比的，同时，不同店铺营销活动之间是可以起到互补推进的作用的，其组合方式如图 4－139所示。

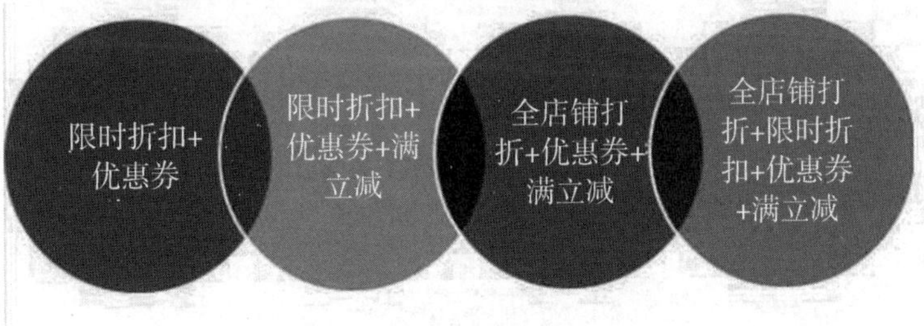

图 4－139 店铺营销方式组合

（二）限时限量折扣营销设计

1. 限时限量折扣的概念

限时限量折扣是由卖家自主选择活动商品和活动时间，设置促销折扣及库存量的店铺营销工具，利用不同的折扣力度推新品、造爆品、清库存，是卖家最爱的一款工具。具体如图 4－140 所示。

图4－140　限时限量折扣活动用途

操作店铺限时限量折扣时，可利用“数据纵横”的“热门商品”选择活动商品，提前优化好商品信息后再创建活动。限时限量折扣活动的优势主要体现在商品主图明显折扣标识、买家搜索页面 Sale Items 额外曝光和买家购物车及收藏夹折扣提醒三个方面。

2. 活动设计流程

（1）创建活动。登录“我的速卖通”，点击“营销活动—店铺活动—限时限量折扣—创建活动”，如图 4－141 所示。

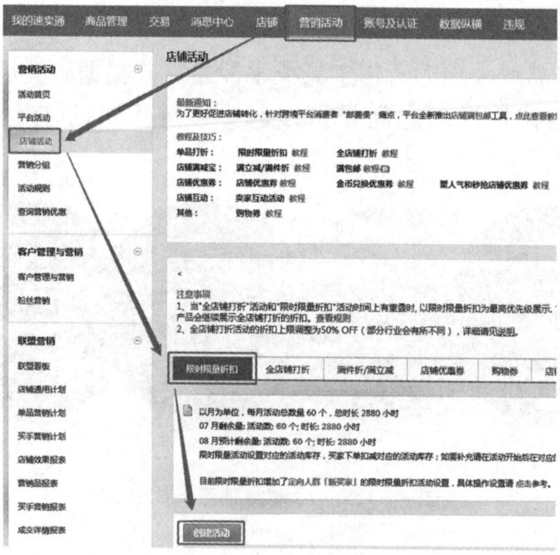

图 4－141　限时限量折扣活动创建（1）

（2）填写活动基本信息。点击“创建活动”后，可以新建店铺限时限量折扣活动，输入活动基本信息后，点“确定”即可。支持实时发布，无须选择活动开始时间，活动创建后添加商品，点击“发布”后5分钟内生效，如图4－142、4－143所示。

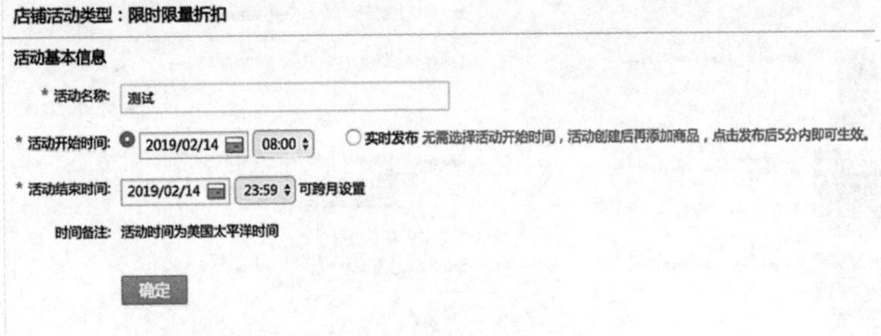

图4－142　限时限量折扣活动创建（2）

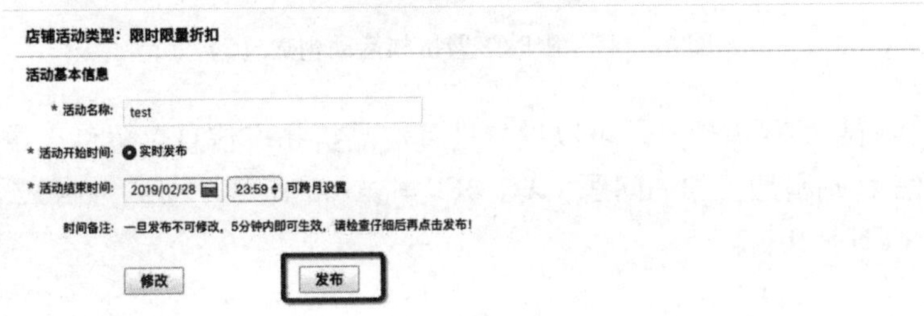

图4－143　限时限量折扣活动创建（3）

（3）添加参与活动商品。

①设置参与限时限量折扣的商品，每次活动最多可以选择60款商品。选择商品页面如图4－144所示。

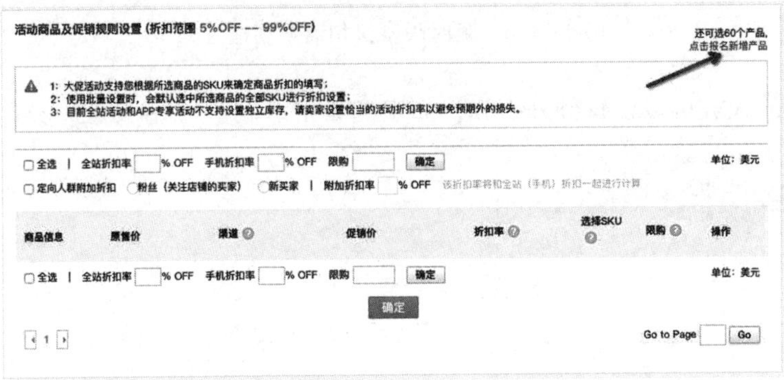

图4－144　限时限量折扣活动创建（4）

②勾选需要参加的商品，点击“确定”，如图4－145所示。

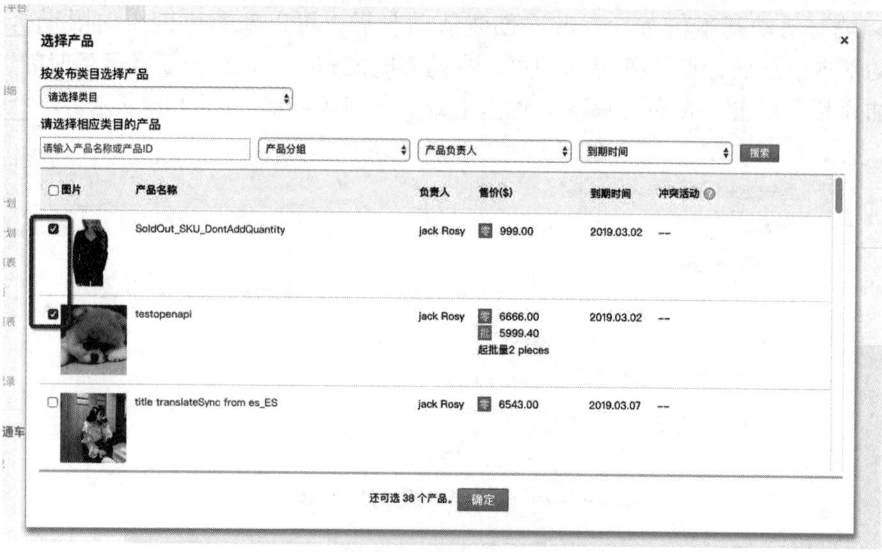

图 4－145　限时限量折扣活动创建（5）

③设置折扣商品的促销信息。可以批量设置商品折扣率信息，也可以单独设置，如图 4－146 所示。需特别留意折扣的问题，*X*% OFF＝（100%－*X*）折，如 40% OFF 是指商品打 6 折，10% OFF 是 9 折。

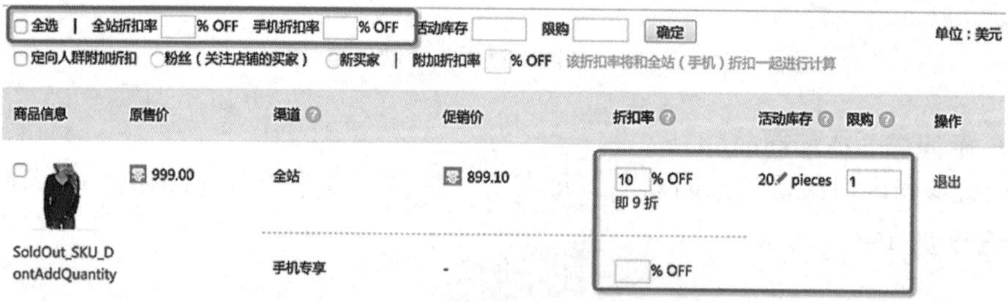

图 4－146　限时限量折扣活动创建（6）

针对不同的人群可以设置额外折扣，如定向人群、粉丝和新买家，具体设置如图 4－147 所示。

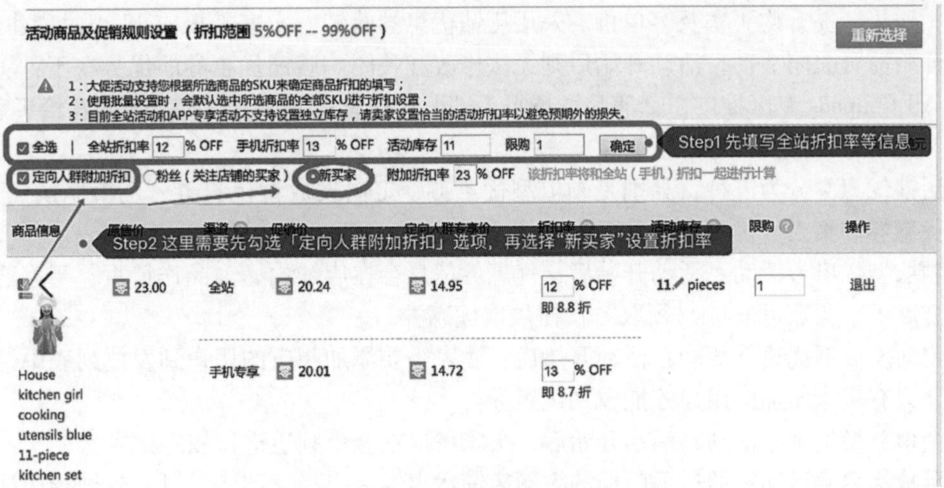

图 4－147　限时限量折扣活动创建（7）

粉丝/新买家专享价商品价格的计算逻辑如下：

粉丝/新买家专享价 =［1 －（全站折扣率 + 定向人群附加折扣率）］×原售价

举例：商品原价 100 元，全站折扣 10% OFF，定向人群附加折扣 5% OFF，

普通用户折扣价：100 ×（1 －0.1）=90 元

定向用户（粉丝/新买家）折扣价：100 ×（1 －0.1 －0.05）=85 元

新用户专享价只会计算基础折扣最低价，额外的折扣不会计算入内。

3. 采用限时限量折扣营销应注意的事项

（1）限时限量折扣活动可以跨月创建，其他店铺活动开始和结束日期必须在同一个月内。

（2）支持实时发布，无须选择活动开始时间，活动创建后添加商品，点击发布后 5 分钟内生效。

（3）限时限量折扣活动与平台活动的优先级相同，正在进行其中任一活动的商品不能参加另一活动。

（4）限时限量折扣活动和平台活动的优先级高于全店铺打折活动，如果有商品同时参加了限时限量折扣活动（或平台活动）和全店铺打折活动，则该商品在买家页面展示时以限时限量折扣活动（或平台活动）的设置为准，两者的折扣不会叠加。

（5）不能提价打折。频繁地提升价格后打折的原商品是无法进入平台搜索排序的，相反的是价格搜索排序靠后。

（6）每次活动设置的时间尽可能短，最好不要超过 7 天，以增加灵活性和吸引力。

（三）店铺优惠券营销设计

1. 店铺优惠券的概念

店铺优惠券是速卖通推出的第三款店铺自主营销工具。店铺优惠券是由卖家自主设置优惠金额和使用条件，买家领取后在有效期内使用的优惠券，可以刺激新买家下单和老买

家回头购买，提升购买率及客单价。采用店铺优惠券营销，卖家需提前 48 小时创建活动，活动开始前可关闭活动，活动开始后则无法修改和关闭。店铺优惠券的优势在于：①买家页面 All Coupons 专区推广；②商品详情页头部明显标志；③平台邮件直接推荐给买家。

2. 店铺优惠券的种类

店铺优惠券分为五种，分别是领取型优惠券、定向发放型优惠券、金币兑换优惠券、秒抢优惠券和聚人气优惠券。

领取型优惠券活动：活动开始后，优惠券信息会在店铺内、商品详情页、买家购物车等地方展示，买家可通过“领取”按钮领取优惠券。

定向发放型优惠券活动：活动开始后，卖家需要添加相应的用户到发放列表中给用户发放，只有卖家添加的用户才能收到优惠券。

金币兑换优惠券活动：活动开始后，买家可以在金币频道进行相应兑换。

秒抢优惠券活动：通过无门槛的大额店铺优惠券吸引买家到店，可有效维持店铺的买家活跃度。

聚人气优惠券活动：通过买家人传人的形式快速给店铺带来新流量，买家只有带来其他买家并帮其领取，才能获得此店铺优惠券。

3. 设置店铺优惠券的步骤

（1）在“店铺活动”中选择“店铺优惠券”后，点击“领取型优惠券活动”—“添加优惠券”。每月总共有 50 个活动，活动开始和结束时间必须在同一个月内，但是可以提前创建下一个月的活动，如图 4－148 所示。

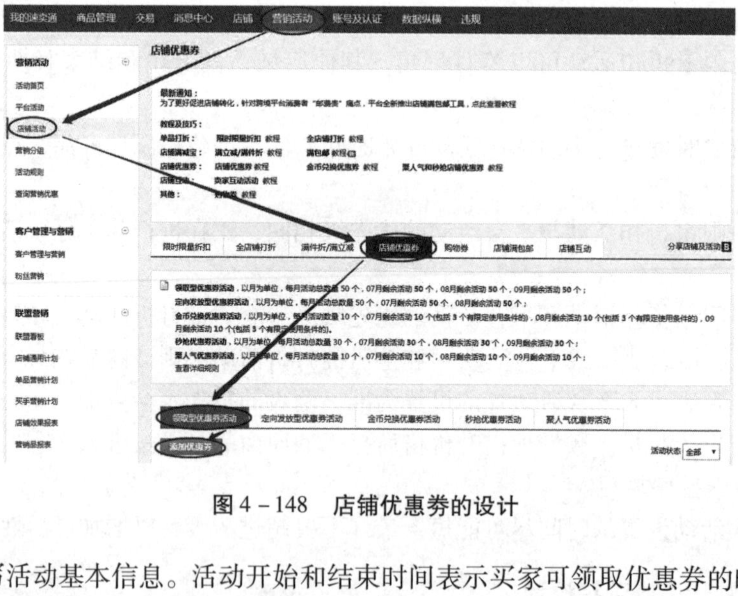

图 4－148　店铺优惠券的设计

（2）填写活动基本信息。活动开始和结束时间表示买家可领取优惠券的时间，买家可使用该优惠券的时间在“优惠券领取规则设置”中的“有效期”设置。例如：活动时间为 7 月 13 日至 7 月 30 日，有效期为 7 天，买家在 7 月 20 日领取的优惠券，领用后可立即使用，最晚使用日期为 7 月 27 日，如图 4－149 所示。

图 4－149 店铺优惠券基本信息填写

（3）填写优惠券领取。注意优惠券的类型主要有不限制使用条件和订单需满足一定条件这两种，前者能大大提升买家的购买率，但需要考虑自身可承受的范围，面值和数量上可以做一些控制。需要结合自身客单价来设置，条件设置比客单价略高即可。例如客单价为＄20，设置条件为＄30 是合理的，但若设置成＄100 就会没效果，如图 4－150 所示。

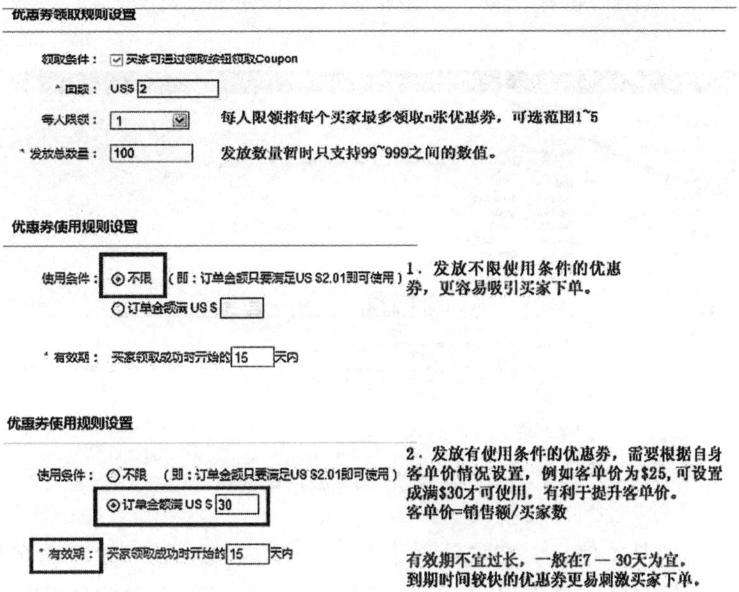

图 4－150 店铺优惠券领取规则设置

（4）店铺优惠券活动生效后，买家可领取的地址为商铺的 Sale Items 菜单。需注意的是，同一时间段可设置多个店铺优惠券活动，满足不同购买力买家的需求，从而获得更多订单。活动一旦生效，立刻将链接地址发给老买家，让老买家最先抢到优惠券。页面展示如图 4－151 所示。

图 4－151 设置多个店铺优惠券活动

（四）全店铺满件折/满立减营销设计

1. 全店铺满件折/满立减营销的概念

全店铺满立减是针对全店铺的商品，在买家的一个订单中，若订单金额超过了设置的优惠条件（满 X 元），在其支付时系统会自动减去优惠金额（减 Y 元），目的在于刺激买家为了达到优惠条件而多买，从而提升销售额，拉高平均订单金额和客单价的店铺营销工具。全店铺满立减的优势在于：①搜索页面满立减标志额外曝光；②店铺首页明显标识吸引买家关注；③商品详情页标识进一步刺激买家下单。

满件折活动可以对店铺自由设置“满 X 件优惠 Y OFF”的促销规则。买家下单时，如果订单总商品数超过了设置的 X 件，在买家付款时，系统自动减掉 Y，无须卖家修改价格。

2. 设置全店铺满件折/满立减活动

（1）创建活动。登录“我的速卖通”，点击“营销活动”，在“店铺活动”中选择“满件折/满立减”，点击“创建活动”，如图 4－152 所示。

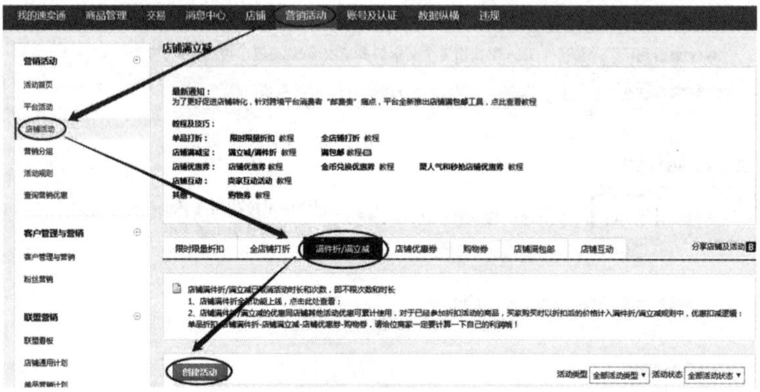

图 4－152　满件折/满立减活动创建（1）

（2）填写活动的基本信息。在“活动名称”一栏内填写对应的活动名称，买家端不可见；在“活动开始时间”以及“活动结束时间”内设置活动对应的开始时间以及活动结束时间；同一个活动时间内（活动开始时间到活动结束时间）只能设置一个满立减活动（含全店铺满立减、商品满立减）和一个满件折活动（含全店铺满件折、商品满件折），如图 4－153 所示。

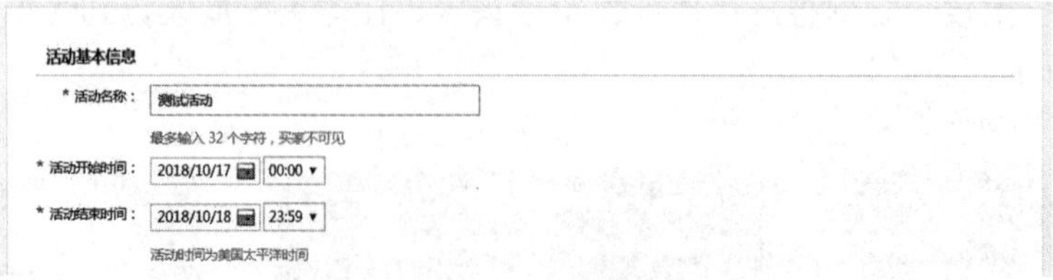

图 4－153　满件折/满立减活动创建（2）

（3）设置活动商品及促销规则，如图4－154所示。

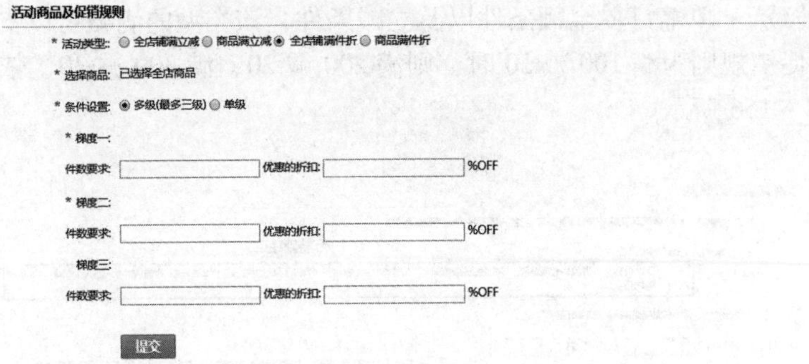

图4－154　满件折/满立减活动创建（3）

①设置“活动类型”：

活动类型包括“全店铺满立减”“商品满立减”“全店铺满件折”和“商品满件折”。

A．选择“全店铺满立减”，即为全店铺商品均参与满立减活动，订单金额包含商品价格和运费，所有商品按折后价参与。

B．选择“商品满立减”，即为设置了活动的部分商品的满立减活动，订单金额包含商品价格（不包含运费），商品按折后价参与。

C．选择“全店铺满件折”，即为全店铺商品均参与满件折活动，所有商品按折后价参与。

D．选择“商品满件折”，即为设置了活动的部分商品均参与满件折活动，设置商品按折后价参与。

②优惠扣减逻辑：单品折扣—店铺满件折—店铺满立减—店铺优惠券—购物券。

③设置“选择商品”：针对“商品满立减”“商品满件折”活动需要“添加产品”，每次活动最多可以选择200个产品。选择产品页面如图4－155所示。

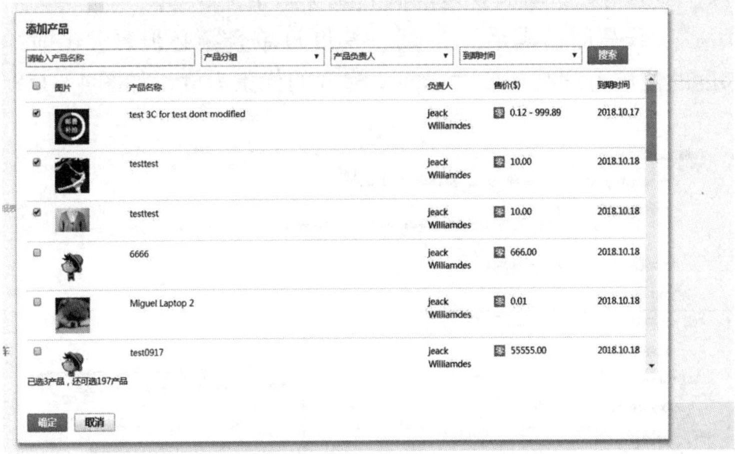

图4－155　满件折/满立减活动创建（4）

④设置“满减条件”：目前的满减条件支持类型“多梯度满减”和“单层级满减”。

A. 选择“单层级满减”：同一优惠比例的满减活动。

“单层级满减”：单笔订单金额条件以及立减条件，该类型的满减可以支持优惠可累加的功能（即当促销规则为满 100 减 10 时，则满 200 减 20，满 300 减 30，依此类推，上不封顶），如图 4－156 所示。

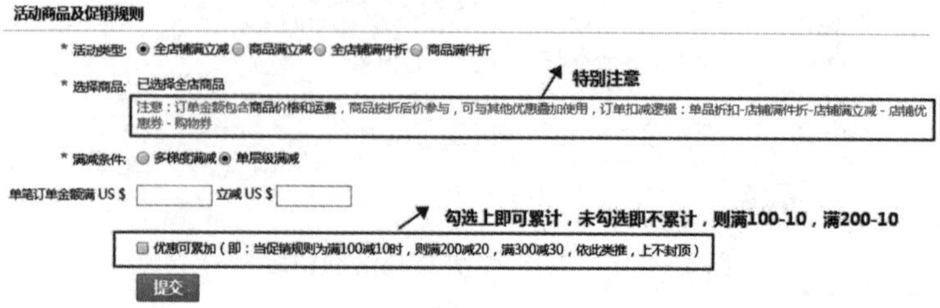

图 4－156 满件折/满立减活动创建（5）

“单层级满件折”：单笔订单件数条件以及立减条件，该类型的满减不支持优惠可累加的功能（即当促销规则为满 3 减 10% OFF 时，则满 6 件仍旧是 10% OFF），如图 4－157 所示。

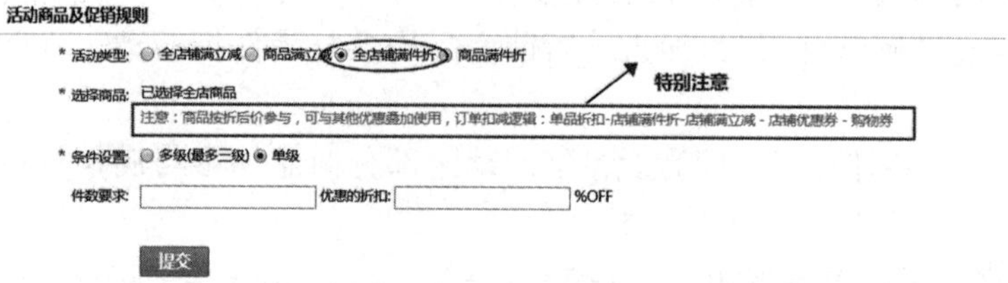

图 4－157 满件折/满立减活动创建（6）

B. 选择“多梯度满减”：不同优惠比例的阶段性满减活动，需要至少设置 2 梯度的满立减优惠条件，最多可以设置 3 梯度的满立减优惠条件。

“多梯度满减”：设置时需满足：a. 后一梯度订单金额必须要大于前一梯度的订单金额；b. 后一梯度的优惠力度必须要大于前一梯度的优惠力度，如图 4－158 所示。

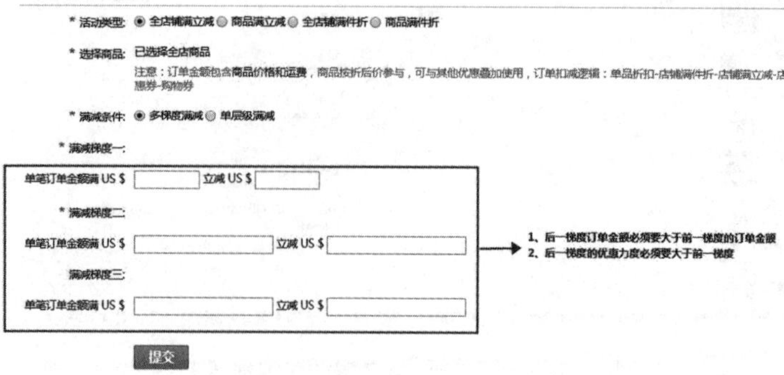

图 4－158 满件折/满立减活动创建（7）

“多梯度满件折”：设置时需满足：a. 后一梯度订单件数必须要大于前一梯度的订单件数；b. 后一梯度的优惠力度必须要大于前一梯度的优惠力度，如图 4－159 所示。

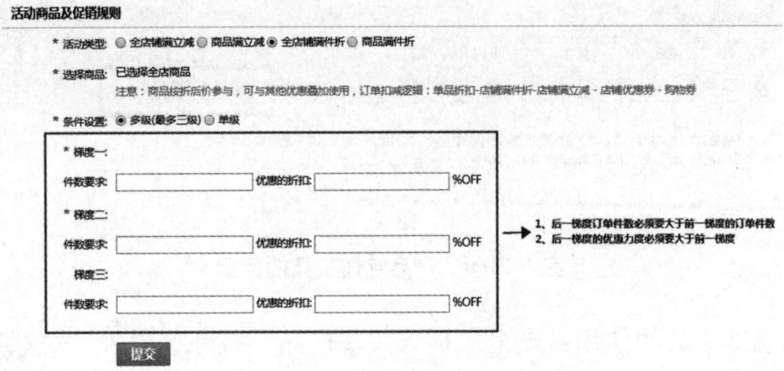

图 4－159 满件折/满立减活动创建（8）

举例说明：

满立减梯度一设置为：满 100 美金立减 10 美金（即 9 折）；则满立减梯度二设置的单笔订单金额必须大于 100 美金，假设设置为 200 美金时，则设置对应的立减金额必须大于等于 21 美金（即最大为 8.95 折）。

3. 注意事项

①当活动处于“等待展示”和“展示中”状态时，活动不能被修改。活动开始前的 24 小时将处于“等待展示”阶段。

②与折扣商品不同，满立减活动中的商品仍然可以编辑修改。

二、其他辅助营销的工具

（一）产品互链工具

1. 产品互链工具的概念

产品互链工具指在产品信息展示页中添加其他近似或不同类型的产品。买家可以通过展示页面中的其他产品入口进入其感兴趣的其他产品展示页面。这款产品可以帮助卖家提高自身产品的曝光率，合理的产品互链还会提高产品的营销性，促进不同产品的搭配销售，从而提高卖家的交易额。产品互链工具的优势在于：

（1）自主推荐优质或者与主产品关联性强的产品，促进产品间的关联销售。

（2）通过不同产品间的流量相互传导，提高产品的曝光率。

（3）可以采用送赠品、套餐销售等营销方法向买家推荐产品。

2. 产品互链工具的使用流程

（1）产品互链工具的位置：登录“我的速卖通”后台，进入“在线产品发布”页面，在“详细描述模板”处可以找到“插入关联产品”选项，如图 4－160 所示。

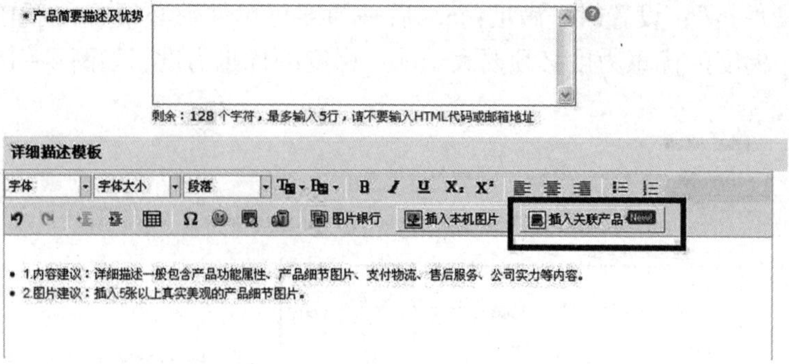

图 4 – 160　产品互链工具的位置

（2）产品互链工具的使用：点击“插入关联产品”按钮，进入“关联产品选择”页面，勾选需要关联的产品，点击“插入产品”即可完成关联产品在当前详细描述中的插入。一个产品的详细描述最多可添加 8 个关联产品，如图 4 – 161 所示。

图 4 – 161　产品互链工具的使用

（3）当卖家完成添加关联产品之后，这些产品就会在详细描述中展示产品图片、产品名称、产品价格。为了保持详细描述的美观，卖家可以对关联产品的名称、价格、位置进行调整，如图 4 – 162 所示。

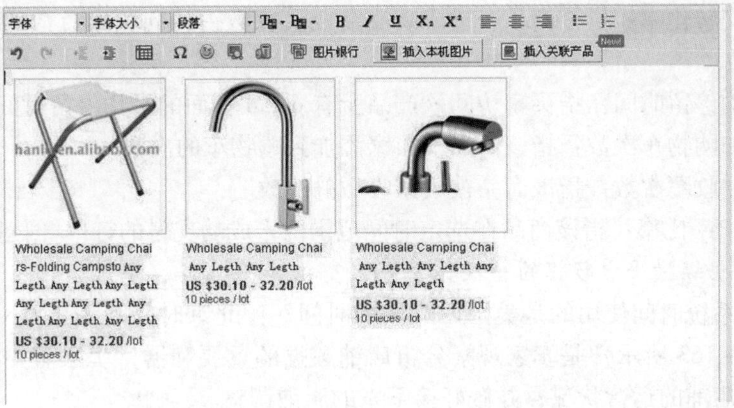

图 4-162 用产品互链工具添加产品

产品上架后，已关联产品即出现在产品前台展示页面中，并附有链接，可以进入被关联产品页面。

（二）数据纵横工具

1. 数据纵横工具的概念

数据纵横是速卖通基于平台海量数据打造的一款数据产品，卖家可以根据数据纵横提供的数据，为自己的店铺营销指导方向，作出正确决策。首先在采用数据纵横工具分析店铺营销数据时，应分清下列关键指标的具体含义：

（1）搜索量：指某个关键词被买家搜索的次数。

（2）曝光量：指卖家商品信息在速卖通网站被买家看到的次数，主要的情况为：①买家通过关键词搜索，卖家的信息展示在搜索结果页面中，则统计入曝光量；②买家通过类目导航浏览商品，卖家的信息展示在搜索结果页面中，则统计入曝光量。

（3）浏览量：指卖家商品或商铺首页被买家点击浏览的次数。

（4）访客数：指访问过卖家商品或商铺的买家人数。

（5）老访客数：数据纵横中的老访客是指到访过 AliExpress 的买家。一般情况下，到访过 AliExpress 的买家相比新访客下单率更高。

（6）询盘人数：指联系过卖家或有联系意向的买家数。主要的情况为：①向卖家发送了询盘的买家，计入询盘人数；②点击过发询盘按钮或旺旺按钮，但最终未成功发送询盘的买家，也计入询盘人数。

（7）购买率：指访客数/下单买家数的比率。

（8）搜索点击率：指商品在搜索或者类目曝光后被点击的比率，即浏览量/曝光量。

（9）成交订单数：指该商品在选定时间范围内支付成功的订单数——选定时间范围内风控关闭的订单数。

（10）成交买家数：指该商品在选定时间范围内有过成功交易的买家数。

（11）成交金额：指该商品在选定时间范围内产生的交易额。

（12）询盘次数：指买家通过该商品点击旺旺与站内信的次数。

（13）成交转化率：指该商品有过成功交易的买家数占访问买家总数的比率，即成交买家数/访客数。

（14）平均停留时间：指买家访问该产品所有 detail 页面的平均停留时间。

（15）添加购物车次数：指该商品被买家添加到购物车的次数。

（16）添加收藏次数：指该商品被买家收藏的次数。

（17）No-Pay 比率：指该商品在选定时间范围内未成功支付的订单/创建成功的订单。

2. 学会数据纵横平台数据的整理和分析

速卖通的系统时间使用的是美国西八区的时间，比北京时间晚 16 个小时。平台数据纵横（如图 4－163 所示）是卖家观察分析店铺数据的重要利器，卖家需要定时下载需要的数据来了解店铺的运营状况，并做好接下来的店铺调整。

图 4－163　平台数据纵横

（1）实时风暴。

实时风暴主要展示指定时间的浏览量、访客数和订单数等数据，包含 App 和非 App 的数据。研究店铺不同时段的访客数，找出规律，实施上新和投放直通车操作，增加客服数，如图 4－164 所示。

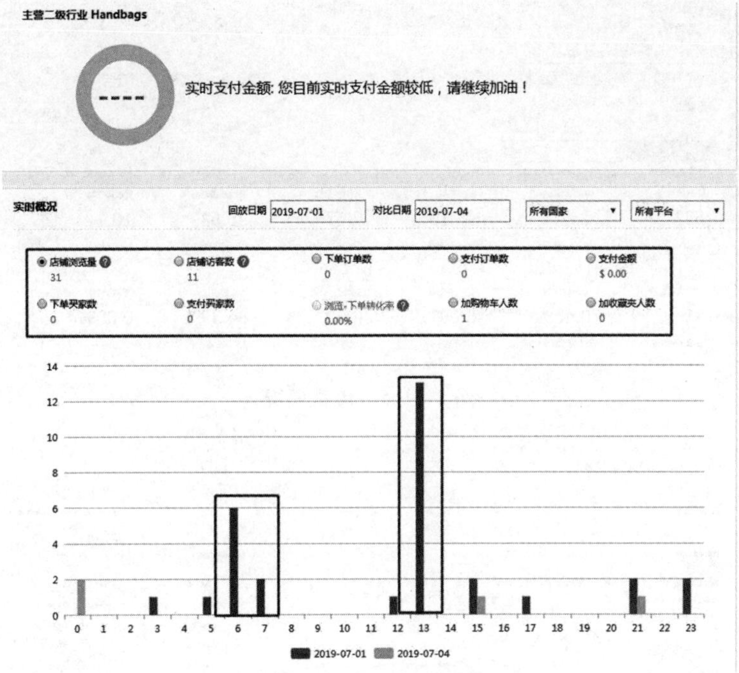

图 4-164 平台实时风暴

（2）流量分析。

①商铺流量来源渠道。

a. 站内流量：AliExpress 网站内部流量。

b. 站内搜索：在 AliExpress 网站通过关键词搜索带来的流量。

c. 类目浏览：在 AliExpress 网站通过网站的类目浏览带来的流量。

d. 活动：通过 AliExpress 网站所有活动页面带来的流量。

e. 购物车：通过 AliExpress 网站的购物车点击带过来的流量。

f. 收藏夹：通过 AliExpress 网站收藏夹带来的流量。

g. 直接访问：直接访问产品带来的流量。

h. 站内其他：AliExpress 网站除了上面渠道外其他站内链接带来的流量。

i. 站外流量：非 AliExpress 网站的流量。

流量概况、流量看板如图 4-165、图 4-166 所示。

图 4－165　流量概况

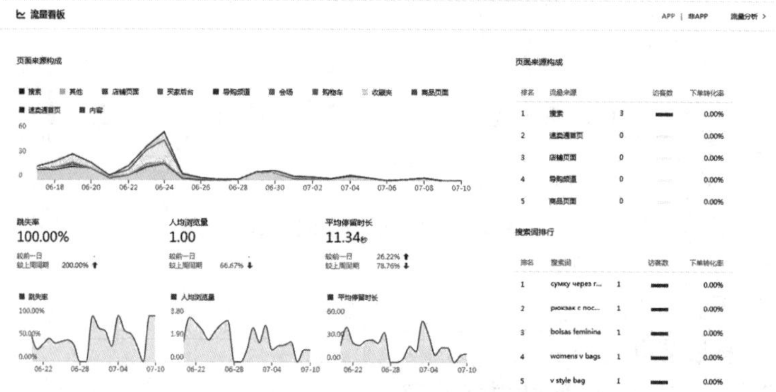

图 4－166　流量看板

②商铺的流量去向。

a. 到下单页面：该来源的用户访问当前页之后，点击了该页中“立刻购买”的次数。

b. 到购物车：该来源的用户访问当前页之后，跳转到“购物车”页面的次数。

c. 到收藏夹：该来源的用户访问当前页之后，跳转到“Wish List”页面的次数。

d. 到本店其他商品页：该来源的用户访问当前页之后，点击本店其他产品页面的次数。

e. 到本店其他页面：该来源的用户访问当前页之后，点击了该页中的链接，进入本店其他页面的次数。

f. 退出本店：该来源的用户访问当前页之后，未点击该页中的任何链接（比如关闭该页、刷新该页），或者点击了该宝贝页中的店外链接而离开店铺的次数。

具体的店铺数据可以从后台下载最近 30 天的数据进行查看，如图 4－167 所示。

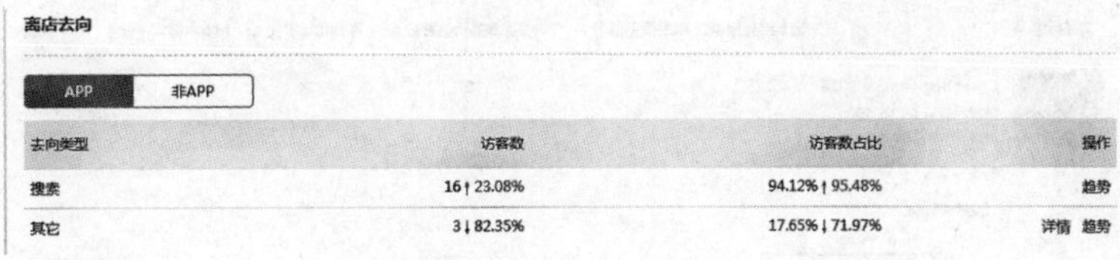

图 4－167　流量去向

（3）商铺装修。

商铺装修板块的内容主要展示商铺最近一段时间的买家停留时长和不同时间段买家在商铺的活跃程度，卖家可以通过不同时间段的数据状态来判定商铺装修的效果，如图 4－168 所示。

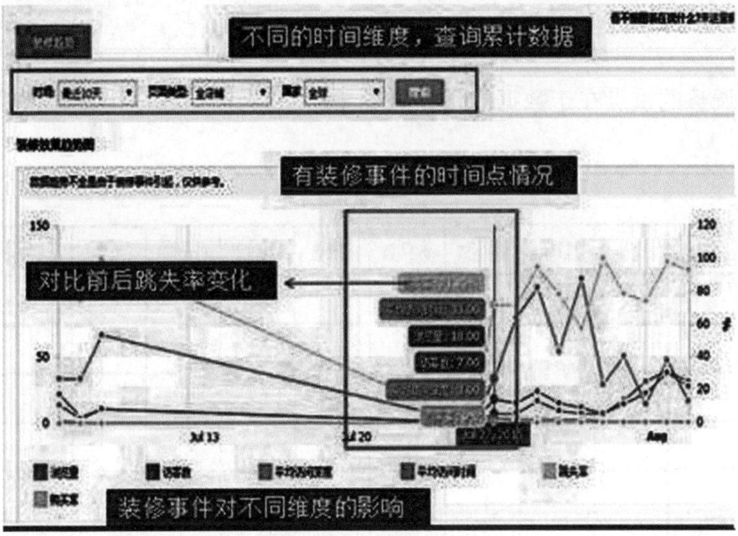

图 4－168　商铺装修

（4）商品分析。

在一段时间内，系统将某产品近期累计的曝光量以及曝光来源展示出来，以便及时地提醒卖家在产品优化方面作出调整，如图 4－169 所示。

图 4－169　商品分析

产品优化调整的重点在于数据的优化，图 4－170 为产品数据优化表格模板。

产品数据优化

型号	售价	搜索曝光量	浏览量PV	访客数UV	订单数	UV转化率	PV点击率	存在问题	操作建议

表格坚持做，多看多研究

图 4－170　产品数据优化表格模板

（5）商机发现——行业情报。

速卖通行业情报基于速卖通平台的交易数据，提供 TOP 行业排行榜、行业趋势、TOP 店铺排行榜和买家地域分布四类主要内容。根据行业情报提供的分析，可以迅速了解行业现状，判断经营方向。行业情报分析操作的具体步骤如下：

①进入“我的速卖通”，依次点击“数据纵横”，在左侧导航点击“行业情报”，如图 4－171 所示。

图 4－171　行业情报分析操作（1）

②根据行业类目和时间范围选择需要查看的行业数据，如图 4－172、4－173 所示。

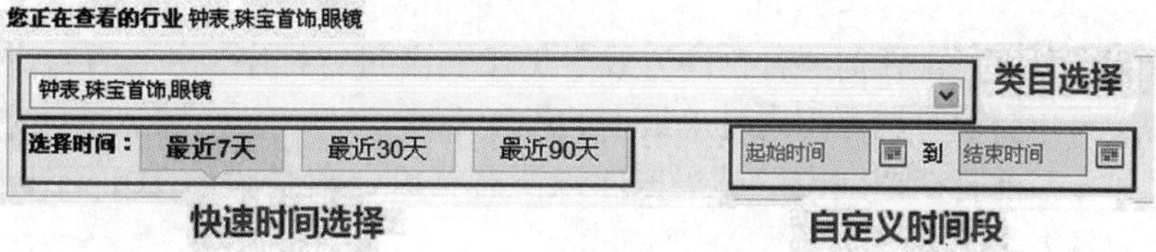

图 4－172　行业情报分析操作（2）

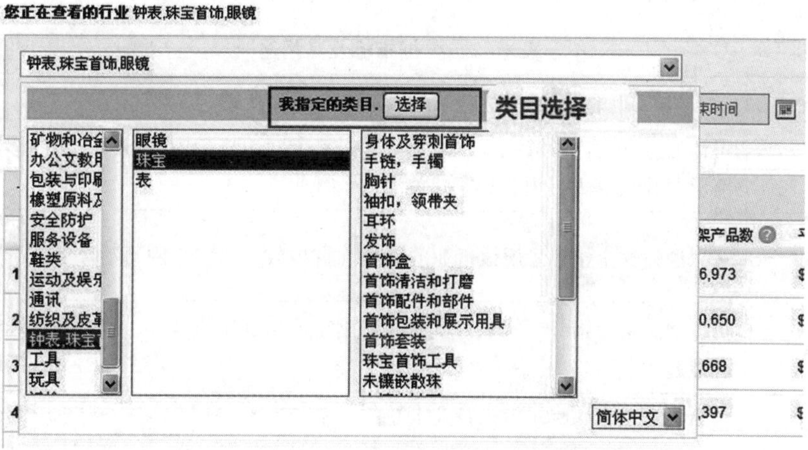

图 4－173　行业情报分析操作（3）

③通过 TOP 行业排行榜来获取各项行业数据指标，轻松了解速卖通平台哪些行业有机会点，各个行业的特点是什么，表现如何，如图 4－174 所示。

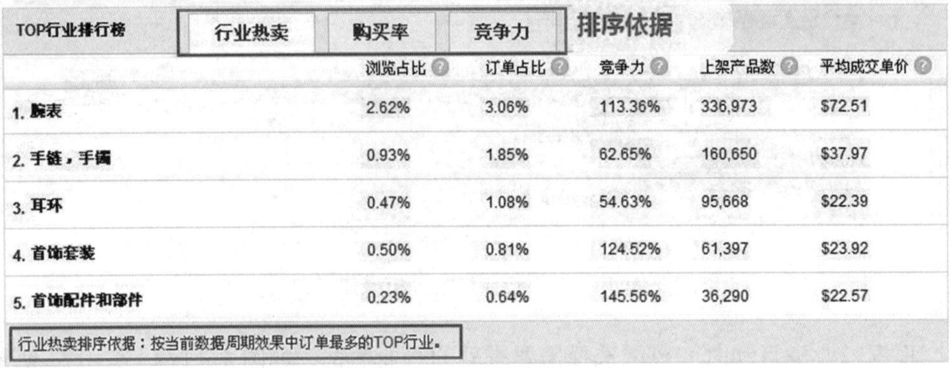

TOP行业排行榜	浏览占比	订单占比	竞争力	上架产品数	平均成交单价
1. 腕表	2.62%	3.06%	113.36%	336,973	$72.51
2. 手链，手镯	0.93%	1.85%	62.65%	160,650	$37.97
3. 耳环	0.47%	1.08%	54.63%	95,668	$22.39
4. 首饰套装	0.50%	0.81%	124.52%	61,397	$23.92
5. 首饰配件和部件	0.23%	0.64%	145.56%	36,290	$22.57

图 4－174　行业情报分析操作（4）

排序依据：可以点击任何一种排序方式对 TOP 行业进行排序，并查看对应的效果。

行业热卖——当前日期范围内订单最多的 TOP 行业。

购买率——当前日期范围内下单买家除以所有买家比值最大的 TOP 行业。购买率越大，行业潜力越大。

竞争力——当前日期范围内买卖家比值最大的 TOP 行业。竞争力越大，行业潜力越大。

数据指标及其用途详见表 4－7。

表 4－7　数据指标及其用途

指标名称	指标描述及用途
浏览占比	可以通过该指标了解该行业的浏览量在整个网站流量中的占比，判断该行业的买家需求（比值越大，说明买家越关注这个行业）
订单占比	可以通过这个指标了解该行业的销量（订单数）占整个网站销量（订单数）的比重
竞争力	可以通过这个指标了解该行业下的买卖家比值，比值越高，代表这个行业的潜在机会点越大
上架产品数	可以通过这个指标了解该行业下总的上架产品数
平均成交单价	可以通过这个指标了解该行业下所有产品的平均成交单价，合理定价

④选择不同指标，了解某个行业对应一段时间内的趋势，行业动态一目了然。还可以选择另外的任意两个行业进行比较，对比不同行业的数据指标，如图 4－175 所示。提示：对比的类目可以选择任何一级。

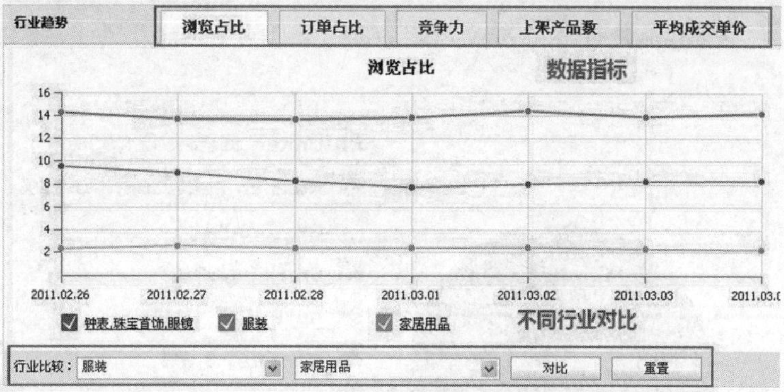

图 4 – 175　行业情报分析操作（5）

⑤查看当前各个行业下 TOP 卖家的店铺名称，并可以点击进入对方的店铺，方便了解平台上核心卖家的店铺经营情况，如图 4 – 176 所示。

图 4 – 176　行业情报分析操作（6）

⑥查看买家地域分布，制订有针对性的营销方案，如图 4 – 177 所示。

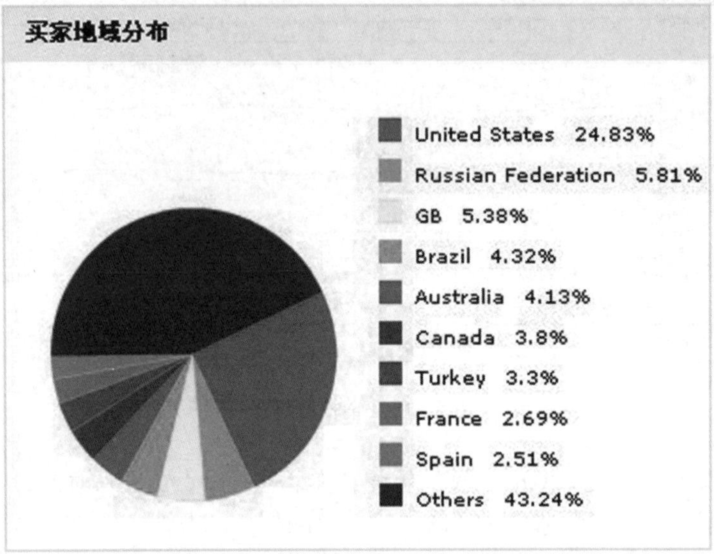

图 4－177 行业情报分析操作（7）

此外，“数据纵横”中还有选品专家及热搜词、热词等搜索词分析的功能，因在前面的内容中已经阐述，在此不再赘述。

项目九 订单处理和与客户沟通的方法

一、速卖通订单处理的方法

（一）了解国外客户的购买习惯

速卖通的买家类型主要为终端消费者和潜力分销商两种。海外买家的销售季节性强，一般在 2—5 月、7—9 月、11—12 月。大部分买家强调质量、品牌以及安全。海外买家市场最热门的行业为食品、礼品、电视等。国外六大高消费节日分别是圣诞节、情人节、复活节、母亲节、父亲节、万圣节。图 4－178 所列举的是一些典型买家市场类型。

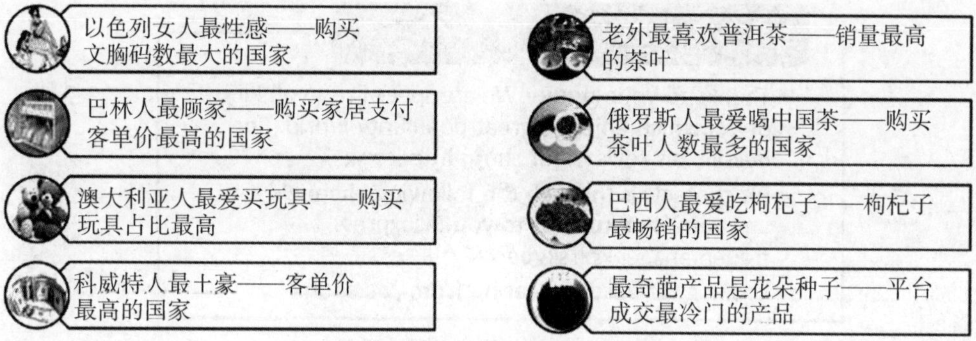

图 4－178　典型买家市场类型

（二）熟悉邮件的回复思路

一般而言，交易磋商要经过四个步骤，即询盘（Inquiry）—发盘（Offer）—还盘（Counter-offer）—接受（Acceptance），其中发盘和接受是交易磋商必不可少的法律环节。询盘是交易的开始，是卖家或买家为出售或购买某种商品而向买家或卖家提出的交易意向。询盘信应注意格式和交流形式，它不仅是解决客户问题的一种形式，同时也是展现卖家服务态度的有利时机。速卖通上的买家和卖家通常采用邮件的形式进行交易磋商，不同类型的邮件，其回复也有区别，现列举以下几种不同内容的邮件的回复思路：

（1）客户未指明产品时的回复，如图 4－179、4－180 所示。

Dear XX

- Thanks for your inquiry. Would you pls provide the links for your interested products ? You are welcome to add our Skype else for further discussion. We are expecting to establish long term relationship with you.
- Hoping to your early reply.

图 4－179　客户未指明产品时的回复（1）

Dear xxxx

- Thanks to your inquiry.We are specialize in all kind of xxx which enjoyed great popularity world. For details, pls review our shop: http:xxxxx
- Pls contact us through the following channels if any item is of interest to you. Aliexpress trademanager xxx/skype xx
- Looking forward to hearin from you soon.

图 4－180　客户未指明产品时的回复（2）

（2）客户需要更多的款式和实物图的询盘，如图 4－181 所示。

Dear XX

- Thanks for your inquiry . Yes this one has other xxx as attached . Would you pls advise which one is your favorite?
- Sorry that we have not other XXX for it. Pls do feel free to check other products in our store. We'd like to offer you our latest discount.
- Looking forward to your further contact .

图 4－181　客户需要更多的款式和实物图的询盘

（3）询问产品是否有货的询盘，如图 4－182 所示。

Dear XX

- Thanks for your inquiry. Yes we have plenty of such xxx in stock. Could you advise how many pcs you want?
- Sorry the item you mentioned is just out of stock and it will be available in (时间). Could you check whether the following similar ones are also suitable for you?
- Xxx ,xxx, xxx
- Looking for ward to your further contact.

图 4－182　询问产品是否有货的询盘

（4）关于物流运费的询盘，如图 4－183 所示。

Dear XX

- Thanks for your inquiry. The cheapest express way for 10 pcs of the mentioned(单位)shipping to(地方)needs about(价格)by(物流方式), which only takes(时间)to arrive to you. Kindly advise whether it is acceptable for you.
- We welcome you to contact us via(聊天方式) further discussion.

图 4－183 关于物流运费的询盘

（5）客户要求让价的询盘，如图 4－184、4－185 所示。

Dear XX

- Thanks for your inquiry. From the product feedback, trust you would agree that our price is very competitive for such good quality. Discount can not be provided for 1 pcs as we only have minimum profit. However, we can provide discount(折扣)for bulk buying no less than(数量).
- Thank you for consideration and understanding. Looking forward to your repsondse.

图 4－184 客户要求让价的询盘（1）

Dear XX

- Thanks for your inquiry. As you are a new client for us, we decide to accept suggested price. Trust you would find the price has reached bottom in consideration of its quality.
- Wishing you a happy shopping with us.

图 4－185 客户要求让价的询盘（2）

（6）关于具体数量、价格的询盘，如图 4－186 所示。

Dear XX

- Thanks for your inquiry and we are glad you are interested in our products.Product: 标题+型号.
- Price: 价格
- Min. QTY: 数量
- Packing: 包装
- Shipping: 运输
- We provide such favorable offer to try to become your reliable business partner. Looking forward to your prompt decision.

图 4 – 186 关于具体数量、价格的询盘

（7）询问物流单号，如图 4 – 187 所示。

Dear XX

- Thanks for your order . The products has been arranged with care. You may trace it on the following website after 2 days : http://www.17track.net/index.en.shtml. Kindly be noticed the international shipping would take longer time (7-21 business days for china pose, 3-7 for EMS). We sincerely hope it can arrive fast. And you can be satisfied with our products and services.
- As well, we would appreciate very much if you may leave us five star and contact us first for any question , which is very important for us .
- We treasure your business very much and look forward to serving you again in the near future.

图 4 – 187 询问物流单号

（8）跟进买家评价，如图 4 – 188 所示。

Dear xxx

- We are glad you have received the goods . Being a seller on the Aliexpress , feedback from customers are of vital importance to us. 5-star appraisal and positive feedback will help us improve our products and services.
- If you have any other concern or are not so satisfied in any regard, pls have no hesitation to contact us firstly. We will try our best to solve your problem.
- Many thanks for your time on this.

图 4 – 188 跟进买家评价

（9）收到买家的正面评价，如图 4 – 189 所示。

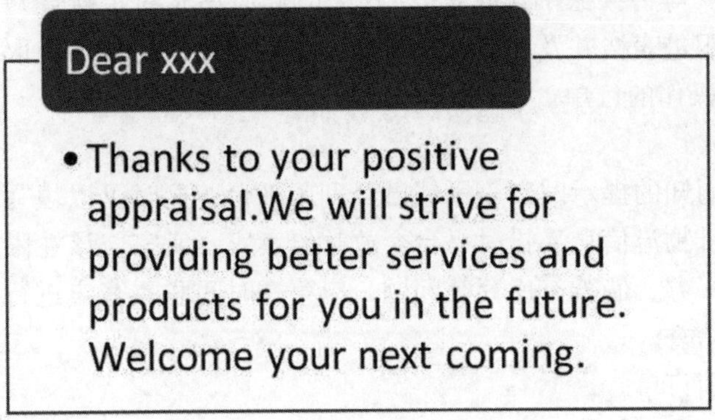

图 4－189　收到买家的正面评价

（三）订单处理的方法

1. 速卖通订单处理流程

速卖通，俗称“国际版的淘宝”，买家通常经过选择后进行下单，卖家与买家确认信息无误后发货，买家在一个月时间内可收到产品并进行评价和确认，其中的交易流程基本情况如图 4－190 所示。

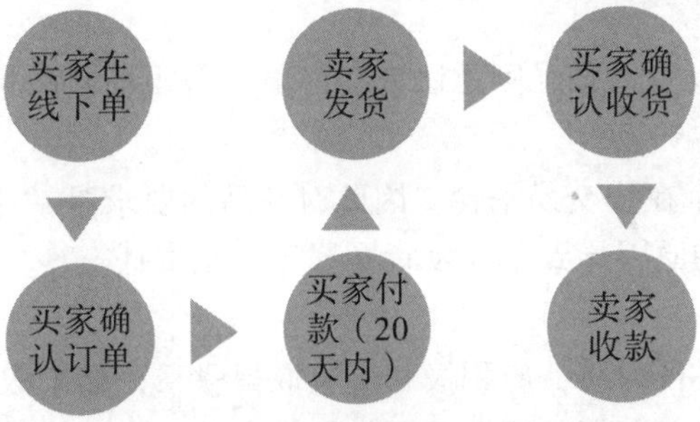

图 4－190　订单处理流程

2. 订单分类

（1）等待买家操作的订单。

①等待买家付款。

一种是买家已经下单但是仍未付款或是资金仍在审核还未到账，此时订单的状态会显示“等待买家付款”。此种情况应在距买家下单后一个小时左右再利用站内信或是邮箱等工具发一封催款信，信的内容应当是询问买家个人信息、付款是否需要帮助等事项，避免过于直接，频繁地催款会造成买家的不适感。

另一种是买家已经付款并显示到账，及时跟进一封邮件确认买家信息，包括收件人全称、地址、联系电话、邮编等。做到及时、体贴、可靠，让买家产生信赖感。

②等待确认收货。

当与客户确认好个人信息及产品信息，将货物发出并及时填写相关的货运通知书后，订单的状态会变成“等待买家确认收货”。这个时候应该及时提醒客户物流单号，做好相关的订单详情物流跟进表格并及时更新物流状态，以便及时通知客户取货等。

（2）等待卖家操作的订单。

①等待发货。

出现填写发货通知的提示时，表示钱已经到了平台，这时可以填写发货通知并发货给买家，等交易结束且物流信息妥投时平台会放款给卖家。卖家应该在限定的发货时间内将货物发出并通知到买方，倘若有库存等问题，应第一时间联系客户进行沟通，避免造成成交不卖，影响店铺信誉。

②买家申请取消订单。

第一种情况是买家未付款。没有付款的订单无法直接取消，系统会在下单 20 天后自动关闭订单。在此期间，卖家仍应积极适时地联系买家付款，做最后的努力。

第二种情况是买家已付款。对于已付款的订单，需要买家点击“Cancel Order”，卖家同意取消后系统会关闭订单，将款项退回给买家。另外卖家在同意取消订单的时候应当与买家协商好，取消非卖家原因造成的订单，否则会变成成交不卖，影响该产品排名和店铺权重。

注意事项：

a. 如果是订单在资金审核的阶段，需要在付款成功 24 小时后才有“取消”的按钮。

b. 订单关闭后，到账时间根据买家银行端的情况而有所不同，一般为 7 个工作日左右。

c. 如果订单已填写发货通知，则无法取消订单，需要买家提起全额退款，卖家同意后会全额退款给买家。

d. 速卖通平台是一个在线交易平台，因此对商品的要求是“上架即可销售”。如果因为价格、运费设置错误的原因导致不能发货则属于卖家责任。

③有纠纷的订单。

若订单还未提交至平台纠纷，应积极和买家取得联系，如果双方能自行协商出结果可加快纠纷处理，同时建议保留相关证据，比如发货底单、物流妥投证明、与买家的沟通记录等。正常情况下先道歉再与买方协调，尽可能让双方的损失都降到最低。买家提交纠纷后（原因为货物在途的除外），卖家必须在 5 天内作出响应操作（拒绝或者同意纠纷协议），否则订单将按照买家提出的退款金额执行。

若订单已经提交至平台纠纷，会有平台的工作人员介入，并进行邮件通知，同时买家也可以到投诉举报平台（http：//channel. alibaba. com/complaint/home. htm）查看纠纷详情，进行回应和举证。提交至平台纠纷的订单，若已经和买家自主协商一致，可以通过发起“退款结案”申请来完结订单。退款方案不支持退货流程，如卖家选择的是全额退款则无须买家同意，系统会自动执行。

④等待卖家验款。

买家使用 T/T 或西联汇款时，平台接收款项后，若实际到账金额小于订单金额，则系统会提示卖家在 5 天内对订单进行验款。若卖家同意，则交易继续执行；若不同意，款项将退还至买家，交易关闭。

买家使用 T/T 或西联汇款时，平台会提醒买家产生手续费，建议与买家沟通银行手续费的问题。

⑤等待留评。

评价是一个店铺赖以生存的重要指标，一个店铺运营的好坏关键在于好评等数据的累积，卖家一般在一个月内对买家进行评价，买卖双方在评价生效后的 30 天内可以对评价内容进行解释。评价得分与订单成交金额有关。

⑥等待放款的订单。

当订单同时满足“买家确认收货”或“收货超时”和“物流妥投”（指运单号物流信息显示货物已被签收，且签收信息与订单信息相吻合）两个条件时，平台将执行放款。

正常情况是符合上述条件的在 3 ~ 5 个工作日放款，如遇上高峰期放款可能会有所延迟，同时可以使用“放款申请”功能，需要上传有效的妥投凭证，也可以登录到“我的速卖通—交易—资金账户管理—放款查询”的“待放款订单”页面，搜索相关订单并申请放款，如图 4－191 所示。

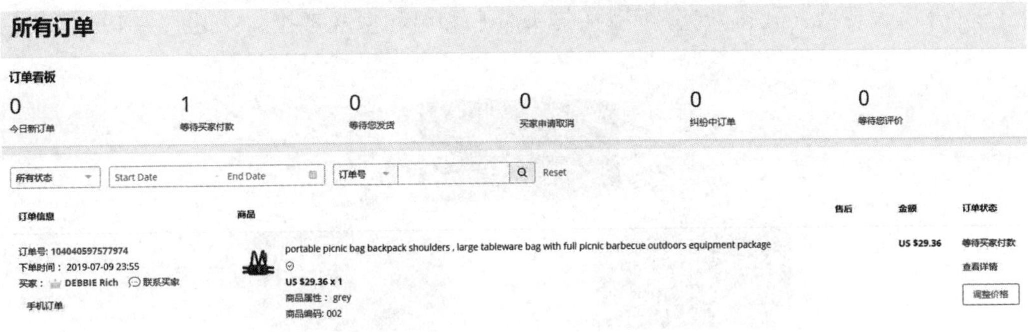

图 4－191　店铺订单详情页面

二、与客户沟通的方法

（一）熟悉客户问题类型分析

卖家经过筛选，推荐给买家符合要求的质量优、价格好、评价高的产品，如图 4－192 所示。

图 4－192　熟悉客户问题类型分析（1）

哈佛商学院提供的数据显示，人的性格是由 DNA 决定的，大致分为四种性格：支配型（老虎）、表现型（孔雀）、分析型（猫头鹰）和温和型（考拉），如图 4－193 所示。

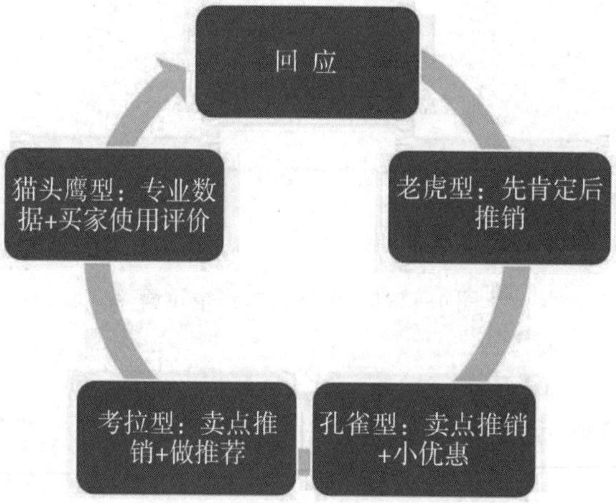

图 4－193　熟悉客户问题类型分析（2）

（二）纠纷问题的产生和处理

1. 纠纷问题的产生

纠纷问题处理就是做反面的销售。买家因为各种原因提起纠纷会带来很大的影响，由此买家可能对供应商、产品、速卖通平台产生疑惑甚至是质疑，而最终的结果会使得订单的回款周期变长，潜在的结果则是使卖家客源流失，有可能失去二次交易的机会。

应在交易的过程中尽量避免纠纷的产生，如果产生了纠纷，则应尽量顺利解决，让买家感到满意，这样有助于留住客户并且产生口碑效应，赢得更多的客户。

2. 买家提起纠纷流程

首先买家根据卖家发出的通知邮件取得自己的订单，发现货物不符合自己心意的时候，买家提起纠纷（Open Dispute）。自买家下单到收货的这一段时间属于平台交易的保护期，系统根据时间给买家发去订单保护期到期通知，买家可选择是否提起纠纷。接着买家在后台提交相关的订单资料并进行问题说明，填写完整后上交后台进行审核。基本流程如图 4 – 194 所示。

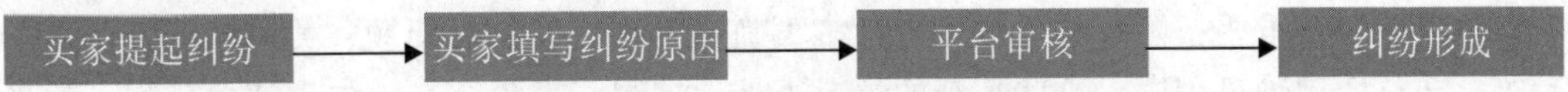

图 4 – 194　买家提起纠纷流程简图

3. 纠纷问题的处理

（1）解决纠纷问题的前提是保持“同理心”，应站在客户的立场上思考如图 4 – 195 所示的几个问题。

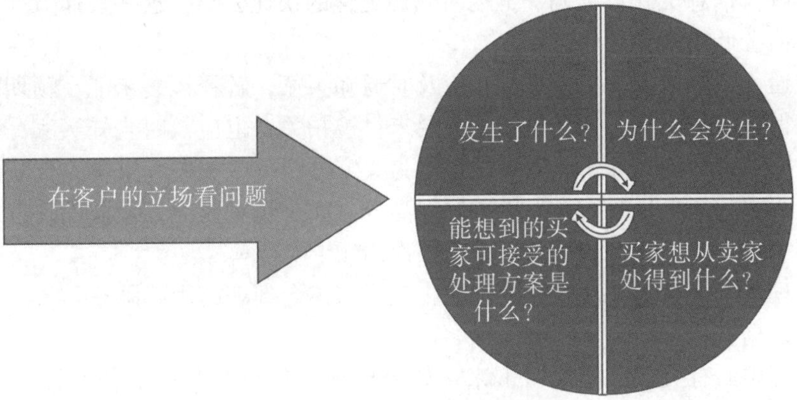

图 4 – 195　处理纠纷问题的前提

（2）分析买家提起的纠纷的种类：“货不对板” 和 “未收到货”。针对这两大类的应对方法如下：

①货不对板的情况。

a. 在编辑产品信息时，务必基于事实，全面而细致地描述产品，避免买家收到货后因尺寸不合适而提起纠纷等。

b. 不可因急于达成交易而对买家有所欺骗，如将实际只销售 2G 容量的 U 盘，刻意将其容量大小描述成 256G，此类欺诈行为一经核实，速卖通平台将严肃处理。

c. 产品描述中对于产品的瑕疵和缺陷也不应有所隐瞒。

d. 产品描述中建议注明货运方式、可送达地区、预期所需的运输时间。同时也建议向买家解释海关清关缴税、产品退回责任和承担方等内容。

e. 买家根据产品的描述而产生购买行为，买家知道得越多，其预期也会越接近实物，因此真实全面的描述是避免纠纷的关键。

f. 在发货前，需要对产品进行充分的检测：产品的外观是否完好，产品的功能是否正常，产品是否存在短装，产品邮寄时的包装是否抗压、抗摔、适合长途运输等。若发现产品质量问题应及时联系厂家或上游供应商进行更换，避免因产生纠纷而造成退换货，外贸交易中退换货物的运输成本是极高的。

g. 杜绝假货，对于涉及第三方知识产权且无法提供授权证明的产品，务必不要在速卖通平台上进行销售。

②未收到货的情况。

物流选择很重要，国际物流往往有很多不确定因素，如海关问题、关税问题、派送转运等。在整个运输过程中，这些复杂的情况很难被控制，难免会产生包裹清关延误、派送超时甚至包裹丢失等状况。对于买家来说，长时间无法收到货物或者长时间不能查询到物流更新信息将会直接导致其提起纠纷。

没有跟踪信息的快递方式对于卖家的利益也是没有保障的，当买家提起“未收到货”的纠纷时，货物信息无法跟踪对卖家的举证非常不利。在选择快递方式时，可以结合不同地区、不同快递公司的清关能力以及包裹的运输期限，选择 EMS、DHL、FedEx、UPS、TNT、SF 等物流信息更新较准确、运输时效性更佳的快递公司，这些快递方式与航空大小包相比风险值会低很多。

有效沟通，如果包裹发生了延误，应及时通知买家，解释包裹未能在预期时间内到达的原因，获得买家的谅解。如果包裹因关税未付被扣关，也应及时告知买家，声明已在产品描述中注明买家缴税义务，此时不妨提出为买家分担一些关税，这样不仅能避免物品退回，更能让买家为您十足的诚意而给予好评高分。如果包裹因无人签收而暂存于邮局，请及时提醒买家找到邮局留下的字条，在有效期内领取。

及时处理买家关于物品未收到的询问，让买家体会到您的用心服务。

③保留证据。

交易过程中的有效信息应保留下来，如果出现了纠纷，其能够作为证据来帮助解决问题。

交易过程中能够及时充分地举证，将相关信息提供给买家进行协商，或者提供给速卖通帮助裁决。

货物发出之后应及时做好货物的物流信息跟进，并做好每日的跟进计划，在货物清关和货物即将到达的时候及时跟买家沟通，这在很大程度上能提高买家的满意度。同时，也可以有效地防止遗漏某个订单的跟进。具体格式如图 4－196 所示。

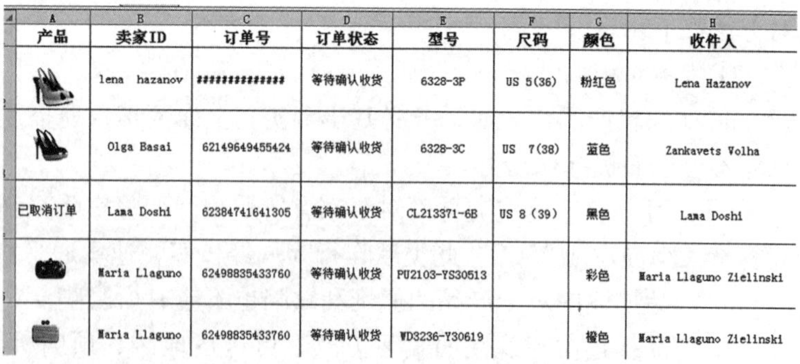

A	B	C	D	E	F	G	H
产品	卖家ID	订单号	订单状态	型号	尺码	颜色	收件人
	lena hazanov	##############	等待确认收货	6328-3P	US 5(36)	粉红色	Lena Hazanov
	Olga Basai	62149649455424	等待确认收货	6328-3C	US 7(38)	蓝色	Zankavets Volha
已取消订单	Lama Doshi	62384741641305	等待确认收货	CL213371-6B	US 8 (39)	黑色	Lama Doshi
	Maria Llaguno	62498835433760	等待确认收货	PU2103-YS30513		彩色	Maria Llaguno Zielinski
	Maria Llaguno	62498835433760	等待确认收货	WD3236-Y30619		橙色	Maria Llaguno Zielinski

图 4－196　物流信息跟进表截图

参考文献

[1] 彭月嫦. 国际贸易理论与实务. 2版. 广州：暨南大学出版社，2015.

[2] 李鹏博. 揭秘跨境电商. 北京：电子工业出版社，2015.

[3] 翁晋阳，Mark，管鹏，等. 再战跨境电商：颠覆性商业时代下的“野蛮探路者”. 北京：人民邮电出版社，2015.

[4] 速卖通大学. 跨境电商：阿里巴巴速卖通宝典. 北京：电子工业出版社，2015.

[5] 肖旭. 跨境电商实务. 北京：中国人民大学出版社，2015.

[6] 红鱼. 118问玩转“速卖通”：跨境电商海外淘金全攻略. 北京：中国海关出版社，2015.

[7] 余世明. 国际商务单证实务. 广州：暨南大学出版社，2009.